KB153647

역사와 문화를 생생하게 보여주는

세계 문화유산

역사와 문화를 생생하게 보여주는

세계 문화유산

공봉진 이강인 안수현 이정욱
김혜진 한선경 강민효 최선진

지음

경진
출판

세계의 많은 나라들은 자국의 문화유산을 보호하고 전승하는 데 힘을 기울인다. 그리고 유네스코에 등재하기 위해서 부단히 노력한다. 유네스코에 등재되는 대부분은 세계 공동의 문화유산이라는 생각을 갖게 한다. 하지만, 일부 국가는 자국의 이익 때문에 억지로 유네스코에 등재하려 한다. 또 유네스코에 등재될 때 실행하기로 한 약속을 어기면서 자국의 이익에만 급급한 경우도 있다.

각 국가는 많은 사람들의 공감대를 얻기 위해서 부단히 노력한다. 나라마다 유무형 문화유산과 자연유산의 보호와 전승에 힘을 쏟는다. 또 이러한 유산들을 세계 많은 사람들에게 알리고자 노력한다.

이 책에서 소개하는 문화유산은 유네스코에 등재된 것뿐만 아니라 각 국가마다 중요하게 여기는 문화유산과 자연유산을 함께 소개하고 있다. 아직까지 유네스코에 등재되어 있지 않았다고 하더라도 해당 국가에게는 매우 중요한 문화유산이다.

한국의 문화유산도 유네스코에 등재된 것이 매우 많다. 이러한 문화유산은 한국의 역사와 문화를 세계에 알리는 역할을 하고 있다. 하지만 문화유산에 담긴 의미를 우리는 얼마나 알고 있을까?

문화유산에는 역사와 문화가 담겨 있고, 각 국가의 정신이 스며들어 있을 수도 있다. 또 지금은 현재 국가에 속하는 문화유산이지만,

역사를 돌아다 봤을 때 지금의 국가와 전혀 관계가 없는 특정 민족의 역사와 문화를 간직하기도 한다.

그래서 문화유산에 담긴 의미를 잘 알면, 고대의 역사와 문화를 비롯하여, 현재의 역사와 문화를 알 수 있다. 또 각 국가들이 문화유산을 유네스코에 등록하기 위해 노력하는 것을 보면, 해당 국가의 국제 영향력과 밀접한 관계가 있음을 알 수 있다. 이에 대해서 여러 나라들의 부정적 시선과 긍정적인 시선이 공존하기도 한다.

이 책에서는 중국, 타이완, 일본, 프랑스, 미국, 태국, 인도의 문화유산을 소개한다. 여러 나라의 문화유산 중에는 우리가 잘 알고 있는 유명한 관광지이기 때문에 많이 들어 잘 알고 있는 듯하다. 하지만 여러 정보를 통해 그러한 문화유산의 내용을 맹신하는 경우가 있는데, 이는 선입관과 편견으로 작용해서 문화유산을 제대로 이해하지 못하는 결과를 초래할 수 있다. 그렇기 때문에 각 국가의 문화유산을 접하면서 다시 한번 생각해 보고, 관련된 자료를 찾아보고, 직접 눈으로 보고자 한다면 해당 지역을 방문하여 볼 수 있도록 해야 할 것이다.

세계 국가들마다 문화유산에 대한 정책은 다양하다. 최근 AR VR 등의 과학기술을 활용하여 문화유산을 홍보하면서 세계 사람들에게 자국의 문화유산을 널리 알리고 있고, 직접 방문하는 관광객 혹은 여행자들에게 편의를 제공하고 있다.

코로나가 끝나게 되면, 몇 년간 할 수 없었던 개인적 활동을 할 수 있을 것이고, 해외로 가서 여러 나라의 문화유산을 눈으로 볼 수 있을 것이다. 하지만 직접 보지 못하더라도 책을 통해서 혹은 여러 매체를 통해서 간접적으로 접해 보는 것도 좋을 듯하다. 특히 책을 통한 문화유산에 대한 사전 학습은 문화유산을 이해하는 데 많은 도움이 될 것이라고 여긴다.

끝으로 출판을 할 수 있게 도움을 주신 경진출판 양정섭 대표님께 감사 드린다.

2022.2.22.

저자 일동

차례

중국의 고성(古城)과 고진(古鎭)! 역사를 품다

공봉진

1. 신시대 중국, 문화유산 전승과 보호

1) 중국의 중화굴기와 민족단결

중국정부는 오늘날 중국이 차지하고 있는 영토에서 발생한 역사와 문화를 중국의 역사와 문화로 여긴다. 그런데 중국에서 발견된 고대 유적과 유물 중에는 한족과는 다른 특색의 역사와 문화를 지닌 경우가 많다. 그럼에도 불구하고 오늘날 중국에서는 그러한 역사와 문화를 중화민족의 역사와 문화로 간주한다. 이러한 중국의 시각은 중국정부가 진행하고 있는 중화굴기 혹은 문화공정과 밀접한 관련이 있다.

오늘날 중국에서는 자국의 문화유산을 유네스코에 등록시키기 위한 사전 작업으로 국가급·성급 문화유산으로 등록을 한 뒤에 관리하고 보호한다. 또 소수민족과 관련된 전통 마을, 역사 인물과 관련 있는 마을 등을 관리하고 보호하고 있다. 이러한 마을 중에는 일부는 이미 유네스코에 등록된 곳도 있다.

그동안 중국에서는 많이 알려진 관광명소에 대한 관심이 높았었는데, 최근에 들어오면서 옛 마을이나 소수민족 마을에 대한 관심이 고조되고 있다. 그리고 그러한 마을을 발굴하여 보존하며 전승하려 하고 있다. 이는 시진핑(習近平) 정부의 중화굴기와도 밀접한 관련이 있다.

시진핑 국가주석이 초심과 사명을 강조할 때, 중국공산당사, 중국 근현대사, 중국 역사 등을 강조하였다. 그리고 중화민족의 위대한 부흥을 성공적으로 완수하기 위해서는 민족단결이 전제되어야 한다고 강조하였다. 소수민족의 역사와 문화를 중화민족의 역사와 문화로 만드는 작업의 일환으로 전환하고 있다.

한편, 2019년 12월 9일 중국 기업 알리바바[1]는 광저우시 하이주(海珠)구와 '중국 첫 행정 서비스 신뢰가능체인'을 개발하기로 하였다. 이는 중국이 블록체인을 행정 모델 전반에 적용하기 위해서 애플리케이션 개발을 본격화하기로 한 것임을 알 수 있다.

한국의 많은 사람들이 코로나 19가 발생하기 이전에 중국으로 관광을 가거나 여행을 많이 갔다. 자신들이 보고 들은 것을 자신이 운영하는 까페나 블로그 혹은 SNS 등에 올려놓기도 하였다. 이처럼 자신들이 경험한 내용을 많은 사람들에게 알려주는데, 코로나가 끝난 뒤 중국으로 관광이나 여행을 갈 때 그러한 정보들을 참조하면 좋을 것

---

1) 알리바바(Alibaba group, 阿里巴巴集團)는 기업가 마윈(馬雲)이 1999년에 만든 기업이다.

이다. 특히 중국의 역사와 소수민족에 대한 정보뿐만 아니라 변해 가는 중국 지방정부의 행정 서비스를 알고 가면 중국을 이해하는 데 많은 도움이 될 것이다.

그런데 많은 사람들이 고대 중국의 역사와 문화를 접할 때 많은 문제를 경험하게 된다. 이때 유념해야 할 것은 현재 중국의 시각에서 고대 중국을 바라보아서는 안 된다는 점이다. 특히 한족 중심의 역사 관과 문화관으로 고대 민족의 역사와 문화를 접근해서는 안 된다. 이를 분리할 수 있도록 해야 한다. 그렇지 않으면 중국 내에 속해 있는 소수민족과 동일한 정체성을 지닌 국가의 역사와 문화를 해석하 는데 충돌을 하게 된다. 물론 중국 내에 속해 있으니 중국의 역사와 문화라고 여길 수도 있다. 그렇다고 해서 독립된 정체성을 갖고 국가 를 이루고 있는 민족의 역사와 문화를 부정하여서는 안 된다. 예를 들면 조선족이 중국의 55개 소수민족에 속한다고 하여, 중국정부는 한국의 역사와 문화를 부정하거나 왜곡하여서는 안 된다.

2) 시진핑 중국문화유산 보호를 부르짖다

시진핑 정부가 들어선 이후, 중국에서는 '아름다운 중국'을 강조하 고 있다. 그리고 중국의 꿈을 실현하는 과정에서 중화문명을 강조하 며 유·무형 문화유산에 대한 관심을 높이고 있다. 특히 국가주석인 시진핑은 중국의 주요 문화유산이 보존되어 있는 지역을 시찰하며 역사문화유산 보호를 강조하고 있다.

중국에는 유네스코에 등재된 많은 문화유산이 있지만, 중국 자체적 으로 국가급·성급 등의 문화유산을 지정하여 보호하고 있는 것이 많 다. 소수민족 전통 가옥, 역사와 관련이 있는 곳 등이 문화유산으로 지정되어 있고, 중국정부는 이러한 곳을 보호하고 관리하고 있다.

2012년 제18차 전국대표대회 이래로 시진핑은 문화유산보호 중시를 강조해 왔다. 시진핑은 여러 차례 산시성(산서성)과 산시성(섬서성) 등지의 문화유산이 많이 분포하고 있는 지역에 대한 조사와 연구를 강조하였고, 문화유산보호에 대한 주요 지시를 내렸다. 그리고 2017년 제19차 전국대표대회에서는 〈문물보호이용과 문화유산보호전승 강화〉로 문화에 대한 자신감을 굳건히 가지도록 하는 내용 일부를 보고서에 넣었다.

2020년 5월 19일 『인민일보』 해외판에 따르면, 시진핑 국가 주석은 2014년부터 매년 중국의 주요 문화유산과 관련된 곳을 시찰하면서 문화유산 보호와 전승을 강조하고 있다.

시진핑은 중국 내 여러 지역을 시찰 혹은 관람하면서 문화유산 보호와 전승을 지속적으로 강조하였는데, 이와 관련된 내용들을 살펴보면 다음과 같다.

먼저 2014년 시진핑은 수도박물관(首都博物館)을 참관하며 베이징 역사문화를 관람하였다. 2015년 2월 15일 시진핑은 시안시 박물원(博物院)에서 시안도성변천도(西安都城變遷圖), 수당(隋唐) 장안성모형(長安城模型), 청동기 및 한당(漢唐) 금은기문물전(金銀器文物展), 한당을 대표하는 조각과 소조 및 당삼채(唐三彩) 문물전을 관람하였다. 그리고 고대 실크로드와 장안 역사문화 등의 소개를 들었다. 시진핑은 "하나의 박물원은 하나의 대학교"라고 강조하였다. 그리고 "중화민족의 전통문화를 응집하여 문물을 잘 보호하고 관리를 잘 해야 한다."고 강조하였다. 또 조상들의 성과와 영광을 전승하고 민족자존감과 자신감을 증강시키는 동시에 역사의 좌절과 교훈을 잘 기억하여 앞을 향해 잘 나아가야 한다고 강조하였다.

2016년 5월 24일 시진핑은 헤이룽장성 퉁장(同江)시 빠차혁철족향(八岔赫哲族鄕) 빠차촌(八岔村)에 가서 혁철족 민속전에 참관하였고, 국가급비물질문화유산에 속하는 혁철족 이마감설창교학(伊瑪堪說唱敎學)을 관람하였다. 혁철족 이마감설창(伊瑪堪說唱)은 2011년에 이미 유네스코에 "긴급 보호해야 할 비물질문화유산 명록"에 포함되었다.

2017년 2월 24일 시진핑은 베이징 대운하(大運河) 삼림공원(森林公園)을 방문하였다. 2018년 10월 24일 시진핑은 광저우시 리완(荔湾)구의 서관역사문화가구(西關歷史文化街區) 영경방(永慶坊)을 방문하였다.

2019년 7월 15일 시진핑은 적봉박물관(赤峰博物館)을 방문하였다. 이때 홍산문화(紅山文化)[2] 등의 사전(史前)문화 발굴보호 상황과 거란 요문화(遼文化),[3] 몽원문화(蒙元文化)[4] 등의 역사연혁에 대해서 들었다. 같은 해 8월 19일 시진핑은 막고굴(莫高窟)로 가서 막고굴의 역사연혁과 문물보호연구 상황을 시찰하면서 채색된 소조와 벽화를 관람하였다. 이어 둔황(敦煌)연구원으로 가서 소장하고 있는 진귀한 문물과 학술적 성과가 있는 전시를 관람하였다. 다음날에는 가욕관(嘉峪關)으로 가서 관성(關城)을 관람하며 장성 보호 상황을 들었다. 이때 시진핑은 "장성은 중화민족의 대표성이 있는 부호이고 중화문명의 주요 상징"이라고 강조하였다. 또 "장성문화의 가치발굴과 문물유산 전승보호 공작을 잘 하여 민족정신을 널리 알리고 중화민족의 위대한 부흥이라는 중국의 꿈을 실현하기 위해 역량을 응집해야 한다."고 강조하였다.

---

2) 1935년 츠펑시(赤峰市) 홍산(紅山) 유적에서 처음 발견되었기에 홍산문화(BC 3600년경?~BC 3000년경)라고 일컫는다. 유적은 주로 네이멍구(內蒙古) 동남부, 랴오닝성(遼寧省) 서부와 허베이성(河北省) 북부, 지린성(吉林省) 서부 등지에서 발견되고 있다.

3) 요나라 시기의 문화로서 초원 유목문화와 당시 중원문화가 결합된 문화를 가리킨다.

4) 원대 몽골족이 중원을 지배할 때, 중원문화를 받아들이게 되면서 유목문화와 결합된 특유의 몽원문화를 형성하였다.

2020년 1월 19일 시진핑은 윈난성 허순고진(和順古鎭)을 방문하였다. 시진핑은 허순(和順)도서관에서 고진 역사문화 전승과 문화교육 발전 상황을 알게 되었다. 그리고 윈난성 허순의 작은 골목을 따라 고진의 풍모를 살펴보았고, 서남 지역의 실크로드 옛길의 형성발전과 허순고진 역사문화전승 등의 상황을 확인하였다. 2020년 5월 11일 시진핑은 다퉁(大同)시에 있는 운강석굴(雲岡石窟)을 탐방하며 역사문화유산보호 상황을 시찰하였다.

2021년 3월 22일 시진핑은 푸젠 우이산(武夷山)시를 시찰하여 주희원(朱熹園)을 방문하였다. 이때 시진핑은 "중화 5천년 문명 중에서 정화를 발굴하는 것을 중시하여 우수한 전통문화를 알려야 한다."고 강조하였다. 2022년 1월 27일 시진핑은 세계문화유산 핑야오고성(平遙古城)을 방문하여, 역사문화유산 보호와 중화의 우수한 전통문화 전승과 확대 발전을 위한 중요 연설을 발표하였다.

2. 문화유산, 5G와 만나다

중국은 문화유산을 다큐멘터리식으로 제작하여 TV로 방영하거나, CD나 DVD로 제작하여 판매하는 형태에서 VR 등의 기법을 활용하여 스마트폰을 통해 볼 수 있도록 하는 사례가 늘고 있다.

1) 스마트문화관광

중국 정부는 스마트문화관광 육성을 위한 정책을 꾸준히 추진하고 있는데 2012년에는 18개 도시를 국가급 스마트관광 시범도시로 지정하였다. 2015년에는 〈스마트관광발전의 지도 의견〉을 공포하였고, 2017년에는 〈'13·5' 전국 여유(관광) 정보화 규획('十三五'全國旅游信息化規劃)〉을 통해 다양한 정책 방안을 내놓았다. 중국 정부는 관광산업 스마트화를 위해 2020년까지 중국의 모든 4A급 이상 주요 관광지에 무료 WIFI, 스마트 가이드, 온라인 예약 등 서비스를 보급하는 한편 이들 관광지에서 운영되는 시설물과 서비스 관리, 관광객의 안전과 관련한 모니터링, 관광지 환경오염 관리 등에 스마트 기술을 도입하기로 하였다.

진시황제릉박물원(秦始皇帝陵博物院)의 '병마용 실감 체험관'은 2017년에 착공하여 2019년에 완공되었는데, 이는 스마트 문화관광의 대표적인 사례라고 할 수 있다. 관람객은 VR을 사용해 진시황 시대의 현장을 생생하게 체험하고 360도 영상관에서 진(秦)나라 건국에 대한 역사를 실감나는 영상과 함께 배울 수 있다. '살아움직이는 병마용'이라는 콘셉트는 관광지 탐방을 지루해하는 영유아 또는 학생들에게 역사를 접하는 방식으로 활용되고 있다. 이에 따라 현지 교육당국 및 역사학계에서도 콘텐츠 개발에 참여하고 있다.

2020년 12월 31일, 쓰촨성 문화와 여유청(文化和旅游廳), 쓰촨성 여행 투자그룹 연합인 알리바바 그룹, 신희망그룹(新希望集團), 쓰촨성투자그룹(四川

스마트 쓰촨 관광

省投資集團)은 "지유천부(智游天府, 스마트 쓰촨 관광)"를 슬로건으로 삼아 쓰촨 문화와 관광에 관한 공공 서비스 협약 체결식을 거행하였다. 합작을 하는 각 기관과 회사는 '문화＋관광＋과학기술'이라는 큰 틀 속에서 전 성의 스마트 문화 관광 생태시스템을 만들고, 쓰촨 문화 관광 산업의 질적인 발전을 함께 추진해 나가기로 하였다.

2017년 7월 중국 국무원은 "인공지능(AI)이 국제 경쟁의 초점과 경제 발전의 원동력"이라고 여기고, 2030년까지 단계별로 인공지능기술 개발과 상업화 육성을 추진하는 〈차세대 인공지능 발전 규획〉을 발표 하였다. "규획"에서는 6개 방면의 주요 임무와 육성책을 제시하였다. 그 중 하나가 안전하고 편리한 지능형 사회, 효율적인 정보 서비스의 개발을 구축하고 인공지능 기술의 사용은 공공 안전 및 보안, 상호 신뢰를 강화하고 사회적 상호 작용의 공유를 촉진한다는 것이다.

2) 즈유이성(智游一省), 스마트폰 하나로 윈난성 여행하기

윈난성 정부는 문화관광산업으로 발전 육성한다는 계획을 세우고 2017년 중국의 선두 IT기업인 텐센트와 합작해 윈난성 관광 빅데이터 센터와 윈난성 관광 종합서비스 플랫폼을 구축하였다. 2018년 10월 1일에 '여우윈난(游雲南, 윈난여행)' 앱이 정식으로 운행되었다. 2019년 3월 9일 양회 대표는 '여우윈난' 앱 개발에 대해서 극찬하였다.

2019년 8월 12일 국무원 신문 관공실 언론 브리핑에서 '핸드 폰 하나로 윈난 여행하기(一部手 機游雲南)'라는 주제로 인공지능 과 관련된 내용을 발표하였다.

핸드폰 하나로 윈난 여행하기

그리고 이와 관련된 내용은 2019년 9월 4일에 영문판으로 공개되었다.

'여우윈난'은 성급 정부가 주도한 중국의 첫 번째 디지털 스마트관광 플랫폼으로, 빅데이터 센터와 여행 종합플랫폼이 결합한 위챗 미니프로그램이다. 텐센트 클라우드를 기반으로 윈난의 전통산업을 디지털화하여 관광산업의 혁신을 선도한다는 계획으로 등장하였다.

'여우윈난'은 빅데이터, VR/AR, 인공지능 등 정보통신 분야 대부분의 기술이 모두 적용되었다. 관광객은 이 플랫폼을 통해서 휴대폰만으로 윈난성 관광 과정에 필요한 모든 문제를 해결할 수 있게 되었다. 여기엔 관람, 식사, 숙박, 교통, 유흥 등 모든 것들이 포함되었다. AI기술과 안면인식시스템을 이용한 관광지 입장 시스템, 즉 종이티켓 없이 휴대폰으로 온라인 구매를 하면서 등록한 얼굴만으로 관광지 입장이 가능한 서비스도 구현되었다.

윈난성에 있는 A급 관광지 128개 중 안면인식 입장관리 시스템이 설치된 곳은 125개로 대부분의 관광지에서 이 시스템을 운영하고 있다. 안면인식 방식이 아닌 QR코드 스캔 방식으로 입장할 수도 있다. 또한 '여우윈난'은 관광객에게 주요 관광지에 있는 2만여 개의 화장실 찾기 연결서비스도 제공한다. 윈난성에는 727개 스마트 화장실이 지정되어 있는데 센서를 통해 실시간으로 화장실 빈자리 안내, 온도, 습도, 냄새 모니터링도 진행된다.

스마트관광 관리운영 시스템은 만리장성, 둔황, 용문석굴(龍門石窟), 청명상하원(淸明上河園) 등 유명 관광지에도 차례로 도입되고 있다.

3) 고성(古城)에서 역사와 문화를 읽다

(1) 중국에서 고성(古城)이란?

고성은 일반적으로 100년 이상의 역사를 지니고 있고, 현대에도 여전히 보존이 잘 되어 있거나 기본적으로 원래의 모습으로 복원이 가능한 거대한 규모의 고대 건축을 보존하고 있는 도시촌락을 가리킨다. 고성은 역사문화가 겉으로 표현되고 있고, 인류가 공유하고 있는 문화유산이라 말할 수 있다. 중국인들이 말하는 보존 상태가 양호하고 문화적 가치가 있는 역사문화 고성(古城) 4곳은 "안후이성(安徽省)의 시셴고성(歙縣古城), 쓰촨성(四川省)의 랑중고성(閬中古城), 산시성(山西省)의 핑야오고성(平遙古城), 윈난성의 리장고성(麗江古城)"이다. 이 외에도 윈난성의 다리고성(大理古城)과 후난성의 펑황고성(鳳凰古城)이 있다.

랑중고성(閬中古城)

다리고성(大理古城)

중국의 많은 '고성'에는 옛성벽(古城墙), 성을 보호하는 천(川), 해자(垓字, 적의 침입을 막기 위해 성 주위를 둘러서 판 못), 성 내부의 일부 고건축이 있다. 하지만 대규모의 고성 형태는 이미 존재하지 않는다.

안후이성 황산시 시셴(歙縣) 휘청진(徽城鎭)에 위치한 후이저우고성(徽州古城)은 시셴고성(歙縣古城)이라 불린다. 옛날에는 신안군(新安郡)

이라 불렸고, 진(秦)대에 축조하기 시작하였다. 당 대 이래로, 후이저우의 군(郡), 주(州), 부(府)의 소재지이다. 후이저우고성은 중국 3대 지방학파의 하나인 '휘학(徽學)'의 발상지이기 때문에 "동남추로 예의지방(東南鄒魯 禮儀之邦.: 동남 지역의 추로 땅, 예의의 고장)"이라 불린다.5)

안후이성에는 후이저우고성 외에도 후이난시(淮南市)에 위치한 셔우셴고성(壽縣古城)이 있다. 셔우셴고성의 옛 이름은 수주(壽州) 혹은 수춘(壽春)이다. 춘추시대 초(楚)나라의 마지막 도읍인 셔우셴은 초문화의 고향이기도 하다. 또 서한 시기의 두부 발원지이기도 하고, 비

셔우셴고성 옛 성벽

수지전(淝水之戰)6)의 전장터이기도 하다. 셔우셴은 지하박물관이라는 별칭을 갖고 있다. 셔우셴고성의 옛 성벽은 북송 시기에 처음 건축되었고, 명청 시기에도 여러 차례 보수되었다.

쓰촨성의 랑중고성은 가릉강(嘉陵江) 중류에 위치하는데, '랑원선경(閬苑仙境)', '파촉요충(巴蜀要沖)'이라는 이름을 얻었다.7) 랑중은 '천년고현(千年古縣)'이라고도 불리고, '춘절문화의 고향(春節文化之鄉)'이라

---

5) 여기서 '추로'란 '맹자의 고향 추(鄒)와 공자의 고향 로(魯)'를 지칭한다.

6) 383년 동진(東晋)의 사현(謝玄)은 8만의 군대를 이끌고 비수(淝水)에서 전진(前秦)의 부견(苻堅)의 100만 대군을 격파하였는데, 이를 두고, 중국 역사에서는 '비수지전'이라 부른다. 한국의 중앙박물관에는 조선 1715에 그려진 작자 미상의 〈사현파진도(謝玄破秦圖)〉가 있다. 전진의 부견이 동진을 공격하였다가 장수 사현에게 패배한 비수지전을 그린 그림이다. 병자호란으로 만주족에 패배했던 교훈을 되새기고자 하는 의미를 갖는 그림이다. 숙종은 비수 전투를 소재로 4편의 어제(御製)를 지었는데, 역사적 사건에서 교훈을 얻으려고 하였다는 점에서 감계화(鑑戒畵)의 성격을 지닌다.

7) 당(唐)대 시인 두보(杜甫)는 일찍이 이곳에서 "랑주성 남쪽 천하에서 드무네(閬州城南天下稀)"라는 명구를 남겼다.

고도 불린다. 현재까지 약 2300여 년의 역사를 지니고 있으며, 고대 파국(巴國)과 촉국(蜀國)의 군사 요충지이다.

핑야오고성은 산시성(산서성) 중부에 위치하고 있다. 주 선왕 시기에 축조하기 시작하였으며, 명 홍무 3(1370)년에 확장한 약 2700여 년의 역사를 지니고 있다. 1997년 12월에 핑야오고성은 유네스코 세계유산 목록에 등재되었다. 당시 유네스코는 "핑야오고성은 명청 시기 한족 도시의 훌륭한 모범사례로, 모든 특징을 보존하고 있을 뿐만 아니라, 중국 역사 발전 속에서 사람들에게 범상치 않은 문화 사회 경제 및 종교 발전의 완전한 그림을 보여주었다"라고 평가하였다.

윈난성 리장고성(麗江古城)은 리장시(麗江市) 고성구(古城區)에 위치하는데, 송말 원초에 축조되기 시작하였다. 리장고성은 1986년 제2차 중국역사문화명성이 비준될 때 포함되었고, 1997년 유네스코 세계문화유산에 등재되었다. 고성 안에는 100여 채의 전통가옥이 남아 있다. 명청 시기의 거리 모습을 간직한 리장고성의 특징은 '성벽이 없는 성'이라는 점이다. 리장고성은 다옌고진(大研古鎭), 수허고진(束河古鎭), 바샤고진(白沙古鎭) 세 개 지역으로 구성되어 있다. 일반적으로 알려진 리장고성은 다옌고진이다. 그래서 '다옌고성'이라고도 부른다. 당시 이 지역 통치자는 성이 목씨였는데, 고성 주위에 벽이 있으면 목(木)자가 구(口)에 둘러싸인 곤(困)자 모양이 되기 때문에, 성벽을 쌓지 않았다는 이야기가 전해지고 있다. 리장고성은 소수민족인 나씨족과 밀접한 관련이 있다.

윈난성 서부에 위치한 다리고성(大理古城)은 '엽유성(葉楡城)' 혹은 '자성(紫城)'이라고도 불린다. 고성의 역사는 당 천보(天寶) 년간까지 거슬러 올라간다. 남조국(南詔國, 738~902)[8]의 제5대 왕인 각라봉(閣羅鳳, 712~779)이 양저미성(羊苴咩城, 지금의 삼탑 부근)을 새 도읍으로 정하였다. 고성은 명 홍무(洪武) 15(1382)년부터 축조되기 시작하였다. 성루에는 '문헌명방(文獻名邦)'이라는 4개의 글자가 크게 적혀 있다. 다리고성은 윈난의 정치와 경제 및 문화의 중심지였다. 고성 내에는 14곳이 시급 이상의 중점문물보호단위로 지정되어 있으며, 다리 역사문화를 계승하였고 다리의 관광 핵심 지역이기도 하다.

윈난성에는 젠슈이고성(建水古城)이 있는데, 고성 내에는 규모가 커다란 '윈난제일(雲南第一)'이라고 적혀 있는 건수문묘(建水文廟)가 있다. 또 조양루(朝陽樓), 쌍룡교(雙龍橋), 지림사(指林寺), 주가화원(朱家花園) 등의 특색 있는 고건축과 규모가 큰 고대 뎬난(滇南) 지역의 민가가 있어서 '고건축박물관(古建筑博物館)'과 '민가박물관(民居博物館)'이라 불리기도 한다. 윈난 서부에는 웨이산고성(巍山古城)이 있는데, 원대 시기부터 축조하기 시작하였다. 웨이산에는 제갈량이 맹획을 칠종칠금(七縱七擒)하였다는 이야기가 전해진다. 이곳은 후이족(回族) 마을이 자리 잡고 있는데, 마을 중앙에는 이슬람 사원이 있다.

구이저우성 첸둥난저우(黔東南州) 우시(舞陽) 강변에 전위안고성(鎭遠古城)이 있다. 전위안고성은 "윈난 지역의 자물쇠, 첸둥(黔東)의 관문(滇楚鎖, 黔東門戶)"으로 불렸다. 원경이 태극도와 유사하여 '타이지고성(太極古城)'이라 불리기도 한다. 첸둥 지역의 정치, 경제, 문화 중심지이면서 군사요충지이기도 하다. 전위안고성은 2009년 3월에 '아름다운 10대 고성'을 뽑을 때 5위에 선정되었다.[9]

---

8) 남조국은 윈난 지역에 있었던 고대 왕국이다. 몽사부(蒙舍部)의 수령인 피라각(皮羅閣)이 당 개원(開元) 26년인 738년에 건국하였다.

9) 명 홍치(弘治) 초년에, 진원(鎭遠) 태수 주영(周瑛)은 "윈난과 구이저우를 통하고자 한다면 먼저 전위안을 지켜야 한다(欲通雲貴, 先守鎭遠)"라고 말하기도 하였다. 그리고 『묘강문견록(苗疆聞見錄)』에는 "전초(윈난) 지역을 차지하려면 반드시 진원을 차지해야 한다(欲据滇楚, 必占鎭遠)"라는 말이 있다.

산시성(陝西省) 중부 한청시(韓城市)에는 한청고성(韓城古城)이 있다. 한청고성은 남쪽으로는 거수(濠水)가 흐르고, 서쪽에는 양산(梁山)이 있다. 한청고성은 수당(隋唐) 시기에 해자(垓子)가 처음 만들어졌다. 금 대정(大定) 4(1164)년에 흙으로 성벽을 쌓았고, 명 숭정(崇禎) 13(1640)년 에 재상 설국관(薛國觀)이 조정의 동의를 얻고, 지방 관원과 유지들이 돈을 내어 벽돌을 이용한 성벽으로 수리하였다.

쓰촨성 북부에는 자오화고성(昭化古城)이 있는데, 4000여 년의 역사 를 지니고 있으며, 국가중점풍경명승구(國家重點風景名勝區)인 검문촉 도풍경명승구(劍門蜀道風景名勝區)를 구성하는 주요 지역이기도 하다. 자오화고성은 백룡강(白龍江), 가룽강, 청강(淸江) 3개의 강이 교차하는 지역에 위치한다. 자오화고성은 중국 고대 최초의 현치(縣治) 지역 중 하나로, "파촉제1현, 촉국제2도(巴蜀第一縣, 蜀國第二都)"라 불리기도 한 다. 자오화고성은 삼국 촉한(蜀漢)의 흥망사와 관련된 전설과 유적지 가 남아 있다. 그래서 삼국문화를 연구하는 데 중요한 사료를 제공한 다.10)

허베이성 동남부와 한단시(邯鄲市) 동북부에 위치하고 있는 광푸고 성(廣府古城)은 약 2600여 년의 역사를 지니고 있다. 이곳은 양식(楊式) 과 무식(武式) 태극권의 발상지이다. 허난성 상츄시(商丘市) 수이양구 (睢陽區)에 위치하고 있는 상츄고성(商丘古城)은 약 4천여 년의 역사를 지니고 있다.

후베이성에는 징저우고성(荊州古城)과 샹양고성(襄陽古城)이 있다. 징 저우고성은 징저우시(荊州市)에 위치하고 있는 장강 중하류와 한수 하

---

10) 민간에는 "촉한의 흥망은 가맹에서 시작돼 가맹에서 끝났다(蜀漢興, 葭萌起; 蜀漢亡, 葭萌 止)"라는 말이 전해 내려온다.

류의 강한평원의 중심에 있다. 또 잉두(郢都) 혹은 장링(江陵)이라 불리기도 한다.11) 샹양고성은 샹양시(襄陽市)에 위치하고 있으며, 약 2000여 년의 역사를 지니고 있다. 예부터 '철통같이 견고한 샹양(鐵打的襄陽)'과 '화하 제일의 성과 해자(垓字)(華夏第一城池)'라는 말이 있다. 샹양은 원나라가 남송을 공격할 때 마지막까지 대항하였던 도시로도 유명하다. 진용(金庸)의 작품인 〈신조협려(神雕俠侶)〉를 보면 곽정과 황용이 샹양에서 원나라에 대항하는 내용이 나온다. 남송은 샹양에서 패전함으로써 멸망의 길로 접어들었다.

후난성 서부 홍장시(洪江市)에 위치한 첸양고성(黔陽古城)은 "전첸(滇黔, 윈난과 구이저우)의 문호(滇黔門戶)"라는 명칭을 갖고 있다. 저장성 린하이(臨海)시에 위치한 타이저우고성(臺州古城)은 린하이고성(臨海古城)이라고도 부르기도 한다.

푸젠성 서남부에 위치한 팅저우고성(汀州古城)은 창팅고성(長汀古城)이라고 하며, 당나라 때부터 1천여 년의 역사를 지니고 있다. 민서(閩西)의 중심지인 팅저우는 팔민(八閩) 객가(客家)의 수부(首府)이다. 창팅의 옛 이름은 팅저우(汀州)이고 푸젠의 '서대문'이다. 이곳은 중국공산당 초기 지도자인 취추바이(瞿秋白)12)가 사망한 곳이기도 하다. 그리고 루이에리(路易·艾黎)13)는 팅저우가 "중국에서 가장 아름다운 산간

---

11) 전해 내려오는 이야기에 의하면, 우 임금이 구주를 나눌 때 징저우부터 시작하였다고 한다.

12) 취추바이는 "중국의 두부도 아주 맛있는 음식, 세계 최고다(中國的豆腐也是很好吃的東西, 世界第一)"라고 하였다.

13) 뉴질랜드 사람인 '루이에리'는 1932년부터 1937년까지 상하이에 거주할 때, 국제마르크스주의 그룹 활동에 참가하였고, 국내외 정치 정세와 사회문제에 대해 토론하였다. 자신의 특별한 신분과 유리한 주거조건을 이용하여 많은 공산당원과 진보 인사들을 보호하였고, 중국 인민을 돕고 지원하는 혁명사업을 하기도 하였다. 1982년 베이징시 인민정부는 루이에리에게 명예시민 칭호를 수여하였다.

도시의 하나이다(中國最美麗的山城之一)."라고 하였다.

(2) 신장에서의 고성!

오늘날 중국의 신장 지역은 역사적으로 서역(西域)으로 불렸던 지역 중의 한 곳이다. 중국 여행을 할 때 신장 지역과 티베트 지역은 쉽게 갈 수 있는 곳은 아니다. 이는 현대 중국에서는 신장 지역과 티베트 지역의 민족이 민족운동을 활발하게 하는 곳이기 때문에 여행을 제한하고 있다.

신장 지역은 지정학적으로 매우 중요한 곳이다. 신장 지역을 주목해야 하는 이유 중의 하나는 역사적으로 매우 중요한 곳이기 때문이다. 고대 중국과 중앙아시아 지역의 역사와 문화를 이해하는 데 있어서 매우 중요하다. 이는 신장 지역에 남아 있는 여러 고성(古城)과 발굴된 유적과 유물에서 알 수 있다. 신장 지역은 고대 실크로드와 관련이 있기 때문에 서역이라는 말을 자주 접하게 된다. 서역이라는 말은 보통 둔황의 양관 밖에 있는 서쪽 지역을 뜻한다. 당시 신장 지역 내에 서역 36국이 있었다고 해석하고 있다.[14]

신장 지역에 있는 카스고성(喀什古城)은 '카슈가르(喀什噶爾)고성' 혹은 '카스노성(喀什老城)'이라 불리기도 한다.[15] 중국 내에서 이슬람문

---

[14] 구자(龜玆), 언기(焉耆), 약강(若羌), 루란(樓蘭), 정색(精絶), 차말(且末), 소완(小宛), 융로(戎盧), 미(彌), 거륵(渠勒), 피산(皮山), 서야(西夜), 포리(蒲犁), 의내(依耐), 사거(莎車), 소륵(疏勒), 위두(尉頭), 온숙(溫宿), 위리(尉犁), 고묵(姑墨), 비륙(卑陸), 오탐자(烏貪訾), 비륙후국(卑陸后國), 단환(單桓), 포류(蒲類), 포류후국(蒲類后國), 서차미(西且彌), 겁국(劫國), 호호(狐胡), 산국(山國), 거사전국(車師前國), 거사후국(車師后國), 거사위도국(車師尉都國), 거사후성국(車師后城國) 등의 국가가 있었다. 이외에도 오손(烏孫), 대완(大宛), 안식(安息), 대월씨(大月氏), 강거(康居), 호한(浩罕), 감거제(坎巨提), 오익산리(烏弋山离) 등의 10여 개의 서역국이 있었다.

화를 지니고 있는 미궁식(迷宮式, 미로형) 고성이다. 신장 투루판 주변에는 고창고성(高昌故城)과 교하고성(交河故城), 천불동(千佛洞), 아스타나 고분군 등의 유적이 분포해 있다.

3. 고창고성(高昌故城)! 신장의 역사를 품다

오늘날 신장위구르자치구는 청나라 건륭제 때 청의 영토로 편입되면서 '신장(新疆, 신강)'이라고 불려졌다. 청이 멸망한 뒤 이 지역에는 동투르키스탄(동돌궐)이 성립하였다. 신장은 1949년에 중국으로 편입되었다. 오늘날 신장 지역의 위구르족은 동투르키스탄의 재건을 위해 민족운동을 펼치고 있다. 신장 지역에 남아 있는 고성(故城)을 통해 신장의 고대 역사를 알 수 있다.

1) 『서유기』와 관련이 있는 고창고성

고창고성은 1961년 3월 4일, 국무원이 공포한 제1차 전국중점문물보호단위(全國重點文物保護單位)에 포함되었다. 그리고 2013년 1월, 중국 국가문물국(國家文物局)은 고창고성을 정식으로 실크로드에 포함시켜 세계문화유산 명단 항목으로 신청하였다.

고창고성은 신장위구르자치구 화염산(火焰山) 남쪽 무터우거우하

---

15) 카스에 대한 최초의 기록은 페르시아 역사에 나타난다. 이 지역에 살던 사람들은 투슐란 부족이고, 아리안 계통이었다고 한다. 현장(玄奘)은 "카슈가르 사람들은 눈이 초록색이고 인도로부터 피를 받은 사람들이다. 성질이 난폭하고 급하며 잘 속이는 경향이 있다. 이들은 예절과 가르침에 대해서는 거의 알지 못한다."라고 기록하였다. 한(漢)대에는 수러(疏勒)왕국이었다.

고창고성

(木頭溝河) 삼각주, 투루판시 동쪽 40여km의 삼보향(三堡鄕)에 위치하
며, 총면적은 200만m²이다. 고창고성은 위구르어로 '역도호성(亦都護
城)'이라 불리는데 '왕성(王城)'을 의미한다. 고창고성을 통해 고대 국
가인 고창국의 역사와 문화를 알 수 있고, 현장법사와 관련된 이야기
를 알 수 있다.

  1999년 8월 16일 신장위구르자치구는 고창고성의 사방 경계를 설
립하였다. 고창고성은 북으로는 화염산 북측 산자락에 이르고, 동쪽
으로는 토욕구(吐峪溝) 동쪽 2km에 이르고, 남으로는 토욕구의 북측에
이른다. 서로는 쿠루커아이거쯔(庫魯克艾格孜) 구곡을 가로질러 한디커
리커루(汗迪克里克路)에 이른다.

2) 고창의 주요 역사를 살피다

레겔(A. Regel)이 1879년 고창
고성으로 왔다. 고창고성을 본
러시아인 레겔은 "매우 두텁게
둘러싸서 담을 건축한 커다란
터"로 "고대 로마와 같은 도시"
라고 하였다. 레겔은 『투루판여
행보고서(吐魯番旅行報告書)』를
지었다.

고창고성 유적

고창고성은 고창왕국(高昌王
國)16)의 도성(都城)이고 세계종
교문화가 모여 있는 지역 중 하
나이다. 또 고대 서역의 중요한

고창고성

정치 경제 문화 종교 군사의 중심이었다. 고창고성은 고대 서역도시
문화 건축기술, 여러 종교와 투루판분지의 다민족문화의 교류와 전파
를 연구하는 데 있어서 중요한 자료를 제공한다.

고창고성은 BC 1세기 서한 시기에 축조되었다. 『한서』에 '고창벽(高
昌壁)'이라는 말이 최초로 등장한다. 『북사(北史)』 「서역전(西域傳)」에는
"옛날 한 무제가 병사를 파견하여 서쪽을 토벌하였다. 여정이 매우
힘들었고, 그 중 곤핍한 병사들이 남아 살게 되었다. '지세고창 인서창
성(地勢高敞 人庶昌盛: 지세가 높고 평탄하며 사람이 번성하는)'이라 하였기

---

16) 일반적으로 고창국(高昌國)이라 부른다. 5세기 중엽부터 7세기 중엽까지 투루판 분지에
존속하였다. 정관 14(640)년에 당나라에 의해 멸망하였다. 고창국은 감씨고창(闞氏高昌),
장씨고창(張氏高昌), 마씨고창(馬氏高昌), 국씨고창(麴氏高昌)으로 구분한다.

에, 이름을 고창(高昌)이라 하였다."라는 기록이 있다.

고창의 역사를 살펴보면 다음과 같다. 고창은 서한부터 원명 시기 (BC 1세기~AD 14세기)까지 투루판분지 중심의 도시였다. 서한의 고창벽(高昌壁), 고창군(高昌郡), 고창국(高昌國), 당대 서주(西州)와 고창 회골(回鶻) 등의 시기로 약 1400년 정도 된다.

460년 북위(北魏) 화평(和平) 원년 때 고창이라는 국가가 세워졌다. 604년 당 태종 시기에 고창을 '서주(西州)'라 불렀다. 9세기 말 막북서(漠北西)에서 이곳으로 이주를 해 온 회골인(回鶻人)이 '고창회골(高昌回鶻)'을 세웠다. 요대에는 '화주(和州)'라고도 불렀고. 원대에는 '합자화자(哈刺火者)'와 '합자곽주(哈刺霍州)'라고 번역되어 불렀다. 그밖에 '합자화주(哈刺火州)', '화주(火州)', '합자화작(哈刺和綽)' 등의 명칭이 있다.

1208년 고창회골은 칭기즈칸에 귀순하였고, 이때부터 '외올아왕국(畏兀儿王國)'이라 불렀다. 1283년 고창성은 전쟁으로 훼손되었다. 고창회골국은 멸망하였고, 고창성은 버려졌으며 대부분의 건축물은 소실되었다. 사람들의 발길이 끊어지면서, 고창성은 사람들의 기억에서 잊혀졌다.

3) 고창고성의 건축물

고창고성의 내외건축 유형은 당대 장안성의 형상과 구조를 갖추고 있다. 고창고성에는 9개의 성문이 있는데, 남쪽에 3개의 성문이 있고 다른 3면에는 각 2개의 성문이 있다. 서쪽의

고창고성

윗부분에 있는 성문이 보존이 가장 잘 되어 있는데, 구비구비 꺾인 옹성(甕城)이다.

고창고성은 외성(外城), 내성(內城)과 궁성(宮城, 가한보(可汗堡)) 3중으로 된 성이고, 성의 터 안에는 대량의 종교 건축 유적과 궁전 유적이 분포해 있다. 내성은 외성의 중간에 있다. 성벽은 모두 흙을 다져서 세운 항토성벽(夯土城)[17]으로 되어 있다. 성벽은 서쪽과 남쪽이 비교적 보존이 잘 되어 있다. 건축 연대도 외성에 비해 조금 더 오래되었다. 궁성은 가장 북쪽에 있다. 성내에는 외성벽(外城墻), 내성벽(內城墻), 궁성벽(宮城墻), 가한보(可汗堡), 봉화대(烽火臺), 불탑(佛塔) 등의 건축물이 있다.

외성의 북쪽벽은 궁성의 북쪽벽이다. 내성의 북쪽벽은 궁성의 남쪽벽이다. 외성의 서남 모퉁이에는 1만m² 정도 되는 불교 사찰터가 있다. 사찰 정중앙에는 파괴된 채 남아 있는 보살상 화벽(和壁)이 있다.

사원 건축 내에는 마니교(摩尼教) 벽화와 불교 벽화, 소조상 등이 있다. 성내 유물은 풍부하고, 출토된 유물에는 문자가 서로 다른 문서와 경전이 있다. 궁성의 최북단에는 보존이 비교

고창고성 가한보

적 잘 된 2곳의 사원 유적이 보존되어 있다. 그리고 내성 북부 중앙에는 불규칙적인 사각형의 궁성이 있는데, '가한보'라 불린다.

고창고성에서 출토된 유물은 주로 질그릇, 구리, 철, 나무, 석기 등

17) 항토는 건축물의 기단이나 성벽을 쌓을 때 돌을 판판하게 깔고 위에 흙을 펴 고르며 다져가며 축조하는 기초공법이다. 흔히 판축이라 한다.

인데, 도기(陶器)가 주를 이루며 도자기 파편이 많다. 1호민가(1號民居)에서 출토된 벽화 파편 내용은 천불(千佛)이다. 형상이 당대 불상의 특징과 비교적 가깝다. 1호민가의 남측 지층에서 개원통보(開元通寶)[18] 1매가 출토되었다. 3호민가의 서쪽 반부분의 건축은 동쪽 반부분의 건축 위에 겹겹이 쌓였다. 이는 두 민가가 시간의 간격이 있다는 것을 알 수 있게 한다. 동쪽 불사(佛寺) 부근에서 당 대의 '건중통보(建中通寶)' 동전(錢幣)이 출토되었다. 윗부분의 붕괴된 흙에서는 송대의 '황송통보(皇宋通寶)' 동전이 출토되었다.

4) 화염산(火焰山)과 천불동(千佛洞)

화염산은 고창고성 뒷편으로 500m 떨어진 곳에 위치하며, 약 100km에 걸쳐 길게 이어져 있다. 붉은 사암으로 이루어져 햇빛을 받으면 반사하여 마치 불길이 치솟는 듯하여 '화염산'이라 명명하였다고 전해진다. 『서유기』에는 손오공이 파초선(芭蕉扇)으로 화염산의 불을 껐다고 한다.

화염산

화염산 계곡에는 베제클리크 천불동(Bezeklik Thousand Buddha Caves)이 있는데, 이는 투루판 지역의 최대 석굴로 화염산 계곡을 흐르는 무터우거우하(木頭溝河) 강안 절벽에 자리하고 있다. 이곳에서 발굴된

---

18) 개원통보는 당 무덕(武德) 4(621)년에 처음 주조된 화폐이다. 오대십국 시대까지 약 3백여 년에 걸쳐 유통되었다.

석굴은 모두 83개이다. 그 중 벽화가 일부
라도 남아 있는 것은 40개뿐이다. 이 석굴
들은 6세기 고창국 시대부터 13세기 원나
라 때까지 축조되었다. 석굴에는 불교 벽
화와 위구르족 마니교 벽화가 함께 존재
한다.

천불동 벽화

베제크리크 석굴에서 발견된 상당수의
유물이 대한민국 국립중앙박물관에도 소
장되어 있다. 일본의 오타니(大谷) 탐험대
가 약탈한 베제크리크 유물이 일제강점
기 당시 조선총독부박물관에서 순회 전시를 하게 되었다. 오타니 고
즈이(大谷光瑞, 1876~1948)가 탐사대를 이끌다 보니, 오타니의 이름을
따 '오타니 탐험대'라 불렀다. 이 탐험대는 1902년부터 1914년까지
12년 동안 3차에 걸쳐서 실크로드 탐험을 진행해 수많은 유물을 수집
하였다. 전시되는 도중에 대한민국이 광복되면서 유물들은 그대로
대한민국에 남게 되었다. 현재 유물 300여 점이 국립중앙박물관에
있으며 3층 '중앙아시아실'에서 상설 전시 중이다.

5) 현장법사와 국문태(麴文泰, ?~640)

대불사 터 중심에 있는 사각의 방형탑(方形塔)에는 작은 감실이 뚫려
있다. 이곳에는 벽화의 흔적만 남아 있고, 불상은 대부분 없어졌다.
오른쪽에는 복발탑(覆鉢塔)이 있는데, 이곳은 627년 인도로 불경을 구
하러 가던 현장법사가 설법했던 강의실로 유명하다. 바닥은 사각형의
모양으로 만들어져 있는데, 이는 소리의 울림을 조절했다고 전해진다.

당시 현장법사는 이곳을 지나가다가 고창국왕인 국문태의 부탁으로 두 달 동안 머물게 되었다. 국문태는 국백아(麴伯雅)의 아들로, 무덕(武德) 6(623)년에 국왕이 되었다.

고창고성박물관 앞 현장법사

고창국에 머무는 동안 현장법사는 대불사에서 약 한 달 정도 설법을 하였다. 현장법사가 고창국을 떠나 인도로 갔고, 인도에서 당으로 돌아가는 길에 다시 들렀는데, 이때는 고창국이 이미 멸망하고 없었다.

고창국왕과 현장

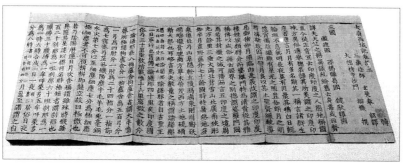
현장의 『대당서역기』

6) 고창에서 멀지 않은 아스타나 고분군

고창고성 부근에는 아스타나 고분군(阿斯塔那古墓群, Astana)이 있다. 아스타나고분은 1916년 영국의 오르레 스타인(A. Stein, 1862~1943)에 의해 처음 발굴되었다. 무덤군은 20세기 초 러시아 독일 영국 일본 등의 열강제

아스타나 고분군

국들에 도굴되어 많은 문화유산들이 외부로 유출되었다.

1949년 이후 10여 차례의 고고학적 발굴이 있었다. 특히 1953년에는 중국 정부가 대대적으로 발굴하였는데, 이때 456기의 고분이 발굴되었다. 이후 고분은 관리, 상인, 평민 세 개의 무덤으로 나뉘어 개방되고 있다. 아스타나 고분군은 1988년 2월 국무원에 의해 전국중점문물보호단위로 지정되었다.

아스타나고분은 투루판으로부터 40km의 동남쪽에 위치한다. 고창고성의 동북에서 서북쪽에 이르기까지 동서로 5km 남북으로 2km에 이른다. '아스타나'는 위구르어와 카자흐어로 '수도'를 뜻하는데, '고창성'을 가리킨다. 묘에서 발견된 문서와 묘지(墓志)를 살펴보았을 때, 묘지의 연대가 가장 이른 것은 서진(西晉) 태시(泰始) 9(273)년이고, 가장 늦은 것은 당 대력(大歷) 13(778)년이다.

아스타나고분군 옆에는 하라허쮜(哈拉和卓) 고분군이 있다. 하라허쮜는 고대 위구르왕국의 장군 이름이다. 그가 죽은 후 사람들이 그가 생전에 주둔하던 지역을 '하라허쮜'라고 명명하였다. 아스타나고분군은 서쪽에 위치하고, 하라허쮜고분은 동쪽에 위치한다. 본래는 두 개

진대(晉代) 지화(紙畵) 〈묘주인생활도(墓主人生活圖)〉

의 고분이 있는 지역을 통칭하여 '아스타나–하라허쥐 고분군(阿斯塔那—哈拉和卓古墓群)'이라 칭한다. 아스타나 하라허쥐 고분군은 '지하박물관(地下博物館)'이라 불린다.

현재 발굴된 수백 기의 고분 중 개방되어 있는 것은 3기이다. 이곳에서 발굴된 미라 22구 중 7구가 투루판시 박물관에 보존되어 있다. 아스타나 고분의 묘실은 사방 3~4m, 높이 3m 정도이며 높이 50㎝ 정도의 단을 만들어 시신을 놓았다. 이곳 묘실에서 대량의 실크 제품과 도자기, 총 1만 근이 넘는 2,700여 건의 문서 등이 출토되었다.

그리고 벽화와 미라도 남아 있다. 이곳은 강우량이 거의 없는 사막이기에 매장을 해도 미라가 되었다고 여겨진다. 묘지 내부의 벽화와 출토품을 토대로 묘지 주인의 신분, 직업, 당시 고창국의 역사를 추측할 수 있다. 유물과 벽화들은 고창국의 역사를 연구하는 데 있어서 매우 중요한 자료이다.

중국 국가여유국 서울지국에서 소개된 '신장위구르자치구' 아스타나 고분에 대해서 "고대 고창국과 당나라 귀족들의 공동묘지로, 대략 3~8세기에 걸쳐 만들어졌다. '아스타나'는 '휴식'을 의미하는 위구르어로, '영원히 잠든 묘지' 또는 '휴식의 장소'라는 뜻이다. 1916년 외국 탐험대에 의해 세상에 모습을 드러내었다. 이곳에서 가장 오래된 묘는 서진(西晉)시대인 273년의 묘이며, 가장 후대의 것은 당나라 때인 772년에 만들어진 것이다. 또한 이곳에서 발견된 미라들은 현재 우루무치 박물관에 보관되어 있으며, 이것들은 당나라 때의 것으로 추정된다고 한다."라고 하였다.

아스타나 고분군 중 많이 소개되는 곳이 216호분이다. 216호분 묘실 정면에는 유교의 가르침을 풀이한 6첩 병풍이 그려져 있다. 그 중 4첩은 왼쪽부터 앞가슴이나 등에 '옥인(玉人)', '금인(金人)', '석인(石人)', '목인(木人)'이라는 글자가 새겨져 있다. 옥인은 청렴결백을, 입을 막은 금인은 언행에 신중함을, 금인과 마주보고 있는 석인은 돌처럼 결심이 굳어 흔들리지 않는 결심부동을, 목인은 거짓이 없이 올바른 무위정직을 뜻한다.

그리고 216호분에서 풍만하고 화려한 당대 미인의 모습을 조각하여 채색한 여인의 목상, 종이로 만든 관, 관을 덮을 때 쓰던 수십 점의 〈복희여와도(伏羲女媧圖)〉가 대량으로 출토되었다. 〈복희여와도〉는 주로 천정이나 시신 옆에서 발견되었다.

〈복희여와도〉는 전한대(前漢代) 석실묘(石室墓)의 화상석(畵像石)에도 나타나지만, 아스타나 고분군에서 발견된 〈복희여와도〉는 다른 특색을 갖고 있다. 이곳에서 발견된 〈복희여와도〉

아스타나에서 발굴된 〈복희여와도〉

는 독립된 화면에 그려져 있는 것이 가장 큰 특징이다. 〈복희여와도〉
는 천지창조의 신화를 표현한 것으로 오른쪽의 남신(男神) 복희는 왼
손에 측량을 위한 곡척(曲尺)을 들고 있고, 왼쪽의 여신(女神) 여와는
오른손으로 컴퍼스 또는 가위를 들고 있다.

일반적으로 〈복희여와도〉는 비단에 그려져 있으나, 아스타나에서
발굴된 〈복희여와도〉는 마(麻)에 그려져 있다. 이는 매우 드문 예에
속한다. 〈복희여와도〉는 검은색, 붉은색, 흰색을 이용하여 그려져 있다.

이곳에서 발견된 〈복희여와도〉가 서울 국립중앙박물관 3층 중앙아
시아 전시관에 전시되어 있다. 〈복희여와도〉는 신장위구르자치구박
물관, 투루판박물관, 뤼순박물관(旅順博物館), 영국 런던의 브리티시 박
물관(British Museum), 인도 뉴델리 국립박물관(National Museum of India),
일본의 류코쿠(龍谷)대학, 텐리(天理)대학 등에도 소장되어 있다.

고분군 입구에는 12지신과
함께 사람 얼굴에 뱀의 꼬리를
달고 있는 남녀 2인이 손을 어
깨에 걸치고 있는 복희여와상
이 있다. 둘은 어깨를 껴안고 하
나의 치마를 입고 있으며 하반
신은 서로 몸을 꼬고 있는 뱀의

복희여와상

모습을 하고 있다. 창조신인 이들이 서로 몸을 꼬고 있는 모습은 이를
통하여 세상의 조화와 만물의 생성이 초래됨을 나타내고 있다.

그리고 1972년에 발굴된 아스타나 187호묘[19]에서 〈바둑 두는 여성

---

19) 묘주(墓主) 장씨(張氏)는 무측천(武則天) 시기 안서도호부의 관원으로 상주국(上柱國) 작
위를 받았다.

그림(弈棋仕女圖)의 실물 병풍이 출토되었다. 이 그림은 신장위구르자치구 박물관이 소장하고 있다. 그림에 있는 여성은 17×17줄의 바둑을 두고 있다. 이를 통해 당시 여성들이 바둑을 두었음을 알 수 있다. 오늘날 바둑판은 19×19줄인데, 고분의 벽화를 통해 바둑판의 변화를 알 수 있다.

아스타나 187호묘에서 출토된 〈바둑 두는 여성 그림〉

한편, 고분군에서 당시 사람들의 생활상을 알려주는 과소(過所)라는 통행증이나 관용문서, 관인이 찍힌 고소장도 출토되었다. 무덤에서 출토된 문서 3천여 건은 '투루판 문서'라고 불린다. 당시의 정치, 경제, 군사, 일상생활은 물론이고 불교와 마니교, 경교에 관한 정보가 담겨 있다. 몇 가지 예를 살펴보면 다음과 같다.

관인이 찍힌 고소장은 우차에 치여 배상해 달라는 고소장이었다. 사불나의 아들 금아(金兒)와 조설창의 딸 강실분이 우차에 치여 배상해달라는 내용의 고소장이다. 고분에서는 사문서도 출토되었다. 가장 오래된 사문서로는 서진(西晉) 태시(泰始) 9(273)년의 문서이다. 적강녀라는 여인이 명주 20필을 주고 목관을 산다는 매매계약서다.

출토된 문서 중에는 탄원서도 있다. 장식현(張式玄)이라는 병사가 징집되어 간 뒤 오랫동안 소식이 없자, 그의 여동생인 아모(阿毛)가 부모를 대신해서 관청에 탄원서를 올렸다. 탄원서에는 "오빠가 군역에 들어가 교하거방(交河車坊)에 배속되었으나 오랫동안 돌아오지 않아 생사를 알 수 없습니다. 아마 다른 군역에 배치된 것 같은데, 집안일도 난처하게 되었으니, 저를 데려가 오빠와 교대하게 해주시기 바랍니다."라는 내용이 실려 있다.

4. 교하고성(交河故城)! 세계에서 가장 아름다운 폐허

1) 세계 최대의 생토 건축도시

1961년 중국 국가중점문물보
호단위로 선정된 교하고성은
'세계에서 가장 아름다운 폐허'
로 불린다. 2014년 6월 22일 카
타르 도하에서 개최된 제38차
세계유산위원회 회의에서 중국
카자흐스탄 키르기스스탄 3국

이 연합으로 신청한 '실크로드 장안(長安)-천산(天山) 랑도(廊道) 도로

망(絲綢之路: 長安－天山廊道的路網)'의 유적이 '세계유산명록'에 들어갔다. 이때 교하고성도 포함되었다.

교하고성은 투루판시에서 서쪽으로 10km 떨어진 곳에 위치해 있다. 야얼나이쯔거우(雅爾乃孜溝)에 있는 고대 성터에 작은 강 두 줄기가 교차하여 만나는 곳의 '작은 섬'이 있는데, 이를 '교하고성'이라 부른다.

교하고성은 중국 최초로 발굴된 고성 유적이다. 교하고성은 고대 실크로드에서 가장 번화한 도시 중의 하나로, 보존이 가장 잘 된 생토(生土) 건축도시이다. 교하고성은 2000여 년의 시간이 지났지만, 세계 최대 그리고 가장 오랜 기간 동안 보존이 가장 잘된 흙으로 만들어진 유적이다.

투루판분지는 강수량이 매우 적고, 기후가 건조하다. 이러한 환경 때문에 교하에 거주하던 사람들은 이곳에 가장 적합한 건축방법을

2019년에 방영된 교하고성

사용하였다. 교하는 강물이 교차하는 곳에 형성된 왕국인데 더운 날씨 탓에 지상보다는 지하에서 생활하도록 설계되었다.

2) 고고학자 신장을 방문하다

고고학자 황문필(黃文弼, 1893~1966)은 스웨덴 탐험가 스벤 헤딘(Sven Anders Hedin, 1865~1952)을 대장으로 하는 〈스웨덴과 중국 연합학술조사단인 서북중국과학고사단(西北中國科學考查團, Sino-Swedish Expedition)〉 일원으로 1928년 봄과 1930년 봄 두 차례에 걸쳐 투루판 교하고성 인근 구서(溝西)·구북(溝北)·구남(溝南)의 무덤을 발굴하였다. 황문필은 4차에 걸쳐 신장을 다니면서 이 지역 고고학 개척에 지대한 역할을

서북과학고사단 기념우표

하였다. 이 과정에서 투르판 부근 고창고성과 교하고성을 발굴하였다. 그리고 아이호(雅爾湖)의 국씨(麴氏) 고창묘지(高昌墓地)를 발굴하였다.

한편, 헤딘은 1899~1902년의 제2차 탐험에서 누란(樓蘭)[20] 유적을 발굴하여 많은 고문서를 발견하였고 티베트 지역을 탐험하였다. 헤딘이 누란을 발견한 이후 영국 국적의 헝가리 사람 스타인(Stein)이 1906년과 1914년 2차에 걸쳐 누란과 주변 유적을 발굴하였다.

---

20) 누란은 '사막의 버뮤다(Bermuda)'라는 이름이 붙여졌다. 왜냐하면 황량한 사막인데다가, 예부터 수없이 많은 상인, 참배객, 승려, 도굴꾼, 탐험가들이 길을 잃고 헤맸기 때문이었다.

헤딘은 누란고성을 발견하게 된 일화를 탐험일기에 적어 두었다. 일기에 "정교한 카르투시 문양과 풀잎 문양 조각을 보자 내 눈이 부셨다. 나는 다시 돌아갈 생각을 하였다. 그러나 그런 생각이 너무나 우둔한 게 아니던가! 우리는 이틀 정도 마실 물밖에 남아 있지 않았었다. 그래서 나는 내년 겨울에 준비를 단단히 하고 그 고성으로 다시 오기로 결정하였다."라고 적었다.

3) 고대왕국 차사전국(車師前國)과 몽골

교하고성은 BC 2세기부터 AD 5세기까지 차사인(車師人)이 만들었다. 서한부터 북위까지 차사전국(車師前國, 고사(姑師)라 부름)은 교하성(交河城)을 수도로 삼았다. 교하성은 투루판 동남부에 위치하고 있으며, 차사의 원명은 '고사(姑師)'이다.

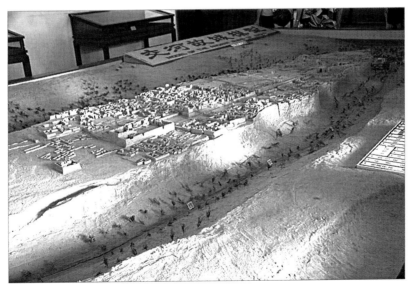

교하고성

『한서(漢書)』「서역전(西域傳)」에 "차사전국은 왕이 교하성을 다스리고, 강물은 나뉘어 성을 에워싸서 흐른다. 그러므로 교하라 부른다."라고 하였다. 여기서 소개하는 지역은 현재의 투루판분지를 포함한다. 『한서』「차사전국전(車師前國傳)」에는 "왕이 교하성을 다스렸다. 물은 나뉘어 성을 둘러싸고 흘러 교하라 부른다. 장안까지는 8,150리이다."라고 하였다.

교하성은 남북조와 당나라 시기에는 매우 번성하였다. 9세기부터 14세기까지는 전략적으로 중요한 위치였다. 연이은 전쟁으로 인해 교하성은 점차 쇠락하기 시작하였다. 몽골 칭기즈칸의 둘째 아들인 차카타이(察合台, 1183~1242)칸21) 시기에, 투루판 일대는 전쟁에 휩싸였다. 이때 교하성은 심하게 훼손되었고, 결국 방치되었다. 칭기즈칸의 셋째 아들인 오고타이 칸22)의 손자 카이두(하이두, 海都)는 1259년 몽케 칸 사망 이후 쿠빌라이 칸과 아리크부카가 대칸 지위를 두고 다툴 때, 아리크부카를 지지하였다. 아리크부카가 쿠빌라이에게 패배하게 되자, 쿠빌라이를 지지한 차가타이 칸국의 알루구 칸이 카이두를 공격하기 시작하였다. 카이두는 1301년 최대 규모 원정에 나섰고, 원과 전쟁을 치렀다. 전쟁이 진행되는 동안 교하는 폐허가 되었다. 당시 몽골 지도자들은 교하 사람들에게 불교를 버리고 이슬람교를 믿도록 강요하였다.

---

21) 차가타이는 차가타이칸국을 1227년부터 1242년까지 통치하였던 인물이다.

22) 오고타이는 칭기즈칸의 셋째 아들로, 칭기즈칸으로부터 나이만의 옛 땅에 우구데이 울루스를 분봉받았다. 1229년 몽골의 칸이 되었고, 거란족 야율초재를 중용하여 개혁과 제도의 정비에 힘썼다. 즉위 직후 금나라를 공격하였고, 1233년 6월부터 남송과 연합해 1234년 금나라를 멸망시켰다. 1235년 조령을 내려 남송 정벌과 고려 정벌을 선언하였다. 이후 유럽 원정을 계획하였으며, 바투와 귀위크 등을 보내 시베리아와 러시아의 대공국들을 복속시키고 동유럽에 도달하였다.

4) 불교 건축과 도시 구조

교하고성에는 불교를 신봉하는 차사인들이 거주하였고 현재까지 52곳의 불교 건축 유적이 남아 있다. 교하고성의 중심에는 대불사(大佛寺)가 있다. 대불사의 사각탑은 사각의 담장으로 둘러싸여 있다. 또 교하고성에서 당대의 연화 와당(蓮花瓦當), 연화경권(蓮花經卷) 등이 발견되었다.

교하고성 대불사 탑전(交河故城大佛寺塔殿)

1994년 고고학자는 고성을 발굴하는 과정에서 가장 먼저 지하사원과 차사국(車師國) 귀족 묘장(墓葬)을 발견하였다. 해주(海珠)와 사리자(舍利子) 등의 진귀한 문물이 출토되었다.

교하고성의 건축 배치 구조는 주로 3개 부분으로 구성되어 있다. 길이가 350m, 폭이 10m 정도의 남북 대로를 중심으로 거주 지역을 동과 서로 구분하고 있다. 대로의 북단은 대규모의 웅장한 사원이 있다. 사원을 중심으로 북부에는 사찰 구역이 형성되어 있다. 이 지역의 건축 면적은 약 9만m²이다. 건축군은 대체적으로 장방형(長方形) 원락(院落)이다. 원락은 울 안에 본채와 따로 떨어져 있는 정원이나 부속 건물을 말한다. 원락의 문은 거리가 면한 마을을 향해 있다.

대도동구(大道東區)의 남부 지역은 대형민거구(大型民居區)로서, 건축 면적은 약 78,000m²이다. 북부 지역은 소형민거구(小型居民區)이고, 중부 지역은 관서구(官署區)이다. 대도서구(大道西區)는 대부분 민거(民居)이지만, 많은 수공작방(手工作坊)이 있다.

성내 대도의 양쪽은 모두 높고 두꺼운 거리의 담벼락이다. 대체적으로 남북과 동서는 수직으로 교차하여 있고, 종횡으로 서로 연결되어 있는 골목은 36만m²의 건축군이 나뉘어져 소구로 조성되어 있다. 이러한 건축구조는 교하고성이 당대에 규획된 수리와 개축을 한 것임을 알 수 있다. 당 대 이전의

교하고성 소개 책자

구 도시의 흔적은 이미 옛 모습을 찾아볼 수 없다.

5) 시(詩)로 교하를 읊다

『교하고성(交河故城, The Ancient City JIAOHE)』이라는 책에는 「교하고성의 역사(交河故城的歷史, The History of the Ancient City JIAOHE)」라는 소개 글이 나온다. 이 글의 첫머리에는 '교하'가 들어 있는 당나라 시인들의 시를 소개하고 있다.

당나라 시인 이기(李頎, 690~751)의 「고종군행(古從軍行)」에는 가장 널리 애송되는 처음 두 구절 "한낮에는 산에 올라 봉화를 바라보고, 해질 무렵 교하에서 말에게 물 먹이네(白日登山望烽火, 黃昏飮馬傍交河)"가 소개되어 있다. 아래는 이기의 「고종군행」 싯구이다.

白日登山望烽火　　한낮에는 산에 올라 봉화를 바라보고
黃昏飮馬傍交河　　해질 무렵 교하에서 말에게 물 먹이네.
行人刁斗風沙暗　　진중의 순라 소리 모래바람 속에 침울하고
公主琵琶幽怨多　　공주의 비파소리에는 원한이 서려 있네.
野營萬里無城郭　　야영하는 넓은 장소엔 성곽도 하나 없고

雨雪紛紛連大漠	눈비만 분분히 사막을 연이어 적시네.
胡雁哀鳴夜夜飛	북으로 가는 기러기 밤마다 슬피 울며 날면
胡兒眼淚雙雙落	오랑캐 아이의 눈물은 뚝뚝 떨어지네.
聞道玉門猶被遮	옥문관이 아직도 막혀 있다는 들었는데
應將性命逐輕車	병사들은 목숨 걸고 싸워야겠네.
年年戰骨埋荒外	해마다 병사들의 뼈는 사막에 묻히는데
空見蒲桃入漢家	포도만 부질없이 한나라에 들어오네.

『교하고성』이라는 책에는 성당(盛唐) 시기의 시인인 잠참(岑參, 715~770)의 「주천 태수가 있는 곳에서 취한 뒤 짓다(酒泉太守席上醉後作)」 중 "소고기를 굽고 낙타를 삶아 안주를 차리고 교하의 미주를 금잔 위에 넘치게 따르리라(渾炙犁牛烹野駝, 交河美酒金叵羅)"라는 구절이 소개되어 있다. 다음은 잠참의 「주천 태수가 있는 곳에서 취한 뒤 짓다」이다.

酒泉太守能劍舞	주천태수는 칼춤을 잘 추는데
高堂置酒夜擊鼓	높은 건물에 올라 술자리 마련하고 밤새도록 북을 친다.
胡笳一曲斷人腸	피리 소리 한 곡조가 애간장을 끊나니
座上相看淚如雨	좌객들은 서로 보며 비 오듯 눈물만 짓누다.
琵琶長笛曲相和	비파와 긴피리는 서로 화음이 맞지 아니하고
羌兒胡雛齊唱歌	오랑캐(강아와 호추)와 함께 노래를 부르는 구려.
渾炙犁牛烹野駝	소고기를 굽고 낙타를 삶아 안주를 차리고
交河美酒歸叵羅	교하의 미주를 금잔 위에 넘치게 따르리라.
三更醉後軍中寢	늦은 밤까지 마신 뒤 군막에 가서 잠을 청하니
無奈秦山歸夢何	꿈속에서나마 진산으로 돌아 갈 수 있겠는가.

'주천태수(酒泉太守)'란 '술(酒)을 담당하는 관리'를 말한다. 주나라 때 술을 잘 빚었던 사람 가운데, 어떤 이는 스스로 장생주(長生酒)를 만들어 마신 덕분에 99세까지 살았다고도 한다.

한편, 시성(詩聖)이라 불리는 두보의 시에도 교하가 나온다. 9수로 된 두보의 「전출새(前出塞)」 중 제1수에 "아득히 먼 교하에 이르렀구나"라는 구절이 나온다.

戚戚去故里	슬픔 가득히 고향을 떠나
悠悠赴交河	아득히 먼 교하에 이르렀구나.
公家有程期	나랏일에는 정한 기한이 있어
亡命嬰禍羅	도망하면 징벌을 받을 것이네.
君已富土境	그대는 이미 부토의 경계에 있어
開邊一何多	변경을 개척하는 일, 어찌 이리도 많은가.
棄絶父母恩	부모의 은공 버려두고
呑聲行負戈	소리치며 창을 메고 전장으로 간다.

또 두보의 「고도호마총행(高都護馬驄行)」이라는 시에도 "교하에서 몇 번이나 층층으로 겹쳐진 얼음을 밟아 깨어버렸느냐(交河幾蹴層氷裂)"라는 시구가 나오고, 고구려 출신 고선지 장군과 그의 총마의 용맹과 전공을 찬미하였다. 다음은 두보의 「고도호마총행」이라는 시이다.

安西都護胡靑驄	안서대도호 고선지 장군의 애마인 대완산의 푸르스름한 총이말이
聲價忽然來向東	높아진 명성과 가치를 싣고 갑자기 동쪽으로 장안을 향해 오도다

此馬臨陣久無敵	이 말이 싸움터에 이르러 오랫동안 대적할 것이 없으니
與人一心成大功	이 고선지와 더불어 한 마음이 되어 큰 공을 이루었도다
功成惠養隨所致	공을 이루고 은혜로운 사랑을 입어 주인이 입조하는 데 따르오니
飄飄遠自流沙至	세차고 재빠르게 멀리 유사로부터 오도다
雄姿未受伏櫪恩	웅장한 모습은 마구간에 그냥 엎드려서 은혜를 받지 아니하리니
猛氣猶思戰場利	용맹한 기운은 오히려 싸움터에서 날카로이 달림을 생각하고 있도다
腕促蹄高如踏鐵	발목이 짧고 발굽이 높아 쇠를 밟는 듯하니
交河幾蹴層氷裂	교하에서 몇 번이나 층층으로 겹쳐진 얼음을 밟아 깨어 버렸느냐
五花散作雲滿身	다섯 가지 빛이 흩어져 구름을 만들어 몸에 가득하니
萬里方看汗流血	만 리를 뛰어가매, 바야흐로 땀을 피 흘리듯 함을 보리로다
長安壯兒不敢騎	장안의 크고 힘센 젊은 사내들도 구태여 감히 타지 못하니
走過掣電傾城知	후려치는 번개를 지나 달림을 성중에 사는 이들이 다 알고 있다.
靑絲絡頭爲君老	푸른 실로 머리를 동여매어 그대(주인)를 위해 늙고 있으니,
何由却出橫門道	어느 인연으로 도로 광문의 옛 싸움터로 나가리오

5. 니야(尼雅)유적! 동방의 폼페이

1) 신비의 고대 국가

니야유적은 고고학, 역사학, 민족학, 종교 역사 및 한진(漢晉) 서역 사회사, 문화 연구에 중대한 의의가 있다. 이 유적지는 타클라마칸 (Takla-Makan)에서 현존하는 최대의 유적군(遺址群)이다. 니야는 신장 위구르자치구 민펑(民豊)현 북쪽으로 약 120km 떨어진 타클라마칸 사막에 있는 오아시스다.

니야유적을 통해 니야고국(尼雅古國)을 알 수 있고, 한진 시기 실크로드 남도(南道)에 존재하였던 여러 국가와 실크로드를 알 수 있다. '세계 10대 신비의 고국'이라 불리는 니야고국은 1901년 영국 고고 지리학

니야유적

자인 마크 오럴 스타인(Mark Aurel Stein, 1862~1943)에 의해 처음 발견되었다. 스타인이 타클라마칸 사막의 남쪽을 따라 니야 강변을 가다가 고성 유적을 발견하였다.

　니야유적은 1901년 이래로 여러 차례에 걸쳐 스타인에 의해 발굴되었다. 스타인이 니야 지역을 탐험한 뒤로, 니야는 세계의 탐험가와 고고학자, 생태학자들이 탐험하는 중심지가 되었다. 1905년 미국인 헌팅턴(Ellsworth Huntington, 1876~1947), 1911년 일본인 타치바나 주이초(Tachibana Zuicho, 1890~1968, 橘瑞超) 등이 니야유적지를 방문하였다. 이후, 스타인은 1913년과 1931년에 다시 방문하였다. 중국 건국 이후, 신장 박물관 등의 관련 기관에서 팀을 구성하여 니야 유적지를 여러 차례에 걸쳐 조사하였다.

　니야 유적지에서 고대 우전문자(于闐文字)로 된 목간과 양피(羊皮)로

니야유적, "보호문물, 오르지 마세요" 문구

된 문헌이 발견되었다. 이 문헌은 서역문명과 실크로드를 연구하기 위한 새로운 증거를 제공하고 있다.

신장위구르자치구박물관조사팀은 1959년과 1980년에 니야유적에 대한 조사와 발굴 작업을 각각 진행하였다. 1988년부터 1997년까지 중국과 일본은 연합하여 니야유적 연구팀을 구성하여 대규모의 고고학 조사와 발굴을 진행하였다. 1996년 11월 20일 국무원은 니야유적지를 제4차 전국중점문물보호단위에 포함시켰다고 발표하였다.

니야유적지는 곤륜산맥으로부터 흘러나오는 니야하의 끝에 위치해 있다. 니야 유적지는 불탑을 중심으로 남북으로 25km 동서로 5~7km 구역 내에 산재해 있다. 유적지 내에 90여 곳의 주택, 마당, 묘지, 불탑, 불사(佛寺), 밭, 과수원, 가축우리, 하천과 도랑, 도요(陶窯), 제련 터 등이 발견되었다. 그리고 목기, 동기(銅器), 철기, 도기(陶器), 석기, 모직품, 화폐, 목간 등의 유물이 출토되었다. 이 유적지는 3~4세기경 선선국(鄯善國)의 서쪽 끝에 위치한 오아시스였음이 판명되었다. 선선국은 옛 누란(樓蘭)국으로 토양은 모래와 소금기가 많다.

누란이란 명칭은 『사기(史記)』에 등장한다. 그리고 『사기』「대완열전(大宛列傳)」과 『한서(漢書)』「서역전(西域傳)」에 "선선국, 본명은 누란이며 왕이 니성(泥城)을 다스렸고 거리는 양관(陽關)에서 1,600리, 장안(長安)에서 6,100리이다."라고 적혀 있다. BC 77년 한 왕조는 부개자(傅介子)를 누란에 파견시켜 누란왕 안귀(安歸)를 살해하였다. 이후 장안에 인질로 있던 왕자 위도기(尉屠耆)를 왕으로 옹립하면서 국명을 선선(鄯善)으로 바꾸었다. 이후 한나라 군대가 누란에 주둔하게 되었다.

2) 고대 정절국(精絶國)과 니야 유적

〈귀취등지정절고성(鬼吹灯之精絶古城)〉! 중국에서 방영된 시리즈물로 총 8편 중 첫 번째 시리즈이다. 이 드라마는 웹소설을 드라마화한 것으로, 한국에서는 『귀취등』을 『고스트램프』라 번역하였다.

〈귀취등정절고성〉   『고스트램프』

〈귀취등〉 시리즈는 '동양판 인디애나 존스'라는 수식이 붙었는데, 이 작품은 탐험 판타지 소설 『귀취등』이 원제로, 만화와 게임으로도 만들어졌다. 〈귀치등지정절고성〉은 고대 정절국을 소재로 하였다. 정절국과 관련된 내용은 역사서뿐만 아니라 니야 유적지에서도 알 수 있다.

니야는 선선국의 서방 영토였으며 전한(前漢)의 정절국(精絶國)이 있던 곳으로 여겨진다. 정절국의 도읍은 정절성(精絶城)이고, 장안에서 8,820리 떨어져 있다. 인구는 3,360명 정도이고, 병사는 500명 정도로

알려져 있다. 니야에서 발굴
된 유적은 정절국의 생활상
을 알 수 있다. 정절국에 대한
가장 오래된 기록은 반고(班
固)가 지은 『한서서역전(漢書
西域傳)』이다.

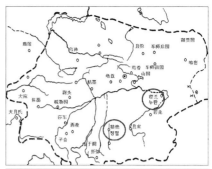

니야의 동쪽은 차말국(且末
國)과 접하였고, 서쪽은 융로
국(戎盧國)과 접하고 있었다.
후한 시기에는 사거국(莎車國,
Yarkand)의 지배를 받았다. 우
전(于闐)에게 멸망당한 후, 동
진하던 선선국에게 지배를 받

정절고국 위치

았다. 644년경 이곳을 통과한 현장은 『대당서역기』에서 '니양성(尼壤
城)'으로 기술하고 있다. 현장이 이 지역을 방문했을 때에는 이미 황폐
되어 있었다. 불교와 이슬람교가 그곳을 통해 중국으로 들어왔다.

니야 유적지의 상징이면서 중심부에 위치한 건축물은 불탑이었는

니야유적에서 출토: 정절국

데, 아직 3층 불탑이 남아 있다. 불탑의 아래에는 사각형의 받침대가 있고, 위에는 둥근 형태의 탑의 몸체가 있다. 탑신은 흙벽돌과 진흙을 이용해 쌓았고 밖으로는 진흙을 발랐다. 탑신의 남쪽은 이미 무너져 내려 쌓아올린 흙벽돌이 밖으로 드러나 있다.

이 탑의 형태와 주변은 누란(樓蘭), 미란(米蘭), 안디얼(安迪爾), 카스(喀什)와 고차(庫車)의 수바스(蘇巴什) 불탑과 매우 비슷하였다. 사람들은 니야유적을 '동방의 폼페이', '고대 몽환의 도시', '본세기 가장 위대한 고고의 발견'이라고 부른다.

3) 니야 유적의 미라, 홍의소녀(紅衣少女)

니야 유적지에서 발견된 불탑을 중심으로 70여 곳의 거주 유적과 분묘들이 있다. 이곳에서 미라가 자주 발견되었다. 이를 두고 전문가들은 타클라마칸 사막의 건조한 기후로 인해 미라가 많이 발견되는 것이라고 말하였다. 미라 중에는 일부는 온전하고 일부는 부패한 상태로 발굴되기도 한다. 때로는 백골이나 머리카락만 남아 있는 경우도 있다.

1959년에 발굴한 후한(後漢)시대의 부부 합장묘지는 신장의 중대한 고고 발견의 하나이다. 묘지에서 두 구의 미라와 진귀한 문물이 출토되었다. 그 중 남색으로 물든 면 조각과 면으로 된 바지가 발견되었는데, 지금까지 중국에서 발견된 가장 오래된 면직물(棉織物)이라는 평가를 받았다.

1993년 니야 발굴 중 불탑 북쪽의 묘지에서 목관이 발견되었고, 관 속에는 미라가 있었다. 미라의 사지가 굽혀 있고 옆으로 눕혀 있었다. 입은 옷은 알아볼 수 있을 정도로 뚜렷하였다. 명주견의 속옷이

입혀 있었고 홍색 양모로 만든 도랑치마로 덮어 씌워 있었다. 시체의 대부분은 손상되지 않아 고고학자들에 의해 '홍의소녀(紅衣少女)'라고 불렸다.

불탑 동쪽의 다른 묘지에서도 미라가 발견되었다. 그 중 한 구는 여자 시신으로 비교적 잘 보존되어 있었다. 검은 머리가 어깨까지 드리워져 있고 용모가 수려하였다. 가늘고 긴 버들눈썹을 가지고 있는 막 그린 그림인 듯한 20여 세의 젊은 여자였다. 다른 한 구는 남자였다. 흉강 아래쪽은 이미 부패됐지만 머리 부분은 잘 보존되어 있었다. 짙은 눈썹에 큰 눈, 수염이 나 있었다. 검은 머리카락은 예전 그대로인 중년인이었다.

1995년에 니야 1호 묘지를 발견하였다. 니야 1호 묘지 100m² 범위 내에서 8곳의 상류층 통치집단 고분이 발굴되었다. 수장품도 매우 풍부하였고 보존도 잘 되어 있었다. 도기(陶器), 목기, 철기, 칠기(漆器), 활과 화살, 방직품(紡織品) 및 요주(料珠, 유리구슬) 등으로 분류할 수 있는데, 그 중 방직품이 대부분이었다. 특히, 색채가 찬란하고 무늬가 화려한 선직품(線織品)과 모직품(毛織品)이 발견되었다. 국가문물국 감정위원회는 '왕후합혼 천추만세의 자손(王侯合昏千秋萬歲宜子孫)'이라 적혀 있는 비단 이불을 국보급 문물로 정하였다. '오성출동방리중국(五星出東方利中國)'이라 적혀 있는 비단 호박(護膊)이 있고, '연년익수장보자손(延年益壽長保子孫)', '세무극금의이친전자손(世毋極錦宜二親傳子孫)', '등고명망사해귀부수위국경(登高明望四海貴富壽爲國慶)', '금지봉(金池鳳)'이라 적혀 있는 화려한 채색견직물이 있다. 국가문물국은 1995년을 '전국 10대 고고 발견의 하나'로 평가하였다.

4) 구로문 목간(佉盧文木簡)

구로문은 일종의 고대문자로, 신장 투루판 일대, 인도 서북부와 파키스탄에서 사용하였는데, BC 251년에서 AD 3세기까지 사용된 것으로 추정하고 있다. 구로문은 '구로서(佉盧書)', '구루서(佉樓書)'라고도 부른다. 구로문

구로문 목간

은 범어(梵語)로 '구로슬타(佉盧虱吒)'의 간칭이다. 이 명칭은 고대 불경 역본에서 나왔는데, 그 의미는 '나귀의 입술(驢唇)'이다. 구로문은 고대 인도 '려순(驢唇)'이라 불리는 선인(仙人)이 창조하였다고 한다.

니야유적지를 처음 발견한 스타인은 1906년에 다시 방문하여 발굴을 진행하였다. 두 차례에 걸쳐 53곳을 발굴한 스타인은 구로문 목간 721건, 한문 목간, 목독(木牘: 글씨를 새긴 나무판) 여러 개를 발굴하였다. 그리고 무기, 악기, 모직물, 사직물(絲織品), 가구, 건축물, 공예품, 기장(穄), 조(粟) 등을 발견하였다. 그리고 1905년에 방문한 헌팅턴은 구로문 목간 6건을 발견하였다.

구로문 목간은 현재 간쑤성박물관에 소장되어 있고, 구로문 간독(佉盧文簡牘)은 중국문자박물관에 소장되어 있다. 구로문은 서역의 선선국과 우국(호탄) 등 여러 국가가 사용하던 고문자이다. 발견된 목간 중에는 "활나무를 벌채하면 말 한 마리를 벌주하고, 나뭇가지를 벌채하면 암소 한 마리를 벌주한다"라는 내용이 적혀 있기도 하고, 법률판결서를 기재하고 있다.

5) 스타인, 고선지를 세계에 알리다

스타인은 고선지가 세계사적으로 매우 중요한 인물이라는 것을 저술을 통해 세계에 알렸다. 스타인의 초기 보고서에는 고선지가 한국 출신의 중국인 장군(Chinese general)으로 나온다. 이후에 나타나는 답사 기록인 「Serindia: Detailed report of explorations in Central Asia and Westernmost China」(1921)에서는 고선지의 정벌 기록 등이 중요하게 다루어지고 있는데, 이때 고선지를 'Kao Hsien-chih'로 적고 있다. 이전에 사용되던 'Chinese general'이라는 표현이 없어졌다.

스타인은 「고선지의 탐험과 다르코트(Kao Hsien-chih's expedition and the Darkot)」라는 글에서 "그들이 직면해야 했던 자연환경상의 어려움을 고려한다면, 이 한국인 장군(Corean general)의 성취는 유럽 역사상의 험준한 산악을 넘어선 장군들에 비견될 만하다."라고 평가하고 있다. 스타인은 1925년 영국 지리학회의 제1회 "Asia Lecture"에서 "고선지의 원정은 한니발과 나폴레옹의 원정을 능가하는 대단한 업적이다"라고 극찬하였다. 고선지(747년)와 한니발(BC 219) 그리고 나폴레옹(1800년)은 고산지역을 정복한 장군이다. 한니발과 나폴레옹은 2,500m 높이의 알프스를 넘었고, 고선지는 4,703m의 다르코트 고개를 넘었다.

6. 허순고진(和順古鎭)! 윈난 역사를 적다

1) 아름다운 마을 허순(和順)

2020년 1월 19일 시진핑 국가주석은 윈난성 허순고진을 방문하였다. 시진핑은 허순도서관으로 가서 고진(古鎭) 역사문화 전승과 문화교육 발전 상황을 살펴보았다.

허순고진 시의도

윈난성 텅충시(騰冲市)에 있는 허순고진경구(和順古鎭景區)는 2020년 12월, 중국 문화와 여유부(文化和旅游部) 전문가 심사평가회의 엄격한 평가와 선별을 통해, 국가5A급 여유경구경관(旅游景區景觀)의 질적 심사를 통과하였다. 이로써 국가5A급 여유경구 조성 명단에 정식으로 포함되었다.

윈난성 허순고진은 중국 10대 매력 있는 유명 도시(名鎭, 명진)의 하나이다. 허순고진은 텅충 정부 소재지에서 서쪽으로 4km 떨어진 곳에 있으며, 명대에 조성되기 시작하였다. "중국에서 가장 아름다운 10대 마을(村鎭)"23)은 2006년 8월 7일에 중국의 여러 지방매체가 추천하고, 대중이 투표하여 탄생하였다.

허순은 2005년 '중국 제일 매력 유명 도시(中國第一魅力名鎭)'라는 명예를 획득한 후, "전국 환경이 아름다운 마을", "국가급 역사문화 유명 도시", "중국 10대 아름다운 고진(中國十佳古鎭)", "전국 최초의 아름다운 주거 시범 마을", "제3차 중국 전통 건축문화 관광목적지", "삼림(森林) 문화 마을" 등의 칭호를 얻었다.

허순은 차마고도(茶馬古道)에서 중대한 도시이고, 서남 실크로드에

---

23) 10대 마을로는 "① 안후이 홍춘(安徽宏村), ② 충칭 허찬라이탄고진(合川涞滩古鎭), ③ 푸젠 페이텐고촌(培田古村), ④ 저장 우진(烏鎭), ⑤ 산시(산서) 황청상푸(皇城相府), ⑥ 장시 상랴오즈위안고촌(上饒婺源古村), ⑦ 윈난 허순고진(和順古鎭), ⑧ 허난 카이펑주셴진(開封朱仙鎭), ⑨ 장쑤 광푸고진(光福古鎭), ⑩ 장쑤 저우장 10개 고진(촌)(周庄十個古鎭(村))"이 포함되었다.

서 반드시 거쳐야 하는 곳이다. 이곳은 600여 년 동안 중원문화(中原文化), 서양문화, 남조문화(南詔文化), 변경문화가 융합하여 독특한 귀국 교포문화와 마방(馬幇)문화가 형성되었다.

한편, 허슌은 윈난성 4개의 전형적인 생태문화촌(生態文化村) 중의 하나이다. 허슌은 예부터 문(文)을 숭상하고 교육을 숭상하는 전통을 갖고 있다. 명청 시기에 이곳에서 400여 명의 거인(擧人)과 수재(秀才)를 배출하였다. 허슌은 미얀마 4왕조의 국사 윤용(尹蓉), 비취대왕(翡翠大王) 장보정(張寶廷, 1859~1928), 저명한 철학자 아이쓰치(艾思奇, 1910~1966)[24]의 고향이다.

허슌의 주요 문화여유(관광) 지역은 아이쓰치 고택(艾思奇故居), 허슌도서관, 미얀마 항전박물관(滇緬抗戰博物館)과 만루자(彎樓子), 류가대원(劉家大院) 등 대표적인 중국과 서양의 민가 특징을 절충한 옛 민가가 있다. 허

2020년에 방영된 허슌고진에 대한 소개

슌고진 홈페이지(http://www.ynheshun.com/)에서 동영상을 통해 허슌고 진에 대한 소개를 간단하게 하고 있다.

---

24) 아이쓰치의 본명은 리성쉬안(李生萱)이다. 마르크스-레닌주의 이론가로 유명하다. 1930 년대 신계몽운동가이고, 1935년 중국공산당에 가입하였다. 1937년『해방일보(解放日報)』 부주필이 되었다. 중국 건국 후에는 중국공산당 중앙고급당학교 부교장, 중국철학회 부주 석 등을 역임하였다. 아이쓰치의『대중철학』은 마르크스주의의 대중화와 관련하여 가장 대표적인 책이다.

2) 허슌! 화교의 고향(華僑之鄕)

텅충시에 위치하고 있는 허슌은 역사가 유구하며 명나라 때 축조된 마을이다. 텅충은 고대 쓰촨성, 윈난성, 미얀마, 인도로 가는 실크로드의 주요 교충지이다. 그리고 허슌은 '관마대도(官馬大道)'25)의 옆에 위치해 있었다.

허슌의 전체 인구는 6,000여 명이고, 해외에 거주하는 허슌 사람들은 12,000명에 달한다. 허슌 출신의 화교는 주로 미얀마, 태국, 일본 등 13개 국가와 지역에 분포하고 있다. 허슌고진의 옛 명칭은 '양온돈(陽溫墩)'인데, 작은 강이 마을을 휘감아 지나가기 때문에 '허슌(河順)'이라는 이름으로 바꾸었다. 후에 문인이 '사화민순(士和民順)'이라고 하였는데, 그 의미에서 이름을 '허슌(和順)'이라고 바꾸어 불렀다.

허슌에 거주하는 한족은 대체적으로 명나라 초 윈난에 군둔(軍屯)과 민둔(民屯)에 종사하러 온 쓰촨(四川)인, 강남(江南)인, 중원(中原)인의 후예이다. 주원장(朱元璋)이 군대를 파견하여 황무지를 개간할 때, 쓰촨, 강남과 중원에서 많은 사람들이 군을 따라 왔다. 후에 일부 사람들이 장사를 시작하여 '주이방(走夷方, 바깥으로 나가 사업을 하며 생계를 이루다)'을 하였다. 어떤 사람은 변경 지역에서 멀지 않은 미얀마로 가서 옥석(玉石)사업을 하였고, 어떤 사람은 인도와 미국 및 캐나다로 가서 사업을 하였다. 이들은 돈을 번 뒤 금의환향하였고, 고향에서 저택과 사당을 세웠으며, 그 규모가 점점 커졌다. 허슌고진은 귀국한 교포와 교포의 친척들이 모여 사는 지역으로 발전하였는데, 서남 지역에서

---

25) 관마대도는 보이(普洱)에서 쿤밍(昆明)까지 가는 길로 역사상에서 조정에 공납되는 차는 모두 이 길을 거쳐 쿤밍으로 들어가 베이징으로 운반되었다.

가장 큰 지역이 되었다.

허슌에서 사는 사람 중 '춘(寸), 이(李), 윤(尹), 유(劉), 가(賈)' 5개 성을 가진 사람의 원적(原籍)은 쓰촨 충칭부(重慶府) 파현(巴縣)이다. 그들의 선조는 이 시기에 부유덕(傅有德), 란옥(蘭玉), 목영(沐英)이 금치(金齒, 따이족(傣族)의 선민으로 알려짐), 텅웨(騰越, 윈난에 위치)를 정벌하러 내려올 때 따라 왔다.

허슌고진은 윈난성의 저명한 '화교의 고향'이다. 400여 년 전, 이곳 촌민은 '주이방(走夷方)'하기 시작하였다. 미얀마, 인도, 미국, 캐나다 등지에서 돈을 번 사람들이 허슌으로 돌아와 주택을 짓고, 종사(宗祠)를 지었다. 이곳에는 8대종사가 있는데, 모두 각각의 독특한 특색을 지니고 있다.

허슌은 화교의 출국 역사가 가장 길고, 숫자도 많은 저명한 '화교의 고향'이 되었다. 2003년 허슌은『중국국가지리(中國國家地理)』,『시상여유(時尚旅遊, National Geographic Traveler)』 등으로부터 "사람이 생애에 반드시 가야 할 50곳"의 하나로 추천받았다.

내셔널지오그래픽 트래블러
(National Geographic Traveler)

3) 허슌의 전통민가

(1) 분장대와(粉墙黛瓦)

허슌의 전통민가는 1,000여 채에 달한다. 그 중 청대에 세워진 민가는 100여 동이 있다. 건축의 특징은 '삼방일조벽(三坊一照壁)', '사합원(四合院)', '사합오천정(四合五天井)' 등이다. 이곳 가옥의 풍격은 휘파(徽

허슌고진에 있는 전통민가: 분장대와

派) 건축의 분장대와(粉墻黛瓦)의 기품이다. 또 서방 건축의 요소도 들어 있다.

분장대와란 하얀 담장과 검은 기와의 대비가 인상적인 수향의 전통 가옥을 말한다. 살아있는 듯한 문과 창문은 목조로 만들어져 있다. 중국에서는 "중국 고대 건축의 살아있는 화석이라 말할 수 있다. 중국 전통문화에서 이상적인 주택이라 할 수 있다."라고 평가한다.

민국 원로인 이근원(李根源, 1879~1965)[26]은 텅충 사람으로 쑤저우(蘇州)에서 국학(國學)을 창도하였다. 그는 "먼 산은 아득히 푸르고, 가까운 강물은 높낮이를 달리하여 조화로우며, 수많은 집이 경사 아래 있는 모습이 쑤저우와 항저우를 능가하고 있다(遠山茫蒼蒼, 近水河悠揚, 万家坡坨下, 絶勝小蘇杭)."라고 하며 허슌을 찬미하였다.

(2) 만루자민가박물관(彎樓子民居博物館)

허슌고진에 만루자민가박물관이 있는데, 이곳은 '영무화(永茂和)'의

---

26) 이근원은 일찍이 일본에 유학을 갔고, 동맹회(同盟會)에 참가하였다. 쑨원이 지도한 '2차 혁명'에 참가하였다가 실패한 후 일본으로 건너갔다. 귀국 후에 이근원은 채악(蔡鍔)과 함께 위안스카이의 칭제(稱帝)를 반대하였고, 윈난의 독립을 선언하였다.

주인 고택이다. 주택 건물은 산
세와 작은 골목을 따라 건축되
었다. 구불구불한 것 때문에 허
순 사람들은 '만루자(彎樓子, 굽
은 건물)'라 불렀다.

허슌 전통민가 건축군. 만루자

　문 입구에는 "허슌고진, 600
여 년의 역사가 있고 1천여 호의 민가가 있다. 그 중 청말민초의 고택
이 약 100여 동이 있다. 8만여 m²이다. 허슌은 민가 건축문화의 박물관
이다. 만루자는 이 박물관의 대표이고 축소된 형태이다."라고 적혀
있다.

　'만루자' 민가는 삼진삼방일조벽(三進三房
一照壁)의 정원 조합식의 건축군이다. 현재에
는 '민가박물관'이라 불려진다. 삼진삼방일
조벽의 주택에 들어가면, 북방 지역의 사합
원과 같은 탁 트인 느낌은 없다. 그리고 강남
지역의 정대누각(亭臺樓閣)의 고상함에는 미
치지는 못하지만, 건물은 매우 치밀하고 공
간 구조는 합리적이라 할 수 있다.

허슌 만루자민가박물관

　허슌 건축문화의 특징은 '화(和)'와 '순(順)'이라 할 수 있다. 즉, "화해
(和諧, 조화), 융화(融和), 수화(隨和, 상냥), 화목(和睦)"이고, '순세이건(順
勢而建)', '순항이건(順巷而建)', '순기자연(順其自然)'이라고 말할 수 있다.

　한편, 만루자(彎樓子) 상호(商號)는 영무화(永茂和)이기도 하다. 이 상
호의 창시자는 허슌향(和順鄕) 사람인 이필성(李必成)이다. 이필성의 집
이 만루자이다. 상호명인 영무화(永茂和)는 이필성의 자인 영무(永茂)와
관련이 있다.

허슌 전통민가

　　1850년 전후 이필성은 미얀마 모곡(抹谷, mogok)에서 개업을 하여 '영무(永茂)'라는 상호를 사용하였는데, 보석과 농산품을 위주로 경영하였다. 아들 이덕현(李德賢, 자는 仁卿)27)은 가업을 이어받은 뒤 상호를 '영무화(永茂和)'라고 바꾸었다. 윈난 대학 인류학과 위안젠웨이(袁建伟) 교수는 '영무화' 상호를 '문화중개인'이라 불렀다.

---

27) 이덕현은 1903년에 동맹회(同盟會)에 가입하였고, 『광화일보(光華日報)』를 창간하며 부주편을 맡았다. 이덕현은 상인이지만 정치적 안목을 갖고 있었다.

7. 문화자신감 강조와 문화유산 감상의 변화

2019년에 발생한 코로나로 인해 다년간 여행이나 관광을 하지 못하는 상황에서, 각 국가들의 역사 관광 명소를 방문하는 사람은 극히 적다. 위험과 기회가 동시에 있는 글자가 '위기'라고 하였던가?

각 국가마다 인터넷 등을 활용한 대처방안이 모색되었고, 관련 도서들도 발간되고 있다. 한국에서는 '안방', '랜선' 등의 용어를 사용하면서 새로운 방법을 모색하고 있다. 특히 공연에서 새로운 방법이 모색되고 있는 상황이다.

중국에서도 이러한 상황은 유사하다. 스마트폰, AR과 VR을 활용한 관광 상품들도 많이 생산되고 있다. 특히 자연과 역사 관광명소들을 소개하는 상품들이 증가하고 있다. 이는 중국 정부가 강조하는 '중화굴기' 혹은 '문화굴기'에도 영향을 주고 있다.

2005년 이래로 중국은 유형과 무형 문화유산에 대한 관심이 고조되었고, 시진핑 정부가 들어선 이후에는 더욱 적극적이다. 2014년 이후부터 시진핑은 여러 지역을 시찰하면서 중화문화와 문명을 강조하고 있다. 특히 중국의 비물질문화유산에서 더욱 두드러지게 나타났다.

중국은 중화민족의 역사와 문화 및 민족단결을 강조할 수 있는 문화상품을 개발하고 있다. 중국 정부는 중화문명을 대외적으로 알리고자 하는데, 이러한 중국 정부의 의도에 맞는 것이 '고성'과 '고진'이다. 중국에서 신장 지역의 고성, 소수민족과 관련된 고성과 고진, 소수민족이 집거하고 있는 지역을 소개하는 프로그램이 증가하고 있다.

인터넷을 통해서도 중국의 중앙과 지방 정부가 제작한 고성과 고진 관련 프로그램을 시청할 수 있다. 이러한 프로그램을 시청할 때, 중국의 중앙정부와 지방정부가 무엇을 강조하고 있는지를 유심히 보아야 할 것이다. 고대 국가와 민족에 대해 어떻게 해석하고, 오늘날 중국 역사와 문화 및 민족과 어떻게 연결시키는지를 잘 보아야 할 것이다. 뿐만 아니라 고성과 고진에서 발굴된 유적과 유물은 어떤 의미를 지니고, 당지 소수민족들은 그러한 유적과 유물에 대해 어떠한 시각으로 보는지 생각해 볼 필요가 있다.

2014년 2월 25일 시진핑은 베이징에서 옥하(玉河) 역사문화풍모보호공작 전람과 제방 유적지를 시찰할 때, "역사문화는 도시의 영혼이다. 자신의 생명을 소중히 여기는 것처럼 도시의 역사문화유산을 보호해야 한다."고 하였다.[28] 그리고 2021년 3월 22일 시진핑은 푸젠 우이산(武夷山)시를 시찰할 때 주희원(朱熹園)을 방문하였는데, 이때 "중국 특색의 사회주의 길을 가려면 반드시 마르크스주의 중국화를 추진해야 한다. 만약 중화 5천년의 문명이 없었다면 어떻게 중국 특색이 있을 수

주희원: 송대 주희

있는가? 만약에 중국 특색이 아니라면 우리는 오늘 이렇게 성공한 중국 특색의 사회주의 길이 있겠는가? 우리는 특히 중화 5천년 문명 중 정화를 발굴하는 것을 중시하여 우수한 전통문화를 알려야 한다."고 강조하였다.

---

28) 옥하(玉河)는 원대에 만든 조운(漕運) 통혜하(通惠河)의 일부분을 가리킨다. 스차하이(什利海)에서 전삼문(前三門)의 구간까지로, 보통 '어하(御河)'라고 불린다. 1293년 곽수경(郭守敬)의 주도하에 건설되었다. 원대에는 통혜하로 불리다가 명대에 옥하로 불리기 시작하였다. 명대 이후에 조운이 쇠퇴하게 되면서 점차적으로 쇠퇴하였다. 1956년에 옥하 전부를 암거(暗渠, 복개를 한 수로)로 만들면서 옥하는 소실하게 되었다. 2006년 '베이징 옥하 역사문화회복공정(北京玉河歷史文化恢復工程)'이 시작되면서 700년 전의 고옥하(古玉河) 수로 480m가 회복되었다.

시진핑은 문화유산 보호 사업을 매우 중시하였다. 시진핑은 전통문화보호전승에 대해 여러 차례 언급하였고, 전통문화를 설명하고 역사문화유산을 보호하며 문화자신감의 중요성을 역설하였다. 시진핑은 "역사문화유산을 보호하고 전승하는 것은 역사에 대한 책임과 인민에 대한 책임이다"라고 하였다. 또 "전 세계를 향해 중국 역사 이야기를 잘 이야기해야 한다."고 하였다.

시진핑의 이러한 행보는 중국에서 진행하고 있는 중화굴기와 밀접한 관련이 있다. 중국에서 진행하는 역사문화유산 보호와 관련된 정책이나 주요 사업은 중국 소수민족과 관련 있는 인접 국가의 역사문화유산에도 영향을 준다. 그렇기 때문에, 한국을 포함한 많은 인접 국가들은 중국의 문화유산 정책에 대해서 지속적으로 관심을 가져야 한다.

참고문헌

핑야오고성(平遙古城), 한국어 월간지 『중국』 2021년 제10호

    https://lrl.kr/bB3I (검색일: 2022.2.4.)

⑩ 오타니 고즈이와 오타니 탐험대의 수집품 https://lrl.kr/dhfY

    (검색일: 2021.11.16.)

"像愛惜自己的生命那樣"—習近平如何保護中國文化遺産

    https://lrl.kr/bBcn (검색일: 2021.10.1.)

『史話新疆』第十五集: 高昌故城 https://lrl.kr/bbbu (검색일: 2022.2.3.)

『關於促進智慧旅游發展的指導意見』 https://lrl.kr/LaB (검색일: 2021.3.4.)

【原創】新疆吐魯番交河故城 https://lrl.kr/cRe8 (검색일: 2021.4.13.)

故城行(高昌故城) https://lrl.kr/d7hR (검색일: 2021.4.10.)

高昌故城 https://lrl.kr/d7hT (검색일: 2021.4.5.)

高昌故城 https://lrl.kr/d7hU (검색일: 2021.4.5.)

高昌故城 https://lrl.kr/LaE (검색일: 2021.4.10.)

高昌故城—新疆最大古城遺址-知乎 https://lrl.kr/bbbB (검색일: 2021.4.13.)

高懸河床之上的地下古城—交河 https://lrl.kr/bbbC (검색일: 2021.4.13.)

戈壁荒灘上發現古墓群, 已挖掘淸理500多座, 被稱爲歷史的活檔案

    https://lrl.kr/b1dr (검색일: 2021.2.19.)

交河故城(新疆吐魯番市古城) https://lrl.kr/dhga (검색일: 2021.4.13.)

交河故城 https://lrl.kr/bBcz (검색일: 2021.4.15.)

交河故城, 一個滿是歷史的地方 https://lrl.kr/bbbG (검색일: 2021.4.15.)

國務院印發《新一代人工智能發展規劃》 https://lrl.kr/LaN

（검색일: 2021.3.4.）

尼雅古國 https://lrl.kr/creq （검색일: 2021.4.17.）

尼雅古城遺址 https://lrl.kr/b1dx （검색일: 2021.4.17.）

尼雅古城遺址 https://lrl.kr/bbbK （검색일: 2021.4.20.）

尼雅遺址 https://lrl.kr/b1d9 （검색일: 2021.4.17.）

尼雅遺址 https://lrl.kr/b1ea （검색일: 2021.4.17.）

尼雅遺址 https://lrl.kr/bbck （검색일: 2021.4.17.）

尼雅遺址有個中心塔, 考古學家在塔下, 出土四個"謎"一般的文物
　　https://lrl.kr/Lbt （검색일: 2022.2.3.）

尼雅遺址出土"謎"樣木片, 專家將其打開, 發現它竟是古代的密信
　　https://lrl.kr/b1ec （검색일: 2021.4.17.）

騰冲和順古鎭: 獨有的文化魅力和生態風光 https://lrl.kr/cRfV
　　（검색일: 2021.4.24.）

樓蘭和尼雅古國, 曾受西方文化影響極深 https://lrl.kr/cRfR
　　（검색일: 2021.4.20.）

文化部: 全面加强文物保護利用傳承發展中華優秀傳統文化 https://lrl.kr/Lbg
　　（검색일: 2021.4.5.）

四川啓動"智游天府"全省旅游公共服務平台建設 https://lrl.kr/Lbf
　　（검색일: 2021.3.4.）

世界十大神秘古國—尼雅古國 https://lrl.kr/bBc1 （검색일: 2021.3.17.）

世界十大神秘古國—尼雅古國 https://lrl.kr/b1dU （검색일: 2021.4.20.）

習近平: 沒有中華五千年文明, 哪有我們今天的成功道路 https://lrl.kr/cRfH
　　（검색일: 2021.10.1.）

習近平與中國文化遺産保護 https://lrl.kr/dHhu （검색일: 2021.2.19.）

習近平在佳木斯市同江市八岔赫哲族郷八岔村觀看伊瑪堪說唱敎學

https://lrl.kr/La9 (검색일: 2021.2.19.)

習近平情系歷史文化遺産保護 https://lrl.kr/bBcW (검색일: 2021.10.1.)

習近平總書記關切事 | 讓TA們"活"起來—那些知名文化遺産背后二三事
　　https://lrl.kr/dhgx (검색일: 2021.10.1.)

新疆自駕行(六): 探秘尼雅古國遺址 https://lrl.kr/dhgw (검색일: 2021.4.20.)

阿斯塔那古墓群 https://lrl.kr/d7ij (검색일: 2021.8.24.)

一部手機游雲南, 体驗雲南智慧旅游 https://lrl.kr/La4 (검색일: 2021.3.4.)

這座習總書記"打卡"的和順古鎮, 竟是這般古朴祥和 https://lrl.kr/creF
　　(검색일: 2021.4.24.)

中國四大古城(中國具有民居風味的古城) https://lrl.kr/cRfx
　　(검색일: 2021.5.4.)

中國十大古鎮排名 https://lrl.kr/dHhk (검색일: 2021.5.4.)

中國最美八大古鎮, 有機會的話, 最好都去一遍 https://lrl.kr/LaZ
　　(검색일: 2021.5.16.)

此生必去, 中國最美的20大古鎮、古城、古村 https://lrl.kr/LaY
　　(검색일: 2021.4.5.)

創新無界 智游雲南: 2018游雲南大數據報告 https://lrl.kr/b1dF
　　(검색일: 2021.3.4.)

吐魯番阿斯塔那古墓壁畫 https://lrl.kr/LaV (검색일: 2021.8.24.)

吐魯番左憧憙的墓中, 發現古代文書, 揭唐朝軍隊中的一種制度之謎
　　https://lrl.kr/bBcI (검색일: 2022.2.3.)

被鄯善呑幷的精絶國, 現在被稱作尼雅古城的遺址是怎麽被發現的?
　　https://lrl.kr/dHhc (검색일: 2021.4.20.)

和順古鎮 https://lrl.kr/b1dz (검색일: 2021.4.24.)

和順古鎮 https://lrl.kr/bbbN (검색일: 2021.4.24.)

和順古鎭 https://lrl.kr/cre7 (검색일: 2021.4.24.)

和順古鎭 | 不能錯過的金色世外桃源 https://lrl.kr/bbcq (검색일: 2022.2.3.)

和順古鎭景區官網 http://www.tchsgz.com/ (검색일: 2021.4.24.)

타이완 문화유산 돌아보기

이강인

1. 타이완은 어떤 나라인가?

한국에서 비행거리로 2시간 30분이면 도착하는 타이완, 지리적으로 가까운 곳에 있음에도 불구하고 그동안 외교적인 문제로 먼 이웃이 되어 버렸다. 하지만 최근 한류열풍이 타이완에서 인기를 얻으면서 한

타이완의 국기 '청천백일기'

국과 타이완이 한층 가까워지고 있다. 특히 주5일 근무시대가 도래하면서 주말을 이용해 타이완을 방문하는 여행객들이 크게 늘고 있다.

타이완은 타이완해협을 사이에 두고 중국 푸젠성(福建省)과 마주하고 있는 나라로 중국 본토에서 약 150km 떨어져 있다. 1885년 하나의

성(省)으로 독립하였고, 청일전쟁 뒤 일본 최초의 해외 식민지가 되었으며, 1949년 중국공산당과의 내전에 패배한 국민당의 장제스(蔣介石) 정권이 이전해 와 성립된 국가이다.

공식국호는 중화민국(Republic of China)이지만, 올림픽 대회 또는 국제기구에 참가할 때는 '중화타이베이(Chinese Taipei)'라고도 한다. 원래는 부속제도인 평후제도(澎湖諸島), 훠사오다오(火燒島), 란위다오(蘭嶼島) 등 79개 도서를 합하여 중국의 1개 성(省)인 타이완성을 이루었다. 그러나 1949년 이래 타이베이를 임시수도로 정하고 있는 타이완 국민정부의 지배 지역이 되었고 그 범위는 타이완 및 푸젠성에 속하는 진먼다오(金門島)와 마쭈다오(馬祖島)이다. 지방정부로서의 타이완성 정부는 타이중 교외의 중싱신춘(中興新村)에 있다.

세계 각국이 '하나의 중국'을 지향하는 중화인민공화국과 국교를 수립하면서 단교하여 국제적 고립화가 진행되었다.1) 중화인민공화국은 타이완섬과 그에 부속된 섬의 영유권을 주장하고 있다. 행정구역은 6개 직할시, 16개 현(縣)·시(市)로 구성되어 있다.

전통과 현대가 공존하는 타이완의 진가는 타이베이에서 발휘된다. 타이완은 한국의 경상남·북도를 합친 크기로, 수도 타이베이 역시 하루나 이틀이면 대부분 둘러볼 수 있는 작은 도시다. 하지만 규모가 작다고 그 속내까지 작을 것이라 생각하면 큰 오산이며, 오랜 중국혈통을 이어와서 그 풍성한 문화유산과 속이 꽉 찬 볼거리로 가득하다.

---

1) 대한민국과 타이완의 공식 외교는 한·중 수교 하루 전인 1992년 8월 23일에 중단되었다.

2. 타이완의 문화유산

1) 국립고궁박물원(國立故宮博物院)

타이완 국립고궁박물원은 프랑스 루브르박물관, 영국 대영박물관 등과 함께 세계 4대 박물관으로 손꼽힐 만큼 중국 5000년 역사에 걸쳐 약 70만 점이 넘는 중국보물과 미술품들이 전시되어 있어 최고의 볼거리를 가지고 있는 박물관이다. 울창한 숲과 산등성이가 어우러진 아름다운 경관으로 싸여 있으며 주변에는 송대와 명대의 중국 전통 정원을 본떠 만든 정원이 조성되어 있다.

국립고궁박물원은 주로 중국 각지에 보관되어 있던 청 궁정의 유물들을 소장하고 있다. 그 중 베이징 고궁(故宮 자금성)에 있던 것은 주로

송, 원, 명, 청, 네 왕조의 궁정 유물들이다. 중앙박물관 준비처에 소속
됐던 유물들은 대부분 유물진열소의 소장품으로, 러허(熱河)와 선양(瀋
陽)행궁에 있던 것이다. 때문에 지금의 국립고궁박물원의 소장품은
베이징과 러허(熱河), 선양 세 곳에 있던 청 궁정 유물들을 모은 것이
주를 이룬다.

1924년 청조가 막을 내리며 청 황실 사후처리 위원회는 고궁의 유
물들을 조사하여 관리하기 시작하였고, 유물들을 보고 싶어 하는 사
회 각층의 기대에 부응하여 1925년 10월, 자금성에 고궁박물원이 정
식으로 문을 열었다. 고궁박물원 초기, 불안한 국내 정세와 빈번한
군벌정권의 교체로부터 영향을 받았으나 다행히 문화계 인사들이 후
원모임을 조직하여 각 계파의 군벌들과의 중재를 통해 북양정부가
고궁 업무에 관여하는 것을 막았고, 때문에 고궁은 어려운 상황에서
도 발전을 지속할 수 있었다. 1928년 6월 국민당 정부가 북벌에 성공
하면서 고궁을 접수하고 〈고궁박물원조직법〉을 선포하여 고궁이 국
민정부 직속임을 명시하고 관리하기 시작하였다.

1931년, 일본 관동군이 9.18사변을 발발하고 동북 지역을 침략하면

서 베이징과 톈진(天津)의 정세가 매우 위급해졌다. 고궁은 만일에 대비하여 중요한 소장 유물을 선택하여 상자에 보관하고 피난을 위한 사전 준비를 시작했다. 그 후 1945년 광복 이후 1947년 12월에 다시 베이징 수도로 돌아올 때까지 유물들은 중국 각지에 보내져 보관되었다.

1948년 국민당 정부가 타이완으로 철수할 때 고궁 문물도 타이완 지룽항(基隆港)으로 함께 옮겨졌다. 이때 옮긴 문물은 거의가 보물급이다. 상자로 2,972개, 물건으로 약 60만 건인데, 이것을 세분하면 선본고적(善本古籍, 귀중본 고서)이 16만 책, 청궁 당안(檔案, 공문서)이 38만 책, 기물 서화가 5만여 건이다. 처음에는 문물의 안전을 위해 무봉(霧峰) 북구(北溝)의 동굴 속에 보관해 놓았다가, 1965년 현재의 자리에 새로운 박물관이 완공되자 다시 이곳으로 옮겨놓았다. 그해 11월 12일 국부 쑨원의 탄신 백주년 기념일에 맞춰 타이완 고궁박물원을 개관했다. 개관 당시에는 박물관명을 쑨원의 호를 따서 중산박물원(中山博物院)이라 부르기도 했다.

타이완 고궁박물원(故宮博物院) 도서문헌관(圖書文獻館)은 본관 1층의 한 곳에 있다가, 1984년 박물관을 확장할 때 본관 남쪽에 새로 준공된 별관 2층으로 옮겼다. 별관의 외관 양식은 본관 건물처럼 중국 황궁식으로 지었다. 타이완 고궁박물원 도서문헌관에 소장된 선본고적은 박물관 전시문물 가운데 커다란 축을 담당할 정도로 차지하는 비중이 높다. 국내외 전문가들도 모두 타이완 국립고궁박물원 도서문헌관에 소장된 문헌에 보물급이 많다고 평가하고 있다.

타이완 국립고궁박물원의 수장품도 장제스의 유산이다. 국민당 정부는 전세가 기울자 1948년 11월 베이징에서 '대철퇴(大撤退)' 논의를 개시했다. 중요 문물의 타이완 이전을 뜻하는 것인데 유물 보존보다는 청나라 법통이 국민당 정부로 이어진다는 상징적인 의미가 더 강했다.

이들은 물품을 선별해 난징에 모아두고 12월부터 해군 함정과 상선으로 실어 날랐다. 그게 고궁박물원 수장고에 보관 중인 '송, 원, 명, 청' 네 왕조의 도자기 서화 책자 등 75만 건이다. 하지만 이것은 난징에 쌓아두었던 양의 10분의 1에 불과하며 나머지는 반출하지 못했다.

매 시즌마다 전시가 바뀌고 있고, 주요 전시품은 로비에 비치된 안내서를 참고하여 관람한다. 한국어 안내서와 오디오 가이드도 구비되어 있다.

국민당 정부의 패퇴로 타이완은 대륙 한족의 피난처가 되었다. 1953년 조사 당시 외성인(外省人·대륙주민)은 120만 명. 당시 타이완 인구(800만 명)의 15%였는데 이 비율은 지금도 비슷하다. 이런 역사를 알고 나면 타이완의 다양한 문화와 먹을거리, 그리고 외향적인 분위기가 낯설지 않게 다가온다.

2) 타이완 총통부(臺灣總統府, 구 타이완 총독부)

타이완 총통부는 타이완의 수도 타이베이에 위치한 총통의 관저이다. 청일전쟁의 결과로 청나라로부터 할양된 타이완을 통치하기 위하여 설치된 일본 제국의 식민 통치 기관이다.

중앙 기관 소재지는 타이베이시(臺北市)이며, 1895년 5월 10일에 설치되어 1945년 10월 25일에 폐지되었다. 그리고 1949년 국공내전에서 패배한 중화민국 정부가 중국 대륙에서 타이완으로 이동한 이후부터 현재까지 관저로 활용되고 있다.

총통부는 1919년 일제강점기에 일본이 타이완에 대한 일본의 정치적 권력을 내세우며 총독부로 쓰기 위해 세운 건물로, 그 모양새가 전형적인 일제강점기의 건물 모양새를 하고 있다. 가장 대표적으로

건물 모양이 날 일(日)자 모양으로 되어 있고, 건물이 모두 직사각형 모양으로 되어 있는 것이 특징이다. 일본의 유명 건축가들이 공동으로 설계하였으며 르네상스, 고딕, 바로크 등 여러 양식이 어우러진 외관을 자랑하고 붉은 벽돌로 치장된 일자형 건물 형태를 지니고 있다. 하늘 높이 솟아오른 중앙탑이 특징이며 1919년 당시에는 타이완 최고 높이의 건축물이었다.

총통부는 제2차 세계대전 때 미군 공습에 의해 건물 내부가 많이 타버려 건물이 크게 파손되었다. 제2차 세계대전에 패한 일본이 물러간 후 총독부 건물은 중화민국 소유가 되었고, 그 후 장제스 총통 60주년을 기려 건물 이름을 '개수관'이라고 고쳤다. 총통부 건물 앞은 넓은 주차장과 도로로 되어 있는데, 집회가 있을 때 혹은 중화민국 건국 기념일인 쌍십절(10월 10일)2)에는 이곳에서 화려한 행사들이 펼쳐지는 등 국가의 주요 시설물에 해당한다.

한국과 달리 일본제국시대의 총독부가 그대로 사용되는 것은 타이완의 일본에 대한 인식이 우리와 다르다는 것이다. 일본의 타이완 통치는 태평양전쟁 말기를 제외하면 당시 조선과는 전혀 다른 방향으로 진행됐다. 타이완은 일본의 첫 대외식민지이자 아시아국가 중 최초로 제국주의 국가에 편입된 일본 입장에서 대외적으로 자신들의 식민통치를 자랑하기 위한 창구와도 같은 곳이었다. 이토 히로부미 역시 "타이완의 통치에 실패하면 히노마루 깃발의 빛은 실추한다"며 타이완 통치의 중요성을 강조했다. 이에 따라 타이완에는 초기 5년과 태평양전쟁기를 제외하고 군인이 아닌 민간 정부출신의 총독이 파견됐다.

타이완에 파견된 일본의 공무원들은 이곳에 설탕사업, 아편전매사업 등 각종 상품성 작물 재배를 통해 경제적 자생력을 키웠고, 일본 본국의 예상을 뛰어넘어 편입 10년 만에 재정자립에 성공했다. 더구나 일본 정부는 조선을 식민지화한 이후 타이완에 큰 관심을 두지 않았다. 전쟁 전까지 조선처럼 대규모 양곡 수탈이 있던 것도 아니었고, 토지조사사업 등으로 원주민들의 땅을 뺏거나 개발 사업을 대규모로 일으킬 것이 없었다. 양자 간에 경제적으로 원한이 생길 일이 별로 없었던 것이다.

더구나 일본이 점령하기 전에 이곳을 지배했던 청나라 역시 타이완 원주민 입장에서는 같은 외부 침략자에 불과했고, 별도 국가나 민족주의가 형성되지 않았던 곳이었다. 역사시대 동안 일본을 자신들보다 한 수 아래로 생각해 온 한국과는 입장이 전혀 달랐던 셈이다. 청나라

---

2) 타이완(중화민국)은 1911년 10월 10일에 발발한 우창봉기(신해혁명)를 건국일로 삼아 기념하고 있다. 하지만 중화민국은 공식적으로는 1912년 1월 1일에 건국되었고, 쑨원이 총통이 되었다. 1912년 1월 1일을 민국 원년으로 삼는다.

출신의 몇몇 관료들을 제외하면 중국인의 숫자도 매우 적었고, 이들 역시 본토로 돌아가면 그만이었다.

오히려 태평양전쟁이 끝나고 들어온 중국 국민당의 무자비한 통치가 이어지면서 결정적으로 타이완에서는 일제강점기가 상당히 미화됐다. 국민당은 1949년 국공내전에서 최종 패배, 대륙에서 쫓겨나 타이완으로 들어오면서 이곳이 원주민들을 크게 탄압했고 반일과 반공을 기치로 독재정치를 폈다. 일제가 남긴 총독부 건물이 여전히 총통부로 사용되는 것에는 타이완이 겪은 또 다른 역사가 숨어 있는 셈이다.

3) 국부기념관(國父紀念館)

19세기 말, 중국은 거의 외국 열강의 식민지나 다름없었다. 청의 지배 계층의 부패와 무능은 극도에 달해 있었다. 국민들 역시 무기력에 빠져 있었다. 아편 문제로 영국과 전쟁을 치렀음에도 여전히 아편은 국민들을 좀먹고 있었다.

게다가 1895년에는 일본에게마저 졌다. 이 전쟁으로 청은 일본에 타이완과 펑후(澎湖) 열도를 할양하고 조선이 완전한 자주 독립국임을 인정해 주어야 했다. 이제 중국은 종이호랑이가 되어버린 것이다. 엄청난 위기감이 중국 전역을 휩쓸었다. 그러나 그에 따른 각성도 있었다. 많은 사람들이 중국 황실을 다시 일으키기 위해, 혹은 뒤엎고 새로운 중국을 건설하기 위한 모색을 시작했다.

쑨원은 중국의 혁명적 민주주의자로 호(號)는 중산(中山)이

며 홍콩에서 의학을 공부하였다. 반청 혁명을 목표로 하여 1894년 흥중회(興中會)를, 1905년 중국혁명동맹회를 설립했고 1911년 신해혁명에서 임시대통령에 추대되었다. 그리고 다음해 중화민국의 성립과 동시에 대통령에 취임하였지만, 위안스카이(袁世凱)에게 부득이 양보하고 사임하였다. 그 후에 여러 번 망명생활을 하다 일본에서 지내기도 하였다. 1917년에는 광둥군 정부를 만들어 대원수에 취임하였으며 1918년 상하이에서 중국 국민당을 만들었다.

1923년에 소련과 협상을 통해 상호우호협력협정을 맺었는데 여기에서 쑨원은 국민당의 광둥 복귀와 군벌과 싸울 군대의 양성을 돕겠다는 소련의 약속에 대한 대가로 공산주의자들에게 국민당 입당을 허락해 주겠다고 약속했다. 그리고 의회에서 반제국주의와 당의 지도성을 강조하기 위해 삼민주의가 다시 주장되었다.

소련의 도움으로 쑨원은 광둥에 미약하나마 정치적 근거를 다시 마련하게 되었고, 중국을 재통일하기 위해서는 무력을 확보해야만 한다는 것을 절감했다. 소련의 도움을 얻어 1924년 국민당은 광저우 인근에 자체 군사 학교를 세울 수 있었다. 그 군관 학교의 교장은 모스크바에서 군사 교육을 받고 돌아온 37살 장제스가 맡았다. 국민당의 기구는 공산당과 소련인 고문들의 도움을 받아 재정비되어 갔다. 1924년 북벌군을 일으켰으나 다음 해 베이징에서 사망하였다.

쑨원의 사상은 객관적으로는 부르주아적 민주주의자였지만 스스로는 사회주의자라 자칭했으며, 혁명적 민주주의, 자본주의의 길을 거치지 않는 사회개혁, 그리고 막연하지만, 토지개혁도 목표로 했다. 그의 '삼민주의(三民主義)'는 '민족주의, 민권주의, 민생주의'인데, 1905년에 그 기본구상이 이루어지고 1924년에 완성되었다.

1917년의 러시아 혁명의 영향을 받는 동시에, 1924년 소련, 중국공산당의 원조 아래 연소(聯蘇), 용공(容共), 노농원조(勞農援助)의 삼대 정책을 세워 제1차 국공합작(國共合作)을 실현하였다. 삼민주의도 최초의 구상에서 '신(新)삼민주의'에로의 경과를 거치고 있다. 철학적 입장은 유물론적이지만, 중국의 뿌리박힌 유교사상 때문에 사회에 대하여서는 관념론의 영역을 벗어나지 못하였다.

국부 기념관은 타이완과 중국 모두의 국부로 추앙받는 쑨원을 기리는 곳으로 1972년 5월 16일 개관하였다. 이곳에는 30만 권의 책을 소장한 도서관부터 전시관까지 약 20여 개의 홀과 함께 넓은 공원을 갖추고 있어 타이베이 시민들의 문화생활과 쉼터로도 사랑받는 곳이다. 메인홀 입구로 들어서면 높이 5.8m 무게 16.7톤의 쑨원 좌상을 볼 수 있고 정시마다

국부기념관 근위병 교대식

진행되는 근위병 교대식 또한 매우 흥미롭다. 18시에는 교대식이 아닌 국기 하양식이 진행된다. 그리고 매시 정각에 교대식을 한다.

쑨원은 한국과도 인연이 있는데 1968년 대한민국 정부로부터 임시정부를 지원한 공으로 건국훈장 대한민국장을 받기도 했다.

4) 중정기념당(中正紀念堂)

중정기념당은 2007년 3월 2일, 국립타이완민주기념관(國立臺灣民主紀念館)으로 이름이 바뀌었다가 마잉주 총통 시대에 들어서면서 원래 이름으로 바뀌었다. '중정'은 장제스(蔣介石)의 본명이다. 장제스는 1906년 보정(保定)군관학교에 입학했다가 다음해 일본에 유학했다.

1911년 신해혁명에 참가, 그 후 주로 군사 분야에서 활동했다. 1924년 황포(黃埔)군관학교 교장, 1926년 국민혁명군 총사령에 취임, 북벌을 시작했다.

1927년 국공합작을 깨고 상하이 쿠데타를 일으켜 중국공산당을 탄압했으며, 1928년 베이징을 점령했다. 난징에 국민정부를 세우고 주석과 육·해·공군 총사령이 되었으며, 1930년부터 5회에 걸쳐 대규모의 공산당 포위전을 벌였다.

만주사변 후 일본의 침공에 대해서는 내정안정을 우선한다는 방침을 세워 국내통일을 추진하다가 1936년 '시안사건'을 겪고, 다음 해 국공 합작에 응해 전면적인 항일전을 개시했다. 일본 항복 후 중국공산당과 내전을 재개한 끝에 1949년 12월 완전히 패퇴하여 타이완으로 옮겨갔다. 미국과의 유대를 강화하면서 중화민국 총통·국민당 총재로 중화민국을 지배했다.

초대 총통을 지낸 장제스는 한국과 인연이 깊다. 그는 일제강점기 대한민국임시정부를 인정하고 독립을 위해 지원한 공로로 1953년 건국훈장 대한민국장을 받았다. 1975년 장제스 서거 이후 전 세계 중화인들이 그를 기리기 위한 기념관 건립을 추진하였고 국가적 사업으로 추진되어 1980년 4월 5일 개관했다. 파란 기와를 머리에 얹은 높이 70m의 웅장한 중정기념관으로 오르는 계단은 모두 89개로 장제스 서거 당시 나이를 뜻한다. 무게 25톤의 거대한 장제스 동상이 있는 이곳에는 그를 지키는 근위병이 한 치의 흔들림 없이 서 있다.

정시마다 근위병 교대식이 있는데 다른 교대식에 비해 더욱 절도 있어 볼 가치가 충분하다. 동상 홀 아래층 전시관에서 그의 일생을 살펴볼 수 있고 우체국 등 편의시설도 있다. 넓은 광장은 장제스의 본명을 따 '중정(中正)공원'이라 한다. '자유 광장'이라 새겨진 웅장한 명나라 양식의 정문을 들어서면 마치 쌍둥이 같은 주황색 기와 건물이 보인다. 왼쪽은 국가 음악청, 오른쪽은 국가 희극원으로 이곳에서는 시민들을 위한 다양한 행사가 연중 열린다.

"내 마음에 부끄럽지 않으면, 못할 일이 없다"는 장제스의 굳은 신조이다. 근위병 교대식은 정시마다(09:00~17:00) 동상 앞에서 거행된다.

3. 타이완의 문화명소

1) 단수이(淡水)

단수이는 타이베이에서 북서쪽으로 18km 떨어진 단수이강 어귀에 있다. 1860년 개항하여 몇 년 동안 타이완 제1의 차 수출액을 기록했다. 이어 1980년대 후반에 상하이·홍콩·싱가포르 사이에 항로가 개설되면서 더욱 발전하였다. 그러나 단수이강의 물길과 하구가 흙모래로 파묻히고, 모래톱에 맹그로브가 우거져 항구로서의 기능을 잃게 되자 쇠퇴하였다. 현재는 어항 겸 해변휴양지가 되어 있다. 단수이의 북쪽 근교에 1626년 네덜란드인이 쌓은 홍모성(紅毛城)이 남아 있고, 단장문 리과대학·해수욕장 등이 있다.

단수이는 스페인과 네덜란드, 청나라, 영국 등 열강들의 흔적을 찾아볼 수 있는 역사의 장이기도 하다. 신베이시에 속해 있어 타이베이 근교 지역으로 분류하지만 MRT로 쉽게 이동할 수 있다. 타이베이 중심가를 기준으로 약 40분 정도 소요된다.

단수이에 최초로 기독교를 전파한 선교사 맥케이 박사(馬偕, Dr. Mackay)를 기념하기 위한 동상이다. 그의 이름인 맥케이를 타이완 사람들은 '마제(馬偕)'라 불렀다. 그는 종교뿐 아니라 서양 의술 및 교육을 전파하고 발전시키는 데 크게 이바지했다.

마제(馬偕) 동상

동상 왼쪽 옆으로 난 작은 골목 안으로 그가 설립한, 현재 타이베이에서 산부인과로 가장 유명한 마제의원(馬偕醫院)의 전신이기도 한 타이완 최초의 서양식 병원인 후웨이제의관(滬尾偕醫館)과 단수이 교회가 있다.

영화 〈말할 수 없는 비밀(원제: 不能說的秘密(Secret))〉의 촬영자소인 그곳, 단장고급중학(淡江高級中學, Tamkang High School)은 타이완 유명 배우이자 가수인 '저우제룬(周杰倫)'의 모교이다. 저우제룬은 학창시절의 경험을 토대로 각본을 쓰고 감독, 주연까지 맡아 영화 〈말할 수 없는 비밀〉을 완성했고, 배경이 되었던 모교는 이후 타이베이 대표 여행지로 자리매김했다. 1914년 설립된 타이완 북부 최초의 사립 고등학교로 수많은 인재를 배출한 명문이다.

단장고급중학

동서양의 건축양식이 혼합된 건물과 키가 큰 야자수가 있는 아름다운 교정으로 여행자들의 사랑을 받고 있지만 아쉽게도 주말이나 휴일 정해진 시간 외에는 출입을 금하고 있다. 이는 베이터우에서 일어난 학생 살해 사건 때문인데 거의 모든 학교에서 사전에 허락된 사람 외에는 출입을 금하고 있다.

2) 시먼딩(西門町)

시먼딩은 타이베이 완화구 북동쪽에 위치한 대형 상업 지구이다. 우리나라의 명동, 일본의 시부야와 비교되는 번화가이며 외국인 관광객들에게는 쇼핑의 명소로 손꼽히는 지역이다. 지

하철 시먼역(西門站) 6번 출구와 연결되는 거리로 나서면 대형 쇼핑센터와 백화점을 비롯하여 의류점·신발점·화장품점·노래방·피규어점·문신점 등 다양한 상점들이 들어서 있다.

20여 개의 영화 상영관이 밀집한 극장가로 유명하며, 거리 곳곳에 먹거리를 위주로 한 노점상 6,000여 개가 있다. 유명 연예인의 사인회나 프로모션, 소규모 콘서트 등도 자주 열려 젊은 층이 즐겨 찾는다. 시먼딩은 영화(movie), 돈(money), 노숙자(mad king)의 3M으로 유명한 곳이라고 불리기도 한다. 2015년에는 이를 바탕으로 로맨스 영화 〈시먼딩 이야기〉가 제작되기도 하였다. 또 오우삼 감독의 〈영웅본색(英雄本色)〉(1986)에도 시먼딩이 나온다. 이 영화에 디룽(狄龍) 저우룬파(周潤發) 장궈룽(張國榮)이 주연으로 등장한다.

시먼딩 지역은 청나라 시기 멍샤(艋舺)의 북부에 속했던 곳으로, 원래는 타이베이 성 서문 밖의 지역으로 구분되어 개발이 되지 않은 황량한 지역이었지만, 일본식민지 시기에 일본

영화 〈영웅본색〉의 시먼딩

이 이 지역을 도쿄의 번화가인 아사쿠사(淺草)를 모델로 하여 상업지구로 개발하면서 발전하였다.

'시먼딩'이라는 명칭도 이 시기에 자연스럽게 일본의 영향을 받아 지어진 것인데, 시먼딩의 딩(町)은 일본의 행정구역 명칭이다. 정확히는 1922년에 정식으로 지금의 '시먼딩'으로 불리게 되었는데, 최근에는 그 범위가 확장되어 뤄주딩(若竹町)·신치딩(新起町)구역도 시먼딩의 일부로 편입되어 그 규모가 더욱 커졌다.

특히 1930년대에는 극장가로 번성하였고, 1980년대 중반까지는 타이베이에서 가장 번화한 곳으로 인정받았다. 1980년대 중반 이후로 타이베이의 도시개발이 동쪽을 중심으로 전개되면서 한동안 잠시 쇠락하였으나, 1990년대 초에 타이베이 시와 현지 상가들이 협력하여 타이완에서 처음으로 보행자 거리를 조성하고 주말과 공휴일에 차량통행을 금지하는 활성화 노력을 기울여 다시 젊은이들의 사랑을 받는 번화한 거리로 태어났다.

시먼딩역에는 마라훠궈나 티엔와이티엔(天外天) 등 유명한 훠궈 가게도 이 주변에 있다. 타이완에서 잘 나가는 대형마트인 까르푸 매장 중 가장 규모가 큰 매장인 까르푸 시먼구이린점(西門桂林店)이 근처에 있지만 실제로 여행객들에게는 시먼역보다 샤오난먼역이 더 가깝다는 평도 있다. 역에서 까르푸 시먼구이린점까지는 걸어서 약 10분

정도 거리. 롱산스역과 이 역 사이의 중간 지점에 있다고 볼 수 있다.

3) 타이베이 101빌딩

타이베이 101빌딩의 정식 명칭은 타이베이 세계금융센터(Taipei World Financial Center)이다. 과거에는 타이베이 국제금융센터(Taipei International Financial Center)라는 명칭을 사용한 바 있다. 하지만 세계적으로는 약칭인 '타이베이 101'이 널리 쓰이고 있다. 타이베이의 랜드마크라 할 수 있다.

높이 509.2m(지상 105층)의 이 빌딩은 지금도 세계 9번째로 높은 건물이다. 무엇보다 5층 매표소부터 89층 전망대까지 37초 만에 오르는 세계 최고속 엘리베이터로 기네스북에 올라 있다. 타이완의 건축가 리쭈위엔(李祖原)이 설계하고 한국 삼성물산이 건설하였다. 대나무 모양을 닮은 타이베이 101은 숫자 '8'이 번영과 성장 등을 뜻하는 '發(fa)'과 발음이 비슷해 좋은 숫자로 여기는데 이를 반영해 8층씩 8단으로 설계하였다.

타이베이 101은 말 그대로 세계금융센터 역할을 맡고 있기 때문에, 상당수 층수는 오피스로 사용하고 있으며, 별도의 거주층이나 호텔 등이 본 건물에 입주하지는 않았다. 증권거래소인 타이완 증권거래소가 입주해 있다. 중간에 90층이 빠져 있는데, 옥색 유리로 마감된 넓은 면적의 건물 본체의 구조물 끝자락과 그 위의 역시 옥색 유리로 마감된 작은 구조물 사이

유리가 없는 회색의 층이 90층이다. 관리용 설비만 들어가 있으니 당연히 공개되지 않는다.

타이베이 101 타워는 88층부터 91층까지 관람이 가능하다. 이 건물은 쇼핑몰이 있는 지상 1층에서 4층까지가 101타워 본 건물과 부속 건물이 연결되어 있어, 부속 건물에서 입장하면 에스컬레이터로 4층까지 이동한 후, 넓은 홀을 지나 본 건물 쪽으로 이동하여 다시 한 층을 에스컬레이터로 올라가야 전망대 매표소에 도달할 수 있다. 주말 저녁에는 관광객이 많이 몰려서 표를 사는 데만 한 시간 정도 줄을 서고 올라가는 엘리베이터를 타는 데 그만큼 또 줄을 서 기다려야 한다. 엘리베이터를 타고 전망대에 도착하면 89층이며 실내 전망대로, 동서남북 방향으로 타이베이를 조망할 수 있다.

타이베이 내에서는 타이베이 101 다음으로는 51층짜리 244m '신콩 라이프 타워'가 높다. 타이완 내에서는 타이베이 101 다음으로는 85층짜리 378m 가오슝시의 툰텍스 스카이 타워가 높다.

4) 지우펀(九份)

오래전 아홉 농가만이 살고 있어 지우후(九戶)라고 불리던 작은 산골 마을이었다. 두메산골이다 보니 멀리서 장을 봐와야 했는 데 필요한 물품을 사온 뒤 공평하게 나누었다. 이처럼 9등분 한다고 해서 지우펀으로 부르던 것이 지명으로 굳어졌다.

지우펀은 진과스(金瓜石)와 더불어 1920~1930년대 골드러시를 열면서 조용했던 산골 마을은 문전성시를 이루게 되었고 작은 상하이(小上海)라 불릴 만큼 부촌으로 번성했다. 1971년 금광이 고갈되면서 사람들이 하나둘 떠나 침체기를 맞이했지만, 맛집과 찻집, 골목골목 감성이 피어나는 마을 전경과 아름다운 풍경, 무엇보다 타이완의 유명한 영화, 〈비정성시(悲情城市)〉(1989) 촬영지로 타이베이를 대표하는 최고의 관광명소로 자리매김하면서 제2의 전성기를 맞이했다.

이후 일본 애니메이션 〈센과 치히로의 행방불명〉(2001)의 모티브가 되었다는 아메이차루(阿妹茶樓)로 인해 일본인 여행자들을 불러들이는가 하면 한국 드라마 〈온에어〉(2008)가 '비정성시'라는 찻집에서 촬영되어 이슈가 되기도 했다.

지우펀을 둘러보기 가장 좋은 시간은 늦은 오후 5시 즈음 찾아가

먹거리로 요기하고 지우펀 거리를 거닐
며 각종 기념품도 살 수 있다. 홍등이 켜
지는 오후 5시 30분경(여름철 6시 30분경),
저 멀리 지는 붉은 노을과 함께 예쁜 홍등
으로 어둠을 밝힌 수치루(竪崎路) 계단을
오르는 것이 좋다.

구불구불 이어진 비탈길을 따라 늘어
선 예스러운 건물들이 눈길을 끈다. 골목
마다 묻어나는 낭만적인 정취, 홍등이 빛
나는 이국적인 풍경은 타이완 사람들은 물론 관광객들의 마음을 사로
잡기에 충분하다. 마치 오랜 옛날로 시간 여행을 떠나온 듯 이색적인
분위기를 만끽할 수 있다. 웅장하거나 화려한 볼거리는 없지만 미로
처럼 엮인 골목과 계단을 느긋한 걸음으로 산책하며 여행 중 호흡을
가다듬기에도 좋은 곳이다.

지우펀에서 가장 번화한 곳은 '지산제(基山街)'라는 골목길이다. 산
중턱을 동서로 연결하는 이 길에서 지우펀 여행이 시작된다. 지산제
에는 아기자기한 기념품이 가득한 가게와 음식점, 카페 등이 줄줄이
늘어서 항상 사람들로 북적인다. 이곳의 명물들은 가격도 저렴해 이
것저것 다 맛보아도 부담이 없다.

'수치루(竪崎路)' 또한 지우펀의 매력을 느끼기에 좋은 곳이다. 지산
제를 따라 나오는 급경사의 계단 길이 바로 수치루다. 수치루는 영화
〈비정성시〉의 배경이 된 거리로 지우펀이 사람들의 관심을 받는 데
중요한 역할을 했다. 좁고 가파른 돌계단을 따라 분위기 좋은 전통
찻집들이 줄지어 있다. 전망 좋은 찻집에 앉아 향긋한 차를 마시며
여유롭게 시간을 보내는 것도 낭만적이다. 술과 우롱차, 꿀을 섞어

만드는 '구이화차주'로 유명한 아메이차주관 역시 수치루에 있다.

해가 질 무렵에는 수치루의 건물마다 주렁주렁 내걸린 홍등에 불이 켜져 더욱 운치 있다. 빛나는 홍등은 지우펀을 상징하는 풍경이자 타이완을 대표하는 한 컷이다. 저녁마다 홍등을 배경으로 기념 촬영을 하려는 수많은 인파가 몰려 좁은 계단이 발 디딜 틈 없이 붐빈다.

진과스는 2차 세계대전 당시 일본군 전쟁포로 광산이었다고 한다. 일제강점기, 철로 공사 중에 금광이 발견되면서 산 속에 마을이 형성되고 금광촌으로 급부상하게 되면서 지우펀과 더불어 1920대와 1930년대 황금시대를 열었다. 진과스에서 거대한 금광이 발견되자 일본군은 동굴과 협곡 등 더 많은 금광을 찾아 이 일대를 파헤쳤다. 이후 금광이 고갈되면서 사람들이 하나, 둘 떠나기 시작했고 결국 버려진 광산과 시설들만 남아 여느 폐광이 그러하듯 유령도시가 되어 가고 있었다.

1990년대 타이완 정부는 진과스 지역을 관광특구로 지정해 옛 황금
산성의 모습을 재현, 멋진 자연경관과 더불어 진과스만의 매력을 멋
지게 자아낸다. 특히 벚꽃이 흩날리는 2~3월의 아름다운 진과스는
여유롭게 거니는 것만으로도 기억에 오래도록 남을 곳이다. 관광객이
많아 번잡한 지우펀보다 한가로이 거닐 수 있는 진과스를 선호하는
사람이 많은 이유다.

5) 롱산스, 라오허제 야시장, 스린 야시장

(1) 롱산스(龍山寺, Longshan Temple)

타이베이에는 독특하고 다양한 시장이 형성되어 있어 시장의 도시
라 불릴 정도이다. 그 중 야시장은 타이베이의 참모습을 경험할 수

있는 곳이다. 그리고 타이베이에는 롱산스가 유명한데, 타이베이에서 가장 오래된 사원이다. 1738년 청나라 시절 푸젠성 이주민들에 의해 세워진 사찰로 중간에 소실되어 현재의 건물은 1957년에 다시 지은 것이다.

돌기둥에는 조화를 이루며 조각된 용 뒤쪽에 역사적 인물들의 춤추는 모습이 새겨져 있다. 지붕에는 더 많은 모습들과 용들이 장식되어 있다. 이곳은 전형적인 타이완 사찰로서 도교, 불교, 토속신 각 종교의 색채가 서로 조화를 이루며 어우러져 있다.

(2) 라오허제(繞河街) 야시장

축제 분위기가 느껴지는 화려한 불빛의 야시장은 늘 관광객들로 활기가 넘친다. 국수와 왕만두, 두부발효식품인 초두부와 같이 타이베이를 대표하는 길거리 음식과 술집, 바 그리고 나이트클럽이 밀집되어 있다. 또 타이완의 토산품을 비롯해서 다채로운 상품을 구경할 수 있다. 한류열풍의 흔적이 야시장에 남아 있어 드라마 DVD 등 한국 관련 물건을 만날 수 있는 것 또한 흥미롭다.

라오허제 야시장은 관광객보다 현지인들이 더 많이 찾아오는 야시장으로 규모는 스린(土林)과 비교하면 작은 편이다. 타이베이에서 꽤 유명한 도교사원 송산츠유궁(慈祐宮) 옆이 야시장 입구이며 저녁에는 사원으로 찾는 관광객과 시장으로 향하는 현지인들이 뒤엉키는 곳이다.

송산 츠유궁은 250년 된 도교사원으로 현지에서 유명한 곳이다. 스린 야시장과는 분위기가 좀 다른 곳으로 입구로 들어서면 강한 중국향을 느낄 수 있다. 시장 입구에서 풍기는 향부터가 좀 다르다.

라오허제 일대는 지롱강을 이용한 물류집합소로, 일찍부터 상업과 무역이 발전해 왔다. 하지만 1960년 이후 타이베이시의 빠른 도시화가 진행되면서 라오허제 부근에 새로운 도로가 개통된 데다 지롱강 제방이 차단되자 물류집합소의 기능이 쇠퇴, 이 일대 전체가 쇠락의 길을 걸었다. 이처럼 도시기능이 저하되자 이 일대 땅 주인과 노점상 등 주민들이 힘을 모아 '라오허제 추진발전추진회'를 구성했고, 타이베이시도 이에 동참해 1987년 전국 최초로 정부의 계획 관광야시장이라는 타이틀을 달고 탄생했다. '지롱강변의 먹자거리'라는 뜻을 담은 라오허제 야시장은 그야말로 민관이 힘을 모아 도시발전으로 스러져 가던 시코우 지역을 되살리기 위한 새로운 도전이었다.

매일 오후 5시부터 자정까지 문을 여는 라오허제 야시장은 약 6천 200m² 규모로 모양새가 국내 야시장과 비슷한 구조다. 상가 양옆으로 기존 상인이 자리를 잡은 가운데 중간 약 600m 걸쳐 설치되어 있는 이동식 매대는 60% 이상이 음식으로 구성돼 있으며, 나머지는 생활용품과 액세서리 등을 판매한다. 라오허제 야시장에서 유명한 것 중의 하나가 새로 점을 치는 새점집이 유명한데 모두 중국어로 서비스하고 있다.

(3) 스린 야시장(士林夜市, Shilin Night Market)

스린 야시장은 타이베이 시내에서 가장 규모가 큰 야시장이다. 1909년에 시작되어 100년이 넘는 역사를 자랑하는 유서 깊은 시장이다.

스린 거리를 관통하는 다둥루(大東路)와 그 안쪽의 츠청궁을 중심으로 야시장이 형성된다.

1991년 11월 시장 철거와 노점상 이전 등을 거쳐 2011년 공사가 마무리되자 지엔탄(劍潭) 역 맞은편에 옮겨와 임시 영업을 했으며, 며칠 뒤 지금 위치인 지허루(基河路) 101호에서 정식 운영을 하게 됐다. 총면적 1만 1천m²로 지하 3층 지상 2층 규모의 스린시장은 새벽 6시부터 오후 2시까지 아침 시장이 끝나면 오후 2시부터 새벽 2시까지 저녁 시장 즉 야시장이 본격적으로 문을 연다.

규모로 보나 유명세로 보나 첫손에 꼽히는 쇼핑과 음식의 천국으로 매일 밤 불야성을 이룬다. 현지인들뿐 아니라 타이베이를 방문하는 외국인 관광객들도 빠지지 않고 들르는 명소다. 주말에는 평균 50만 명이 넘는 인파가 몰려 발 디딜 틈이 없다.

야시장 인근에 대학과 전문학교가 자리해 학생들도 많이 볼 수 있다. 좁은 골목마다 젊은 층을 겨냥한 패션 상가와 음식점이 몰려 있다. 다둥루 인근에는 규모가 큰 상점이 많다. 가구, 의류, 신발, 액세서리, 애완용품 등 다양한 생활용품을 판매한다. 한국의 동대문 시장과 비슷한 분위기이며 노점상이 많아 저렴한 물건을 구입하기에 제격이다. 굳이 물건을 사지 않더라도 둘러보는 것만으로도 재미있는 거리다.

밤이 깊어 갈수록 야시장은 북새통을 이룬다. 야시장 지하에 있는 푸드 코트에는 싸고 맛있는 먹을거리가 넘쳐난다. 스린 야시장의 백미다. 서민들이 즐겨 먹는 타이베이의 길거리 음식들을 한데 모아

놓았다고 해도 과언이 아닐 만큼 메뉴가 다채로워 골라 먹는 즐거움을 만끽할 수 있다.

4. 타이완의 자연유산

1) 양밍산(陽明山)

타이완 여행에서 빼놓을 수 없는 것이 바로 온천욕이다. 타이완은 환태평양 화산대에 위치하고 있어 온천이 발달되어 있다. 그 중 양밍산국립공원은 화산과 용암의 흔적이 남아 있는 곳으로, 높은 지열을 품고 있기 때문에 이 일대가 모두 온천 지역이다. 특히 푸른 녹음

사이에서 온천을 즐길 수 있어 많은 사람들이 찾고 있다.

타이완 북부 타이베이시 외곽에 위치해 있는 양밍산 국가공원 일대는 다양한 아름다운 자연풍경과 독특하고 완전한 화산 지형으로 인한 지리경권으로 유명하며 타이베이 시민들에게 있어 뒷 정원과 같은 공간이다. 양밍산은 처음 들을 때 하나의 산이라고 오해할 수도 있는데 산이 아니다. 양밍산은 다툰산(大屯山), 치싱산(七星山), 사마오산(紗帽山), 샤오관인산(小觀音山) 등 여러 산으로 이루어진 산악 지역으로 지리적으로는 다툰(大屯) 화산군에 속하며 총 면적은 11,338헥타르에 달한다.

양밍산은 예전에 '차오산(草山)이라고 불렀다. 이는 청나라 통치 시기 정부가 유황을 훔치는 것을 막기 위해 양밍산에 정기적으로 불을 태워서 온 산에 억새풀만 있었다고 하여 붙은 이름이다. 중화민국 시기, 타이완을 통치하던 장제스 총통은 명나라 왕양명(王陽明, 1472~1529)[3]을 기리기 위해 산 이름을 차오산에서 양밍산으로 개명했다. 1985년 9월 16일, 타이완 정부에 의해 세 번째 국가공원으로 지정됐다.

위도와 해발의 영향으로 양밍산 국가공원은 아열대 기후대와 온대 기후대에 속해 사계절이 뚜렷하고 각 계절은 고유의 아름다움과 매력을 지니고 있다. 따뜻한 봄 2월과 3월은 양밍산 국가공원의 꽃 시즌이며 진달래와 벚꽃 등 형형색색의 꽃들이 흐드러지게 피어 매년 수많은 관광객을 유치한다. 뜨거운 여름에는 소나기가 그친 후 먹구름이 사라지고 햇빛이 비출 때면 무지개가 하늘을 아름답게 수놓는 모습을 볼 수 있다. 쌀쌀한 겨울철에는 동북계절풍으로 기온이 낮고 습하며 가끔

---

3) 명나라의 정치인·교육자·사상가이다. 양명학의 창시자로, 심학(心學)의 대성자로 꼽힌다. 지행합일설(知行合一說)과 심즉이설(心卽理說) 및 치양지설(致良知說)을 주장하였다.

씩 강한 한파가 닥치면 산이 흰 눈으로 덮인 예쁜 모습을 선사한다.

계절에 따라 변하는 풍경 외에도 양밍산은 1,300여 종의 식물과 수 천 종의 동물을 보유하고 있어 생태자원이 매우 풍부하다. 또, 특수 광물, 암석층, 장엄한 폭포 등은 또한 양밍산 국가공원의 중요한 경관 자원이다.

양밍산 하면 먼저 떠오르는 것은 코를 찌르는 듯한 강한 유황 냄새이다. 양밍산 국가공원 일대는 유황온천 지역으로 곳곳에서 하얀 연기가 분출되는 모습을 볼 수 있다. 양밍산의 유황 자원은 타이완 경제 발전에 매우 중요한 역할을 하고 있었다.

양밍산 국가공원 유황온천

17세기 한족이 대량으로 타이완섬으로 들어오기 전부터 타이완 북부의 원주민들은 다툰화산군 근처에서 사냥과 채집을 하는 동시에도 유황 채굴과 거래를 진행하고 돈을 벌어 생계를 유지했다. 청나라 시대에는 정부가 유황을 독점하며 유황 채굴 및 판매를 엄격히 통제함에 따라 유황은 정부의 전매품이 됐다. 개항 이후에는 유황은 타이완 중요 수출품이 되어 차, 설탕, 장뇌와 함께 청말 '타이완의 4대 보물'로 불렸다. 유황 산업은 일제강점기에도 활발하게 발전 성장을 했지만 2차 세계대전 이후 미국과 일본의 저렴하고 질 좋은 유황에 비해 타이완의 유황은 가격도 비싸고 품질도 낮아 경쟁력이 없어서 점차 쇠퇴하게 됐다.

양밍산 국가공원에는 수많은 관광명소와 보도가 있는데 그 중 '진바오리따루(金包里大路)'는 많은 여행자들이 즐겨 찾아가는 산책로이다. 진바오리따루는 과거에 진산(金山)과 스린 지역을 잇는 교통도로이자 생선, 찻잎, 유황을 운송할 때 자주 사용했던 길이며, 현재는 양밍산 국가공원에서 가장 문화적이고 역사적인 옛길 중의 하나로 자리매김했다. 길기가 약 5.6km에 달하는 진바오리따루를 걸으면서 청나라와 일제강점기 타이완인의 생활상과 관련된 유물을 종종 볼 수 있다.

한편, 타이완인이 평소 먹는 '펑라이미(蓬萊米)'라는 쌀 품종은 일제강점기 양밍산 국가공원 안의 '주즈호(竹子湖)'라는 곳에서 개발된 것인데 당시 타이완을 통치하던 일본 사람은 타이완 쌀이 입에 맞지 않아 힘들어 새로운 쌀 품종을 만들기로 했는데 주즈후는 지리적 조건이 일본의 식량 생산기지인 규슈와 비슷한데다가 위치가 고립되어 있어 다른 식물들과 교배될 가능성이 낮아서 '펑라이미'의 재배지로 선정됐다. 따라서 주즈후는 '펑라이미의 고향'이라고 불리기도 한다. 주즈후는 현재는 꽃구경하기 좋은 관광지로 유명하다. 특히 3월이나 4월에 거행되는 카라꽃 축제와 5월 초부터 6월 말까지의 수국 축제는 매년 수많은 관광객을 불러 모으고 있다.

다툰화산군 중앙 위치에 있는 칭티엔강(擎天崗) 초원은 또한 관광객들이 즐겨 찾아가는 관광명소이다. 칭티엔강은 용암으로 형성된 용암지로 지형이 평평해 청나라 때부터 소를 방목해 키우던 곳이다. 일제 때에는 차 재배지와 소 방육 사육지로 사용됐고, 전성기에는 1,600마리 이상의 소가 있었다고 한다. 타이완 광복 후 양밍산 국가공원의 일부가 되어 소의 수량이 점차 감소했으나 지금까지도 검은색 소들이 풀을 뜯어 먹거나 초원에 누워 있는 모습을 볼 수 있다.

양밍산 국가공원에 있는 관광지는 렁수이컹(冷水坑)이다. 렁수이컹은 족욕을 무료로 즐길 수 있는 곳이다. 렁수이컹이라고 불리지만 수온이 40도 정도로 차갑지 않다. 그러나 수온이 여전히 양밍산의 다른 온천에 비해 낮은 편이라 현재 이름이 붙었다.

2) 예류 지질공원(野柳地質公園)

예류는 유네스코 세계자연유산이 아니라, 유네스코 지질공원이다. 타이베이 북부 해안에 위치한 예류는 해수욕장과 온천, 기암괴석으로 유명한 관광 도시다. 특히 희귀한 모양의 바위들이 해안에 모여 있는 예류 지질공원은 예류 관광의 필수 코스로 꼽힌다. 이곳의 바위들은 세계 지질학계에서 중요한 해양 생태계 자원으로 평가받는 한편, 푸른 바다와 침식된 산호 조각물들이 함께 어우러져 자연이 그려낸 한 폭의 그림 같은 풍경을 보여준다. 타이베이에서 당일치기 여행이 가능해 드라이브 코스로도 인기 있다.

작은 곶에 조성된 예류 지질공원은 침식과 풍화 작용을 거쳐 자연적으로 형성된 기암을 보러 많은 관광객이 찾는다. 입구를 통과하면

바위들이 늘어선 바닷가가 나온다. 곳곳에 흩어져 있는 기이한 바위들을 바라보면 마치 타임머신을 타고 사차원의 세계에 와 있는 듯 초현실적인 느낌이 든다. 아래가 움푹 파인 버섯 모양 바위가 가장 흔하다.

예류 지질공원은 크게 세 구역으로 나뉘는데 공원에 들어서 가장 먼저 만나게 되는 것이 선상암 군락이다. 바위 하나하나의 모습은 마치 거대한 버섯이 큰 머리로 하늘을 이고 있는 것처럼 보인다. 선상암 가운데 가장 인기 있는 것은 고대 이집트의 왕비 네페르티티(Nefertiti)[4]의 두상을 닮아 이름 붙여진 '여왕 바위'이다. 바위를 자세히 보면 높게 틀어 올린 머리와 가녀린 목선, 코와 입 자리가 선명하게 느껴져 자연의 신비를 경험할 수 있다. 바위

여왕 바위

를 배경으로 기념 촬영을 하려는 관광객들로 늘 인산인해를 이룬다.

'촛대 바위'는 예류에서 볼 수 있는 독특한 해식 경관이다. 해식 과정을 통해 남겨진 촛대 위의 촛불 모양 암석층이 인상적이다. 그 밖에도 크고 작은 구멍이 가득한 '벌집 바위', 네모반듯한 논두렁 모양으로 놓인 '바둑판 바위', 울퉁불퉁한 모습을 한 '생강 바위' 등 특이한 모양으로 인해 고유한 이름이 붙여진 바위들이 많다. 지협을 통과해야 하기 때문에 파도가 높게 치는 날에는 입장이 통제된다. 실제로

---

4) 네페르티티(BC 1370년경~BC 1330년경)는 이집트 제18왕조의 파라오 아크나톤의 왕비이자, 투탕카멘의 이모이다.

1964년 파도에 휩쓸린 대학생을 구조하려다 함께 익사한 어부의 동상이 세워져 있다.

곳의 끝자락에는 바다를 마주보고 쉬어 갈 수 있는 휴게소가 마련되어 있다. 예류 지질공원을 구경하고 나오는 길에는 매표소 옆에 위치한 재래시장에도 들러 볼 필요가 있다. 다양한 양념을 한 건어물 간식이 인기 있다. 예류 지질공원 옆에는 돌고래 쇼와 해양 생물 전시를 관람할 수 있는 예류 해양세계가 있다.

멀지 않은 지룽 근교의 허핑다오(和平島)공원에도 비슷하게 생긴 바위가 많다. 여긴 예류보다 더 넓으면서 한적하지만 그냥 단순하게 동글동글한 버섯바위가 많아 바위의 특이한 정도는 예류보다 떨어지는 편이다. 지룽에서도 예류를 지나가는 버스가 다니기 때문에 둘다 보는 것도 어렵지 않다.

3) 컨딩(墾丁)

타이완의 최남단 헝춘반도(恆春半島)에 자리 잡고 있는 컨딩은 타이완 첫 번째 국립공원으로 바다와 육지가 모두 국립공원이다. 이처럼 산과 바다를 모두 아우르는 컨딩은 타이완 본섬에서 완벽하게 보존된 산호초 지형으로 인해 천혜의 자연 환경을 가지고 있다. 또한 사계절 내내 따뜻한 아열대 기후 덕분에 수영, 서핑, 스노클링, 스쿠버 다이빙 등 다양한 수상 활동을 즐길 수 있어 타이완은 물론이고 세계 각지의 사람들이 모여드는 타이완의 인기 휴양지다.

컨딩 국가공원은 삼면이 바다로 둘러싸여 있는데 서쪽은 타이완 해협이, 타이완의 땅 끝인 남쪽은 바시(巴士) 해협(Bashi Channel)이, 동쪽은 태평양과 마주하고 있다. 아름다운 바다는 물론이고 따젠산, 국립해양생물박물관, 타이완 최남단 표지석, 어란비 공원(鵝鑾鼻公園), 컨딩 국가산림유원지, 찬판스(船帆石), 마오비터우(猫鼻頭), 룽판 공원(龍磐公園), 관산(關山), 헝춘 고성(恆春古城) 등 많은 볼거리를 가지고 있다. 산과 바다를 모두 품을 수 있으니 컨딩은 그야말로 휴양지의 천국인 셈이다.

4) 화롄(花蓮)

타이완 동해안 전역에 몇 개 안 되는 항구 중의 하나로 타이완산맥에서 발원하는 화롄강의 하구에 위치한다. 이곳에서부터 남쪽은 타이둥까지 철도가 통하나 북쪽은 절벽 위를 달리는 자동차길과 해상교통에 의지한다. 서쪽은 타이완산맥의 우서를 지나 푸리로 나오면 철도에 이른다. 부근의 평야는 일찍부터 벼를 심은 지역이었으나, 제2차 세계대전 후 화학공업이 일어나고 수력발전소의 건설로 알루미늄 제련 공업을 비롯한 공업도시로서 발전하였다.

화롄시는 협곡으로 이루어진 타이루거 협곡(太魯閣峽谷) 국가공원의 출발점으로 많은 관광객들이 몰려드는 곳이며, 세계적으로 유명한 대리석 산지이기도 하다. 또한 타이완에서 가장 큰 국제항구가 있는 도시이고, 동부를 남북으로 가로지르는 동부종단철도의 출발 지점인 동시에 쑤아오(蘇澳) — 화롄 간 간선도로의 종착 지점이다.

타이완에서 네 번째로 지정된 국가공원으로서 해발고도 2,000m, 면적 920km², 길이 20km의 국립공원으로 화롄현에 위치한다. 타이완 100대 준봉 중에 제27위에 해당되며 웅장한 대리석 절벽으로 이루어져 있는 경이로운 자연의 산물이다. 타이완 중부횡단고속도로의 시발점이기도 하여 태아족의 문화유적을 살펴볼 수 있다. 협곡을 가로지르는 중부횡단고속도로 동쪽 지역을 따라가면, 옌쯔커우(燕子口)·주취둥(九曲洞)·창춘츠(長春祠)·톈샹(天祥)뿐만 아니라 뤼수이허류(綠水合流) 보도, 바이양(白楊) 보도 등의 도보 여행로를 걸으며 타이루거 협곡의 진면목을 볼 수 있다.

5. 타이완의 지역 명소

1) 가오슝(高雄)

가오슝시는 중화민국 타이완섬 남쪽에 있는 도시로 타이완에서는 세 번째로 큰 도시이며, 인구는 276만 명이다. 11개의 구와 타이완에서 가장 중요한 항구가 있는데, 이는 홍콩, 싱가포르 다음으로 세계에서 세 번째로 큰 컨테이너 항구이다. 2010년 12월 25일, 가오슝현을

합병하여 더 넓어졌다.

가오슝이라는 지명은 명나라 말기에 다거우(打狗)라고 불인 데서 시작한다. 원주민 언어로 '대나무 숲'이라는 뜻을 지니는 '마타카오'에서 유래했는데, 이 단어를 뜻과 상관없이 한자로 음차했다.

일제가 청일전쟁의 결과 타이완섬을 통치하게 되면서, 1920년에 지방 행정구역을 개편할 때 한자 뜻이 안 좋다는 이유로 일본어로 읽었을 때 현지어 발음과 비슷하면서 일본 교토의 유명 단풍 명소의 지명과 같아 일본인에게 익숙한 타카오(高雄, たかお)로 이름이 바뀌었다. 이후 일본에 의해 계획도시, 공업도시로 개발되었다.

가오슝은 일본 점령기에 본격적으로 경제적, 전략적으로 중요해지기 시작했다. 일본은 타이완 남부의 원료와 식량을 본국으로 보낼 좋은 항구를 찾고 있었고 가오슝이 채택되었다. 가오슝은 남북을 잇는 철도의 남쪽 종점이 되었고 1904년부터 1907년까지 항구의 확장

공사가 진행되었다. 1920년에 다카오로 개칭되었고 다카오주에 속하게 되었다.

2차 대전 이전과 전쟁 중에 가오슝은 일본으로의 농업 수출항으로서 성장하였고 태평양전쟁을 수행하기 위한 군사 기지가 되었다. 전쟁이 끝나갈 무렵에도 일본은 풍부한 수력 전기를 기반으로 알루미늄 공장을 세우는 등 가오슝의 공업 개발을 계속 진행하였다.

1945년에 중화민국의 관할이 된 후에도 가오슝은 급속히 발전하였다. 항구는 2차 대전 때 심각한 피해를 입었으나 곧 복구되었다. 또한 필리핀과 인도네시아 해역으로 항해하는 선박들의 항구가 되었다. 주로 기후 때문에 가오슝은 타이완의 주요 항구로서 지룽을 추월하게 되었다. 오늘날 가오슝은 타이완 남서쪽의 주요 국제항이자 공업 도시로서 급격히 발전하고 있다.

가오슝을 항구에 위치한 관광도시로 인지하는 경우들이 있는데 사실 타이완에서 가장 큰 중공업 위주의 공업도시이면서 육해공 사관학교, 해병대사령부에 해당하는 중화민국 해군 육전대 사령부가 위치한 군사도시이기도 하다.

도심만 놓고 보면 부산광역시하고 유사한 느낌도 들지만 도심 지역 남쪽에는 제철소인 차이나 스틸(China Steel) 본사 및 공장을 비롯한 거대한 공단이 조성되어 있으며 도심 북쪽에는 정유단지를 비롯한 거대한 공단들이 조성되어 있다. 이를 보면 울산광역시의 특징도 보인다. 그리고 사관학교 및 해병대사령부, 해군기지 등이 위치한 군사도시인 점은 경남 진해와도 똑같은 점이다.

가오슝에는 여전히 볼거리가 가득하다. 그 중 백미는 가로등이 켜질 즈음의 아이허(愛河)다. 타이완 연인들이 강바람을 맞으며 사랑을 고백하고 서로를 품에 꼭 안는 로맨틱한 행사가 곳곳에서 벌어진다.

특히 사랑의 배라는 이름의 유람선과 형형색색의 빛을 발하는 아이허의 다리 위로 강변을 산책하는 연인들이 가득하다.

가오슝 야시장을 빼놓을 순 없다. 특히 수도 타이베이와는 다른 특별한 매력으로 달궈진 리우허 야시장(六合夜市)은 지금까지와 또 다른 새로운 즐거움을 여행자에게 선사한다. 타이완에서 가장 유명한 3대 야시장 중 하나로 꼽히는 리우허 야시장은 흥겨운 가오슝의 밤 문화를 대표하는 곳이다. 육지의 탱크, 바다의 잠수함, 하늘의 비행기를 제외하고 모든 것을 먹는다는 중국민족답게 리우허 야시장은 그야말로 다양한 먹을거리로 특화된 야시장이다. 시장을 가로지르는 도로 양쪽으로 해산물, 스테이크, 전골요리 등 전문 레스토랑이 자리하고, 곳곳엔 크고 작은 포장마차들이 줄지어 있다.

2) 타이중(臺中)

타이중 분지의 중앙에 있다. 청나라 강희(康熙) 연간까지는 핑푸족(平埔族)의 안리사(岸裡社)가 이곳을 차지하고 있었으나 옹정제(雍正帝, 1678~1722) 때부터 한족이 이주해 와서 대돈이라는 마을을 이루었다. 1885년 타이완성이 설치되면서 성도 되었으며 1887년에는 성벽이 축조되었다.

1891년 성청을 중싱신춘으로 옮김에 따라 현도(縣都)가 되었으나 지금은 현청도이다. 북쪽 교외의 르웨탄(日月潭)은 부근에

있는 명승지의 관광기지이다.

난터우현에 위치한 타이완에서 가장 큰 담수호다. 호수 중앙의 라루섬이라는 작은 섬을 둘러싸고 있으며, 면적은 7.93km², 깊이는 27m, 둘레는 35km이다. 라루섬을 중심으로 동쪽은 둥근 해, 서쪽은 초승달을 닮아 '르웨탄(日月潭)'이라는 이름이 붙었다. 타이완 원주민 사오족의 조상이 흰 사슴 사냥을 하다 우연히 산 속의 이 호수를 발견해 정착했다는 이야기가 전해진다.

옛날에는 수이사렌(水沙連), 수이서다호(水社大湖), 룽호(龍湖) 등으로도 불렸으며, 당초 르탄호(日潭湖)와 웨탄호(月潭湖)로 나뉘어 있었으나 1931년 댐 건설로 인해 하나로 이어졌다. 뛰어난 경관으로 타이완에서 손꼽히는 관광지인 이 호수는 타이완 8경 중 하나이며, 타이완 여권 속지에도 이 호수의 풍경이 실려 있다. 호수 근처의 자연 경관과 더불어 르웨탄풍경구에는 야소당, 현광사, 원우사원, 자은탑과 같은 종교 유적지도 다수 자리하고 있다.

이곳은 타이완의 초대 총통 장제스의 별장이 있던 곳으로도 유명하다. 르웨탄의 풍경을 좋아했던 장제스는 근심 걱정이 있을 때마다 이곳에서 머무르며 정국의 타개책을 구상했다고 한다. 또 귀빈들을 만날 때, 휴식을 취할 때 이곳을 자주 찾았다고 한다. 장제스의 별장 맞은편 산에는 '자은탑(慈恩塔)'이라는 탑이 있는데, 이 탑은 장제스가 돌아가신 어머니를 위해 세운 9층 팔각탑이다.

루강톈허우궁(鹿港天后宮)은 타이완에서 가장 오래된 천후, 즉 어부들을 지키는 마조여신을 모신 사원이다. 원래 이곳에 봉안한 마조는 1683년 중국 본토의 푸젠성에 있는 톈허우궁에서 분령되었으며, 타이완의 각지에 있는 마조여신은 모두 이곳에서 분령되었다. 해마다 3월 23일이면 마조여신의 탄생을 기리는 축제가 화려하게 펼쳐진다. 톈허우궁에서 큰 중산로로 이어지는 길 주변에는 포장마차와 상가가 모여 있어 이곳을 찾는 관광객에게 먹을거리와 볼거리를 선사한다. 또한 주변에는 타이완 전통 공예품을 파는 가게도 많다. 타이중시의 도시 구획사업에 따라 조성한 예술의 거리로 유럽식 분위기와 현대적인 건축물들이 많다. 거리 곳곳에 예술적 분위기가 짙게 배어 있는 상점과 식당들이 많이 모여 있는 것이 특징이다.

바오줴사(寶覺寺)는 1928년에 세워진 이 사찰은 고루식(鼓樓式) 건축물로 석가모니와 미륵불을 모시고 있다. 정전에는 석가모니불이 모셔져 있고 광장 안에는 웃는 얼굴로 앉아 있는 대형 미륵불이 안치되어 있는데, 그 높이가 28.6m나 된다. 이 불상은 보각사뿐만 아니라 타이완 전체에서도 눈길을 끄는 명물인데, 새가 불상의 코 밑에 둥지를 틀고 있어 '코딱지 대불(大佛)'이라고도 불린다. 불상 내부는 민속 문물관으로 사용하고 있다. 사찰 내 정원이 아름다우며, 불상의 오른쪽에는 수공예품을 파는 가게가 있다. 불상 앞 광장은 '동심공원(同心公園)'이라고 부르는데 타이중 시민들이 휴식을 위해 즐겨 찾는 곳이다. 타이중 건행로(健行路)에 있으며 오전 8시 30분부터 오후 5시까지 개방한다.

타이중은 식음료로 유명한데 명물은 과자 '태양병(太陽餅, 타이양빙)'이다. 버블티를 최초로 만들었다는 춘수당 본점도 있다. 2010년대 말 한국에 대거 진출한 샌드위치 브랜드 홍루이젠(洪瑞珍)도 이곳에 있다. 야시장으로는 평자대학(逢甲大學) 근처 평자 야시장과 제1고등학교 근처 이중야시장이 있는데 평자 야시장의 규모는 타이베이의 스린 야시장 못지않게 크며 현지인들은 이곳을 좀 더 높게 쳐주는 편이다. 이중야시장은 타이중역과 가까운 타이중공원 바로 옆에 있다.

국가 가극원과 국립타이완미술관 등 예술을 즐길 수 있는 장소들이

많은 것이 특징이다. 또한 국립
자연과학박물관은 타이완 최고
수준을 자랑하는데 기초과학에
서 생물, 중국 전통과학 등 여러
부문으로 볼거리가 많은 편이
니, 가볼 만한 가치는 충분하다.
과학관에서 국립미술관을 잇는

녹지공원은 시민들로부터 많은 사랑을 받고 있다. 가다보면 근미술관
(勤美術館)이라는 작은 미술관도 만나볼 수 있다.

타이중 시내에서 약간 벗어난 곳에는 교회당이 아름답기로 유명한
둥하이대학(東海大學)이 있다. 그리고 이 대학 소유의 목장에서 나온
우유도 맛있기로 유명하다. 또한 무지개마을 또한 시내에서는 약간
벗어나 있지만 유명한 관광지 중에 한 곳이다. 그 외에도 외곽 지역에
고미습지(高美濕地) 등 사진찍기 좋은 곳이 많다.

3) 타이난(臺南)

타이완에서 가장 오래된 도시이자 타이완섬에서 가장 먼저 개발된
도시이며 면적은 2,192km²이다. 네덜란드인이 이 지역을 개발한 이래
네덜란드를 몰아낸 정씨 왕국과, 이를 흡수한 청나라 모두 타이난을
중심으로 타이완섬을 통치했다. 그래서 명승고적들이 많은데, 주요
명승고적으로는 네덜란드인이 세운 질란디아 요새(熱蘭遮城),[5] 정성공

---

5) 네덜란드가 1627년에 타이완을 점령하고 나서 안핑(安平) 지역에 많은 건축물을 세웠다.
　　그 중 타이완에 지은 첫 번째 성이 '질란디아 요새(熱蘭遮城)'이다. 지금의 안핑 고보이다.

사원, 공자묘 등이 있다.

과거 통치 중심지였던 것에 비하면 현재는 상대적으로 그 위상은 떨어졌지만 그래도 약 190만 명의 인구가 있는 타이완의 6대 직할시 중 한 도시이다. 타이난의 인구는 2020년 1월 기준 78만 1,737명이고, 타이난을 중심으로 한 타이난 대도시권은 2018년 3월 기준. 면적 601.90km^2, 인구 135만 9,898명에 달한다.

이름대로 타이완섬의 남부에 있다. 네덜란드가 타이완섬을 지배하던 시절 네덜란드인들이 여기에 자기들 근거지인 질란디아 요새 등을 건설하며 도시가 개발되었다. 이후 네덜란드인들을 쫓아내고 명나라의 부활을 외쳤던 정성공의 근거지자 정씨 왕국의 수도가 되었고, 청나라가 타이완을 지배할 때에도 타이완섬의 통치 중심지였다.

타이완 일치 시기에는 일본에서 가까운 타이베이가 수도가 되었지만, 그래도 제2의 도시였었다(현재는 가오슝시). 이름부터 타이베이가 '臺北(대북)', 타이난이 '臺南(대남)'이라는 것에서 타이난의 위상을 엿볼 수 있다. 물론 타이완의 중심지였던 과거에 비하면 현재는 상대적으로 그 위상이 떨어졌지만 그래도 여전히 타이완의 대도시들 중 하나다. 2004년에는 이곳에서 유세를 하던 천수이볜(陳水扁) 당시 중화민국 총통이 저격을 당하는 천수이볜 암살 미수 사건이 발생하기도 했다.

인구수에 비하면 시내버스를 포함한 대중교통의 교통 분담률이 현저하게 낮고 그 어느 도시보다도 오토바이와 스쿠터의 비중이 높다.

다른 도시에서는 번호 앞에 홍(紅), 녹(綠) 등을 붙이고 다니는 버스가 첩운 연계버스지만 타이난에서는 옛 타이난현 시외버스 노선들이다. 직할시 승격 후 타이난현 시외버스를 시내버스로 편입하면서 4자리 노선 번호를 색상＋번호(紅10번) 체계로 바꾸었는데 6개의 색깔은 각 권역을 나타낸다.

도시철도 체계인 타이난 첩운이 구상 중이다. 총 8개 노선을 구상하고 모노레일로 건설될 예정이나 중앙정부에서는 타 도시에서 검증된 노면전차 채택을 권하고 있다. 순환선인 남선과 관광지인 안핑(安平)을 잇는 녹선이 가장 먼저 건설되어 2027년 전후로 개통 예정이다. 홍선은 가오슝 첩운 홍선 연장선과 만날 예정이다. 무려 1990년부터 구상에 들어갔던 MRT 시스템인데 전체 노선 구상만 3번이나 변경되었고, 2016년 확정안도 2021년 계속 변경되어 아직도 설계조차 시작하지 못한 상황이라 타이난 시민들은 생애 못 볼 교통수단으로 인식하고 있다.

야구팬들에게 "우주최강 퉁이(統一)"라는 별명으로 잘 알려진 퉁이 세븐일레븐 라이온즈(統一7-ELEVEn 獅, Uni-President 7-ELEVEn Lions)의 연고지이다. 타이완 프로야구팀 중 중신 슝디 엘리펀츠(中信兄弟象, Chinatrust Brother Elephants)와 더불어 창단멤버이며, 타이완 시리즈 최다 우승팀(9회)이기도 하다. 참고로 이 팀의 홈구장인 타이난 시립 야구장은 일본이 타이완을 점령하던 시기였던 1931년에 완공된 야구장이다.

새로운 창작 공공예술인 '따위더주푸(大魚的祝福)'는 안핑항

따위더주푸(大魚的祝福, 큰 물고기의 축복)

(安平港) 옆에 위치해 있다. 특히, 야간 점등 시에는 사진 찍기에 최고의 배경이 된다. 이곳에서 각 지역에서 온 관광객들을 볼 수 있고, 가족, 커플, 친구 심지어는 혼자 여행하는 여행객들까지 이 큰 물고기를 보기 위해 이곳을 찾는다. '따위더주푸'는 타이완 유명 예술가 양스이 (楊士毅)의 창작 작품이다.

참고자료

https://lrl.kr/Ljf

https://lrl.kr/d7qq

https://lrl.kr/Ljb

https://lrl.kr/bBkY

https://lrl.kr/crmL

https://lrl.kr/crmK

https://lrl.kr/cRnD

https://namu.wiki/w/%EB%8B%A8%EC%88%98%EC%9D%B4

https://lrl.kr/dHpq

https://namu.wiki/w/%EC%8B%9C%EB%A8%BC%EC%97%AD

https://lrl.kr/Li5

https://namu.wiki/w/%EC%A7%80%EC%9A%B0%ED%8E%80

https://frog30000.tistory.com/10400

https://lrl.kr/crmG

https://lrl.kr/b1lL

https://lrl.kr/bbjW

https://lrl.kr/bBkP

https://lrl.kr/Li0

https://lrl.kr/d7qd

https://lrl.kr/b1lG

https://lrl.kr/dhon

https://lrl.kr/cRns

https://lrl.kr/crmx

https://lrl.kr/cRnq

https://namu.wiki/w/%EB%8C%80%EB%A7%8C

https://lrl.kr/Ljg

일본의 세계유산 스토리

: 신들의 재생과 기억

안수현

1. 일본의 문화유산 현황

1972년 제창된 세계유산협약(Convention concerning the Protection of the World Cultural and Natural Heritage)은 냉전과 같은 정치이데올로기에 의해 기획된 프로젝트였다. 차가운 기억에서 출발했지만 인류의 보편적 가치와 다양한 기억을 계승하려는 유토피아적 스토리에 무게를 두었다는 것이 타당할 것이다.

각국이 보유한 문화유산의 다양성은 세계 유산에 대한 '가치평가'의 '변화'를 가져왔고, 이는 거부할 수 없는 스토리의 속성과 문화유산의 본질과도 맥락을 같이한다. 일본은 한국(1988년)보다 늦은 1992년 협약 가입 후 세계유산에 관심은 그들의 전통적인 '자연관' 패러다임에 있다는 점에 주목할 필요가 있다. 일본의 문화유산 정책은 세계유산에 대한 가치평가의 기준을 협약 이전부터 외교 전략적 차원에서 접근해 왔다는 점을 간과해서는 안 될 것이다.

2021년 현재 일본의 세계유산 등재는 모두 25건이다. 20건의 문화유산과 5건의 자연유산을 등재시키고 있다. 우리나라의 세계문화유산 등재현황(자연유산 2건 포함)은 15건[1]이며 1995년 최초로 석굴암과 불국사, 해인사 장경판전, 종묘 등의 문화유산이 등재되었다. 통일신라, 고려, 조선으로 이어진 불교와 유교 관련 문화유산만으로 구성된 점이 특징이라고 할 수 있다.

그런데 일본은 1993년 문화유산과 자연유산 각각 2건씩 성공했다는 점이다. 지구촌 환경을 생각하는 자연유산의 경우 원시산악림을 유지하고 있는 시라카미 산지(白神山地)와 전통 신앙의 공간 야쿠시마(屋久島) 그리고 나라(奈良)로 대표되는 고대 일본의 불교문화와 근세 일본 건축물의 정점을 상징하는 히메지성(姫路城)이 세계문화유산으로 등재가 된 사실이 보여주듯, 1945년 패전 이후 추락한 일본의 부정적 이미지를 만회할 목적으로 자신들의 옛 신화와 종교, 자연과 역사를 호출함으로써 환경 문제 과 평화주의 일본의 긍정적 이미지 강화를 지향한 결과였다.

문화와 자연은 삶의 반영이며 개인과 사회의 정체성을 결정짓는다. 보편적 현실로 재현되는 세계유산은 유토피아의 꿈이라고 할 수 있

---

1) 〈2021현재_한국의 세계문화유산 등재현황〉 1. 석굴암과 불국사(문화유산, 1995) 2. 종묘 (문화유산, 1995) 3. 해인사 장경판전(문화유산, 1995) 4. 창덕궁(문화유산, 1997) 5. 화성 (문화유산, 1997) 6. 경주역사유적지구(문화유산, 2000) 7. 고창, 화순, 강화의 고인돌 유적 (문화유산, 2000) 8. 제주 화산섬과 용암동굴(자연유산, 2007) 9. 조선왕릉(문화유산, 2009) 10. 한국의 역사마을: 하회와 양동(문화유산, 2010) 11. 남한산성(문화유산, 2014) 12. 백제 역사유적지구(문화유산, 2015) 13. 산사, 한국의 산지 승원(문화유산, 2018) 14. 한국의 서원(문화유산, 2019) 15. 한국의 갯벌 – 서천, 고창, 신안, 보성/순천(자연유산, 2021) 출처: https://heritage.unesco.or.kr/

다. 혁신적 네트워킹 시스템과 국제협력에도 불구하고 세계유산의 현실과 협약의 미래는 보장받지 않는다. 국제정치와 경제담론의 위험으로부터 인류의 공동유산 보호라는 바람직한 취지에서 작동시킨 장치이지만, 이것이 절대적인 법적 보장을 받고 있다는 점은 회의적이며 언제나 가변적이다. 존속 위기에 놓인 희귀성과 가치를 가진 세계

〈표 1〉 2021 일본의 세계문화유산 등재 현황

	세계유산	분류	지정연도
1	시라카미 산지	자연유산	1993
2	야쿠시마	자연유산	1993
3	호류지 지역 불교 건조물	문화유산	1993
4	히메지 성	문화유산	1993
5	고대 교토의 역사 기념물	문화유산	1994
6	시라카와고와 고카야마 역사마을	문화유산	1995
7	이쓰쿠시마 신사	문화유산	1996
8	히로시마 평화기념관; 원폭돔	문화유산	1996
9	고대 나라의 역사 기념물	문화유산	1998
10	닛코 신사와 사찰	문화유산	1999
11	구수쿠 유적 및 류큐왕국 유적	문화유산	2000
12	기이산지의 영지와 참배길	문화유산	2004
13	시레토코	자연유산	2005
14	이와미 은광과 문화경관	문화유산	2007
15	오가사와라제도	자연유산	2011
16	히라이즈미	문화유산	2011
17	후지산	문화유산	2013
18	도미오카 제사 공장과 관련 유적지	문화유산	2014
19	일본의 메이지 산업혁명 유산	문화유산	2015
20	르·코르뷔지에의 건축 작품	문화유산	2016
21	신이 사는 섬 무나카타 오키노시마	문화유산	2017
22	나가사키 지역의 은둔 기독교 유적	문화유산	2018
23	모즈·후루이치 고분군: 고대 일본의 무덤	문화유산	2019
24	아마미오시마, 도쿠노시마, 오키나와시마 북부 및 이리오모테지마	자연유산	2021
25	홋카이도·북 도호쿠의 조몬 유적군	문화유산	2021

유산이 등재의 우선순위에서 문화의 다양성을 보유한 대상과 스토리의 재현에 가치를 두는 문화론으로 이전되고 있는 것이 사실이다.

일본이 보유한 세계유산자원의 가치와 등재 의도를 제대로 파악하는 일이 중요하다. 단순히 희귀성에 주목한 세계유산의 평가에서 벗어나 세계유산으로 등재시킨 배경과 스토리를 파악해야 한다는 것이다. 등재 활동은 대체로 정부 주도라기보다 해당 자원이 소재한 지역민에 의한 '풀뿌리활동'과 지자체와의 협력의 결과이다. 유산의 소재지가 가진 본래의 가치와 의의를 진지하고 충실하게 지속적으로 담론화한 과정이 중요하다.

이후 일본이 등재시킨 세계문화유산의 구성을 유형별로 살핀 후 일반적인 세계유산과 이질적인 지점 및 세계유산 등재 과정에서 나타난 근본적인 배경을 파악하기로 한다.

2. 신과 예술의 기억

1) 신이 재림한 오키노시마와 무나카타(宗像) 세 여신

규슈(九州)에서 북서쪽으로 약 60km 떨어진 곳에 위치하고 있는 오키노시마(沖ノ島)와 더불어 후쿠오카현(福岡県)의 북부에 위치한 무나카타(宗像) 지역 유적은 섬 전체가 종교의 공간으로 평가받아 2017년 유네스코 세계문화유산으로 지정되었다.

'신의 섬'이라는 별명을 가진 오키노시

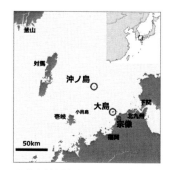

무나카타(宗像)와 오키노시마(沖ノ島)

마는 고대 야마토 조정(大和朝廷)과 우리 나라 한반도를 잇는 해로, 즉 대한해협의 중간에 위치하고 있으며 부산까지 거리는 불과 145km밖에 되지 않는다. 산 중턱의 무나가타 다이샤(宗像大社)에 오키쓰미야(沖津宮)를 조성하여 무나카타 세 여신(宗像三女神)[2]의 첫째 다고리히메노카미(田心姬神)를 숭배한다.

무나카타 세 여신(宗像三女神)

섬 자체는 신의 영역이며, 여신 다고리히메는 질투의 화신으로 알려져 있어서, 아직도 이 섬에는 남성 제관(宮司) 한 명만 상주해야 하며, 여성의 출입은 원칙적으로 허용하지 않는다.

일본의 신화 『고지키(古事記)』와 『니혼쇼키(日本書紀)』에 따르면 태양의 여신 아마테라스 오미카미(天照大御神)의 계시를 받고 강림한 신은, 여신의 손자이며 지상 통치의 지배권을 받은 니니기노 미코토(瓊瓊杵尊)와 여신의 딸들이며 바닷길의 수호자로 명을 받은 무나카타 세 여신뿐이다.

아마테라스 오오미카미는 이들 세 여신에게 "무나카타(宗像)에 강림하여 한반도와 중국 대륙으로 가는 바닷길을 지키며 천황을 돕고 후대 천황들로부터 제사를 받을지어다"라는 하명을 내렸다. 이와 같

---

2) 무나카타 세 여신(宗像三女神)은 스사노오노 미코토(須佐之男命)와 아마테라스(天照大御神)가 서약했을 때 아마테라스가 스사노오노 미코토의 검을 세 조각으로 쪼갠 후 입김을 내뿜었을 때 태어난 신들이다. 세 여신은 무나카타 다이샤(宗像大社)의 제신일 뿐만 아니라 미야지마(宮島)의 이쓰쿠시마(嚴島神社)의 제신이기도 하다. 첫째 다고리히메(田心姬神), 둘째 다기쓰히메(湍津姬神), 셋째 이치키시마히메(市杵島姬神) 등 세 여신 모두 물의 신, 고대 인도의 변재천(辯財天)과 동일시되고 흥미롭게도 외적으로부터 나라를 지키는 수호신으로 간주되었다.

이 무나카타 세 여신은 한반도를 향해 이어진 세 곳의 섬에 각각 강림하여 바다 길을 지킨다는 설정이다.

첫째 다고리히메는 오키노시마의 오키쓰미야(沖津宮), 둘째는 오오시마(大島)의 나카쓰미야(中津宮), 셋째는 무나가타 다이샤 경내의 헤쓰미야(辺津宮)에 각각 재림했다. 즉 지상의 지배를 계시 받은 니니기노미코토는 일본 본토를 통치하는 번영의 신으로 설정하고, 무나카타 세 여신은 바다를 넘어오는 외적으로부터 일본을 지키는 수호신의 역할을 부여한 것으로 해석할 수 있다.

여몽연합군의 일본 정벌 이후 1297년에 엮은 『후보쿠와카슈(夫木和歌抄)』3)에 같은 맥락의 노래가 보인다.

うつ波に	몰아친 파도
皷の音を	북소리에 맞추어
うち添えて	지켜내시어
唐人よせぬ	외적을 물리치는
沖ノ島守り	오키섬 신들이여

이와 같이 오키노시마는 신국사상(神國思想)의 근거지로 작동되어 외적으로부터 일본을 지키는 최전선의 기능이 부여되었다.

---

3) 『후보쿠와카슈(夫木和歌抄)』: 가마쿠라(鎌倉)시대 후기에 무사 출신 가쓰마타 나가키요(勝間田長淸)가 편찬한 와카집(私撰和歌集)이다. 전체 36권 구성이며 591개 주제별로 분류되어 있다. 약 17,387수, 가인은 약 970명에 이르는 거작이다. 『만요슈(萬葉集)』이후 칙찬집(勅撰和歌集)에 수록되지 못한 작품도 수록하고 있다.

2) 이쓰쿠시마 신사(嚴島神社)

이쓰쿠시마(嚴島)는 아키노미 야지마(安芸の宮島)라고도 하며 일본 3대 절경(日本三景) 중의 하나이다. 일본의 3대 절경은 "미 야기현(宮城縣) 미야기군(宮城郡) 마쓰시마초(松島町)의 다도해에

바닷물에 잠긴 이쓰쿠시마 신사(嚴島神社)

소재한 마쓰시마(松島), 교투부(京都府) 미야즈시(宮津市)에 있는 긴 모래사장(沙洲) 아마노 하시다테(天橋立)"이다. 이쓰쿠시마 신사는 히로시마현(廣島縣) 히로시마만(廣島湾)에 있는 미야지마(宮島)에 있는 신사로 해발 535m의 미센(彌山)의 북쪽 바닷가에 있다.

신사의 원래 명칭은 이쓰키시마 신사(伊都岐島神社)였고 바다의 신을 섬겨 용궁의 재현을 위해 물에 뜬 모습으로 세웠다. 또한 현세에서 배를 타고 내세로 간다는 정토 신앙도 반영되어 있다. 썰물 때 신사 입구에 높이 16m, 둘레 10m의 문, 도리이(鳥居)가 온전히 드러나는 정경이 장관이다.

이쓰쿠시마 신사는 593년 창건되었으며, 헤이안시대(平安時代) 말기 12세기 헤이케(平家) 가문의 다이라노 기요모리(平清盛)에 의해 현재의 위치에 대대적으로 개축했고, 입구의 도리이 역시 1168년에 세워졌다. 현재의 도리이는 1875년에 재건된 것이다. 자연을 배경으로 하면서 인공적인 미를 추구하는 헤이안 시대의 미를 대표한다.

신사 내의 히라부타이(平舞台)는 국보로 지정되어 있으며 전통 가면극 노(能)가 공연되는 일본의 3대 무대(日本三舞台) 중의 하나이다. 바다 위에 우뚝 서 있으며 높이 16m의 도리이(鳥居)도 중요문화재 지정 및

일본 3대 도리이의 하나이다. 제신으로 섬기고 있는 신은 흥미롭게도 오키노시마와 무나카타와 동일한 '무나카타 세 여신(宗像三女神)'이다. 자연 경관과 건조물이 조화를 이루고 있는 점을 평가받아 1996년 유네스코 세계문화유산으로 지정되었다.

3) 후지산(富士山), 신앙과 예술의 원천

후지산은 시즈오카현(靜岡縣) 북동부와 야마나시현(山梨縣) 남부에 걸쳐 있는 높이 3,776m의 활화산이다. 후지산의 화산분출은 신의 노여움으로 간주되어 예부터 두려움과 숭배의 대상이었다. 두려움과 숭배는 종교 공간과 예술적 영감의 원천으로 작동되었다. 따라서 옛사람들은 후지산은 반드시 일상과 벗어난 먼 거리에서 숭배해야 하는 대상이었으며, 후지산의 중턱에 센겐신사(淺間神社)를 세워 신의 노여움을 가라 앉혔다. 한편 공포의 이미지와는 달리 후지산은 '꽃의 여신'과 동일시되기도 한다. 태양의 여신 아마테라스의 손자 니니기노미코토의 아내인 고노하나노사쿠야히메(木花之佐久夜毘売, 木花之開耶姫)이다. 일본의 신은 천상신과 지상신으로 대별된다. 후지산 본궁 아사마 타이샤(富士山本宮淺間大社)를 후지신앙과 함께 본산으로 삼는다.『일본서기(日本書紀)』21대 유랴쿠천황(雄略天皇) 때 미즈노에노 우라시마코(水江浦嶋子)라는 어부가 후지산에서 신선을 만났다는 기록과 문학작품『다케토리모노가타리(竹取物語)』에서 주인공 가구야히메(なよ竹のかぐや姫)가 구라모

후지신앙(富士信仰)

치 황자(車持皇子)에게 요구한 봉래(蓬萊)의 옥으로 된 나뭇가지가 있는 산으로 묘사되고 있다.

헤이안(平安)시대 이후 후지산은 산악신앙과 밀교 등이 혼합된 슈겐도(修驗道)의 도량(道場)으로 자리 잡기 시작하면서 먼 거리와 공간을 전제조건으로 하는 소극적 숭배 양식, 즉 '요배(遙拜)'의 대상에서 직접 산을 오르는 '등배(登拜)'의 공간으로 변모되었다.

12세기 초, 후지신앙의 개척자로 알려진 마쓰다이 쇼닌(末代上人, 1103~?)이 산 정상에 다이니치지(大日寺)를 세웠다. 또한 무로마치(室町) 시대 후반부터 후지산은 슈겐도 신자(修驗者)와 같은 종교인뿐만 아니라 일반인도 직접 찾을 정도로 대중화되었다.

이후 전국시대(戰國時代)에 나타난 하세가와 가쿠교(長谷川角行, 1541 ~1646)에 의해 성립된 새로운 후지산 신앙의 교리가 에도(江戶)시대 중기의 '후지코(富士講)'라는 이름으로 오늘날의 간토(關東) 지방을 중심으로 크게 유행하여 많은 사람들이 후지산 등반과 시라이토노 타키(白糸ノ滝) 등의 영지(靈地) 순례 여행이 일반화되었다. 또한 1868년 이후 메이지(明治)시대에 들어 그동안 금지되었던 여성들의 후지산 등반도 가능해졌다. 매년 여름 해돋이 기도를 의미하는 '고라이코(御來光)'와 분화구 둘레 돌기를 뜻하는 '오하치메구리(お鉢めぐり)'를 목적으로 후지산을 오른다.

순례길은 곧 신앙의 증거이며 신사를 품은 자연과 함께 세계유산의 구성 자산으로 평가받아 2013년 등재되었다. 예술적 영감의 원천을 제공한 후지산은 특히 우키요에(浮世繪)에서 두드러진다.

목판화가 가쓰시카 호쿠사이(葛飾北齋, 1760~1849)[4]의 '붉은 후지산

---

4) 스스로 '그림에 미친 화가(畵狂人)'라고 칭한 에도시대 우키요에의 대표적인 작가이다.

부악삼십육경 개풍쾌청

부악삼십육경 가나가와 오키나미우라

(赤富土)'으로 알려진 『부악삼십육경(富嶽三十六景)』, 즉 후지산 36경 가운데 「개풍쾌청(凱風快晴)」과 가나가와의 거대한 파도라는 작품 「가나가와 오키나미우라(神奈川沖浪裏)」로 대표된다. 여기서 부악(富嶽)은 후지산을 가리킨다. 개풍(凱風)은 남쪽에서 부는 바람을 의미하므로 여름의 후지산을 표현한 것이다. 2013년 유네스코 세계문화유산으로 등재되었다.

4) 기이산지(紀伊山地)의 영지(靈場)와 참배길

산악 불교의 성역으로 알려진 요시노(吉野)·오오미네(大峯), 구마노산잔(熊野三山), 고야산(高野山) 등 세 곳의 성역 및 나라(奈良)와 교토로 이어지는 참배길이다.

나라와 교토의 남쪽에 있는 기이산(紀伊山)은 고대부터 신이 사는 장소로 여겨졌다. 숲이 울창하고 계곡·강·폭포가 많다. 또한 1200여

세상 모든 것을 그림에 담기 위하여 3만 점이 넘는 작품을 남겼다. 연작 『후가쿠 36경(富嶽三十六景)』을 비롯한 그의 작품은 모네, 반 고흐 등 인상파 및 후기 인상파 화가들에게 강렬한 인상을 남긴 자포니즘의 정점이라 할 수 있다.

년간 일본의 전통적인 자연숭 배사상 신도(神道)와 불교의 수 행 장소가 되고 있다. 신도와 불 교는 서로 융합되어 일본의 독 특한 하이브리드(hybrid, 神佛習 合)식 종교를 낳았다.

기이산지의 참배길

　1,000m 이상의 높은 산이 이 어진 기이산지(紀伊山地)는 자연 을 신격화하여 숭배하는 원시 신앙 공간이었다. 6세기 한국으로부터 불교가 전해진 후 고대 나라(奈良)와 교토(京都)에 사는 사람들은 7세기 후반 기노가와(紀の川) 남쪽의 기이산지 전체를 신들이 사는 신앙의 결합체라고 생각하여 산악수행의 성역화에 동참했다. 그 중에서도 9세기에 전해진 진언밀교(眞言密敎)5)의 고야산(高野山), 10세기와 11세 기에 걸쳐 번성한 슈겐도(修驗道)6)의 요시노(吉野)·오오미네(大峯)와 구 마노 산잔(熊野三山)이 대표적이다. 구마노 산잔은 구마노혼구타이샤 (熊野本宮大社), 구마노사야타마타이샤(熊野速玉大社), 구마노나치타이 샤(熊野那智大社) 등 세 곳의 신사를 가리키는 용어이다.

　특히 구마노 산잔은 신도의 영향력과 불교적 색채 또한 뚜렷한 구

---

5) 일반 불교를 현교(顯敎)라 하는 것에 대한 대칭어로서 비밀불교(祕密佛敎) 또는 밀의(密儀) 종교의 약칭이며 진언(眞言)밀교라고도 한다. 밀교는 7세기 대승불교의 화엄(華嚴)사상· 중관파(中觀派)·유가행파(瑜伽行派)사상 등을 기축으로 하여 인도교의 영향을 받아 성립 하였다. 밀교가 미신적인 주술(呪術) 체계로서, 성력(性力: sakti)을 숭배하는 이단적 불교 로 인식되고 있으나 힌두교의 탄트라(tantra) 신앙과 결합되어 말기에 나타난 좌도밀교(左 道密敎)라는 오해에서 비롯된 것이다. 정통적인 밀교사상은 개체와 전체의 신비적 합일 (合一)을 목표로 하며, 그 통찰을 전신적(全身的)으로 파악하는 실천과 의례(儀禮)의 체계 를 갖고 있다.

6) 원시적인 산악신앙과 밀교가 혼합된 것으로 초인적인 수행을 쌓아 영적 힘을 체득하는 것을 말한다. 수행자를 야마부시(山伏)라고 한다.

마노(熊野) 신앙의 영지이기도 했다. 종교국가 일본을 대표하는 각 영지로서 그 영향력은 교토를 비롯하여 전국적 범위에 이르며 일본인의 정신적·문화적 발전과 교류에 대단히 중요한 역할을 수행했다. 인간의 생활 영위와 자연이 함께 어우러져 형성된 특별한 의미를 지닌 문화적 경관, 즉 산과 숲 등의 자연을 두고 신과 부처가 공존하는 혼종적 신앙 공간으로 평가받아 2004년 유네스코 세계문화유산으로 지정되었다.

5) 닛코(日光)의 신사와 사원

닛코 도쇼구

도치기현(栃木縣) 닛코시(日光市)에 소재하고 있으며, 17세기 에도시대의 건축양식을 잘 보여주며, 닛코산나이(日光山內) 혹은 니샤이치지(二社一寺)라고 하는 예술적 가치가 뛰어난 종교 공간의 양식이 특징이다. 니샤이 치지의 구성은 도쇼구(東照宮), 린노지(輪王寺), 후타라산 신사(二荒山神社)이다.

신도사상과 불교사상이 융합한 복합적 신앙형태는 자연과 일체가 된 종교공간과 건축물의 예술적 가치를 보유하여 오늘날까지 전통문화로 계승되고 있다는 점이 평가받아 1999년 12월 2일 세계문화유산으로 등록되었다.

3. 불교와 기독교의 기억

1) 불교의 기억

일본의 세계문화유산 중 '호류지 지역의 불교건조물'과 '고도 나라의 문화재', 그리고 잠정목록에 등재된 '아스카·후지와라의 궁도와 그 관련 자산군'에 포함된 일본 문화재는 백제불교의 식산접적인 영향을 받아 성립되었다. 일본의 아스카문화(飛鳥文化)는 불교문화에 기초하고 있으며, 그 불교가 백제로부터 전래되었고 이후 정착·전개하는 과정에서 백제의 역할이 지대했다.

(1) 고대 나라(奈良)의 불교문화재

고대의 일본문화는 한국과 중국과의 교류를 통해 크게 발전했다. 8세기 초 나라(奈良, 710~784)에 도읍을 정한 후 헤이조쿄(平城京)가 건설되어 국가 정비와 문화 발전의 중요한 기초가 이루어졌다.

현존 문화재는 중국의 당과 고구려·백제·신라 등 삼국의 선진 건축 기법과 미술양식 그리고 불교 전래의 영향으로 이루어졌다. 건축 유산의 경우 궁궐 배치를 비롯한 도시계획과 현존하는 각 문화재 설계는 당

동대사 금당 비로자나불좌상

시 아시아 각국의 수도 건축의 양상을 파악할 수 있다.

불교사원과 신사[7]는 종교의 연속성을 보여주는 증거이다. 5개 불

교사원과 신사 1개로 6건, 사적(史跡)·명승(名勝) 1건 왕실유물 창고 쇼소인(正倉院), 헤이조 궁터(平城宮跡)와 천연기념물로서 가스가야마 원시림(春日山原始林) 등 모두 8건이 1998년 유네스코 세계문화유산으로 지정되었다.

(2) 호류지(法隆寺)와 불교 건축

호류지는 나라현(奈良縣) 이코마군(生駒郡) 이카루가초(斑鳩町)에 소재한 불교유적으로 7세기 초(601~607) 쇼토쿠 태자(聖德太子)와 스이코

호류지 금당과 오중탑

---

7) 5개 불교사원과 신사 1개: 가스가타이샤(春日大社), 도다이지(東大寺), 고후쿠지(興福寺), 간고지(元興寺), 나라야쿠시지(奈良藥師寺), 도쇼다이지(唐招提寺)

천황(推古天皇)에 의해 건립된 일
본에서 현존하는 가장 오래된
목조건축물이다.

금당벽화

경내에는 대웅전에 해당하는
금당과 오중탑을 중심으로 하
는 서원(西院)과 유메도노(夢殿)
를 축으로 한 동원(東院)으로 나
누어진 독특한 호류지 양식 가
람배치(伽藍配置)이다. 미술문화재 가운데 금당의 약사여래상·석가삼
존불상·아미타삼존불상 등을 비롯하여 금당 외벽의 '사불정토도(四佛
淨土圖)' 등 수백 점의 고미술품이 소장되어 있고 우리나라 삼국의 영
향이 크다.

특히 백제인이 일본에서 제작한 '목조
백제관음보살상(木彫百済觀音菩薩像)', 유메
도노(夢殿)의 '구세관음상(救世觀音像)'이
있으며, 당시의 회화나 조각양식까지 볼
수 있는 귀중한 유물 다마무시즈시(玉虫廚
子)8)가 소장되어 있다. 호류지 지역의 불
교건조물의 설계와 예술적 미를 갖춘 점
은 일본 독자적인 것이 아니라 한국과 중
국과의 국제적인 교류를 확인할 수 있는

다마무시즈시(玉虫廚子)

8) 다마무시즈시(玉虫廚子) 불상을 담는 불상궤이다. 높이 226.6cm이다. 옥충주자란 이름은
   가구에 비단벌레의 껍질을 박아 장식했기 때문에 붙었는데, 비단벌레를 1,500마리 이상
   사용해 만든 사치품이다. 일본에서는 다마무시노즈시, 한국에서는 흔히 옥충주자라고
   부르지만 '비단벌레불상궤'라고 하기도 한다.

증거이다.

호류지 지역의 불교건조물은 7세기 이후 천 년 이상 오랜 시간 속에서 변천된 양식의 특징을 계승하고 있는 예술성과 역사성을 인정받아 1993년 유네스코 세계문화유산으로 등재되었다.

(3) 히라이즈미(平泉), 불국토의 재현

이와테현(岩手縣)의 히라이즈미(平泉)에 소재한 세계문화유산이다. 히라이즈미의 정원과 사원은 불교가 중국·한국을 경유하여 일본에 전래되어 자연숭배사상과 융합하여 독특한 발전을 통해 정원기술과 불당건축에 반영되어 탄생되었다.

주손지(中尊寺)·모쓰지(毛越寺)·간지자이오인(觀自在王院)유적9)·무로코인(無量光院) 유적·긴케이산(金鷄山) 등 5개의 자산으로 구성되어 있다. 긴케이산은 히라이즈미의 기본이 된 상징적인 산이다. 히라이즈미를 지키기 위해 황금빛 닭을 묻은 산과 기타카미가와(北上川)까지

주손지(中尊寺)

간지자이오인(觀自在王院) 유적

---

9) 간지자이오인(觀自在王院) 유적: 오슈 후지와라씨(奧州藤原氏) 제2대 당주 후지와라노 모토히라(藤原基衡)의 아내에 의해 건립되었다. 1573년 소실되었으나 현대에 복원된 정원이다.

사람들을 동원해 하룻밤 만에 쌓아 올린 산이란 전설이 전해진다.

히라이즈미(平泉)는 일본의 도호쿠 지방(東北地方)의 중부에 있으며 이와테현(岩手縣)의 남서부 중심부에 해당하는 곳이다. 헤이안 말기 이 지역을 지배했던 '오슈 후지와라씨(奧州藤原氏)'에 의해 11~12세기까지 약 100년간 번영한 일본 북방의 정치·문화예술의 도시였다. 오슈 후지와라씨는 정토사상을 기반으로 한 '불국토'의 세계를 실현하고자 했다.

따라서 '정토사상'을 바탕으로 사원과 정원이 조성되었고 수도 교토 문화를 적극적으로 반영하여 독자적 발전을 이루었다. 독특한 성질을 가진 일본의 불교 가운데 극락정토신앙을 중심으로 하는 정토사상은 다양한 아미타불당 건축과 정토 정원 양식을 확립시키는 원동력이 되었다. 8세기 일본에 전래된 정토사상은 아미타여래(阿彌陀如來)를 신앙하며 극락정토 왕생을 기원하는 불교의 가르침이다. 11세기 무렵 도호쿠(東北) 지방은 전란이 계속되었고 오슈 후지와라씨의 초대 당주 후지와라 기요노리(藤原清衡)는 오슈전투(奧州の戰)에서 전사한 적군과 아군의 극락왕생을 기원할 목적으로 주손지 곤지키도(中尊寺金色堂, 1126)라는 불당을 세웠다.

이와 같은 히라이즈미의 사원과 정토정원은 독특한 설계를 바탕으로 현세에 다양한 형태로 불국토가 표현되어 있으며 이들이 이후 가마쿠라 시대의 사원과 정원양식에 영향을 주게 되었다. 불교의 정토 사상과 일본의 전통적인 자연관이 융합되어 독자적인 일본식 불국토의 탄생을 재현한 건축물과 정원 및 유적이 잘 보존된 곳으로 평가받아 2011년 유네스코 세계문화유산에 등재되었다.

2) '숨은' 기독교의 재생

(1) 기독교 전래와 전국시대

일본 최초의 기독교 전래는 스페인에서 태어난 바스크 귀족 출신의 가톨릭 사제 프란치스코 하비에르(S. Francisco Javier, 1506~1552)가 1549년 가고시마(鹿兒島)에 상륙한 이후였다. 당시 일본에 전해진 기독교는 로마가톨릭교회였고, 하비에르는 1534년에 설립한 예수회 창립인의 한 명이자 선교사였다.

포르투갈 국왕 후안 3세(Juan III)의 의뢰를 받아 인도의 고아(Goa)로 파견된 후 1549년 일본에 처음으로 기독교를 전했다. 인도와 일본에서 선교활동을 펼쳤고 많은 사람들을 기독교신앙으로 이끌었다. 당시 불교계는 기독교로 개종한 사람들을 가리켜 크리스천(Christian)의 음을 빌려 '기리시탄(吉利支丹)'이라고 했다. 이후 종교 박해기 때에는 절지단(切支丹)·절사단(切死丹)·귀리사단(鬼理死丹) 등의 표기가 사용되었다.

기독교가 전래된 지 50년이 경과한 후 17세기 초 기독교 신자 수는 당시 일본의 총인구 1천만 명 중 3%에 달하는 약 30만 명에 이르렀을

프란치스코 하비에르의 선교활동

정도로 초기 선교활동은 대단히 성공적이었다. 신자 수 급증의 배경에는 16세기 일본은 전국시대(1467~1573)라고 하는 무한경쟁 상황과 맞물렸기 때문이다. 오다 노부나가(織田信長)를 비롯한 각 지역의 영주즉 다이묘(大名)들은 포르투갈과의 무역을 통한 경제적 이익과 신무기 도입으로 자국의 경쟁력 우위를 확보하려는 목적과 예수회의 적극적선교 방침과 맞아떨어졌기 때문이다.

(2) 기독교 탄압

혼란기 정치적 목적에 의해 기독교를 수용한 오다 노부나가는 1582년 천하통일을 앞두고 중신(重臣) 아케치 미쓰히데의 모반으로 혼노지(本能時)에서 자살하고 말았다. 그의 후계자를 자부한 도요토미 히데요시(豊臣秀吉) 역시 기독교에 대한 호의적인 태도는 변화가 없었지만, 1587년 천하통일 이후 상황은 급변했다. 도요토미는 포르투갈과 결탁한 규슈지역의 기독교 개종 크리스천 다이묘의 세력 확산을 차단시키고자 했다. 1587년 일본 내 선교 활동하는 기독교 신부에 대한 바테렌(伴天連) 추방령[10]을 내렸다. 임진왜란 진행 중이던 1597년 일본의 기독교인 26명을 십자자(十字刺)형으로 처형했다. 일본 최초의 기독교 박해의 시작이다.

조선, 명나라 그리고 일본의 국제전쟁으로 확산된 임진왜란·정유재란 후 일본열도 내 권력의 재편성에 성공한 도쿠가와 이에야스(德川家康)는 1614년 전국적으로 기독교 금교령을 내렸다. 아울러 쇄국정책

---

10) 바테렌(伴天連)은 신부를 의미하는 포르투갈어 Padre이다. 1587년 도요토미 히데요시에 의해 예수회 선교사가 추방령을 받은 사건을 말한다. 추방령은 '천하의 군(君)이 정한 바의 규칙'이라는 제목으로 반포되었는데 총 5개조로 되어 있다.

을 실시하여 포르투갈 상선의 입출항을 전면적으로 금지했다. 금교령 이후에도 약 30년간 기독교 신자 및 선교사들이 추방되거나 순교한 탄압이 일본 전역에서 시행됐다.

네덜란드 상인의 출입항은 제한적으로 허용했다. 네덜란드는 로마 가톨릭교회에 저항하는 프로테스탄트 교회 국가였다. 네덜란드 상인들 역시 자신들의 권익보장을 위해 포르투갈 세력을 견제하고 일본의 기독교 탄압 정책에 협조했다

(3) 일본 최초의 종교전쟁

에도(江戶) 막부의 기독교 탄압과 과도한 조세에 저항하여 아마쿠사 시로(天草四郎, 1621~1638)를 중심으로 '아마쿠사 시마바라(天草島原)의 난'(1637.12~1638.4)이 일어났다. 하라성(原城) 전투를 끝으로 진압되고 말았지만 당시 17세 소년 지도자가 주도한 일본판 잔다르크(Jeanne d'Arc, 1412~1431)와 같은 맥락에서 볼 때 대규모 기독교인 반란이자 최초의 종교전쟁이었다고 할 수 있다.

아마쿠사 시로는 고니시 유키나가의 가신 마스다 요시쓰구(益田好

次)의 아들로 본명은 마스다 도키사다(益田時貞), 세례명은 예로니모(Hieronymus) 혹은 프란치스코(Francisco)였다. 아마쿠사 지역은 기독교로 개종한 고니시 유키나가(小西行長)의 영지였던 곳으로 자연스럽게 기독교 교인이 대다수를 차지했다. 1600년 세키가하라 전투(關ヶ原の戰い)에

아마쿠사 시로

서 도쿠가와 이에야스(德川家康)에게 패한 고니시 일족의 옛 가신들은 유지마(湯島)에 모여 선교사의 예언으로 지목된 아마쿠사 시로를 수장으로 추대하여 막부에 저항하기 위하여 반란을 결의했다.

반란의 배경에는 정치적인 원인도 있었으나 과도한 세금으로 고통받던 농민들의 종교적 구원이 작용했다. 자신들의 구세주를 '신탁을 받은 소년' 아마쿠사 시로를 통해 찾으려 했다. 막부의 진압으로 아마쿠사 시로를 포함하여 저항군 약 3만 7천 명이 몰살되었다고 전해지고 있다.

(4) '숨은 기독교'의 기억

1614년 도쿠가와 이에야스에 의한 기독교 금교령을 내렸다. 1644년 이후 일본의 기독교는 로마가톨릭교회와 철저히 단절되고 말았다.[11] 약 250년간의 지하로 숨어들어 독특한 신앙 문화를 유지한 '숨은

---

11) 조선의 신자들은 19세기 전반 금교기에도 사제들의 지도를 받을 수 있었다. 예컨대 1831년 조선교구가 북경교구에서 분리, 설정되어 1835년부터 파리 외방전교회 신부들이 조선에 입국할 수 있었다. 서양인 신부들은 김대건과 최양업 등 조선인 신부들을 육성하기도 했다. 1886년 조선과 프랑스가 수교조약을 맺으며 조선에서 천주교는 더 이상 탄압받지 않게 되었다.

오우라 천주당(大浦天主堂)

기독교 공동체'와 '오우라 천주당(大浦天主堂)' 등 12개 유산으로 구성
되어 있다. 오우라 천주당은 일본에서 현존하는 가장 오래된 가톨릭
교회이다.

　나가사키의 니시자카 언덕에서 처형된 26명의 순교자를 기리기 위
해 세워졌다. 1868년 1월 25일 출범한 메이지 정부는 서구식 제도
개혁과 더불어 신도(神道) 중심의 천황제 국가 건설을 지향했다. 막부
의 보호 아래 있었던 불교에 대한 탄압은 사찰과 불상, 불탑 등을
파괴하는 폐불훼석(廢佛毁釋)과 같은 극단적인 정책이 시행됐다.

　기독교 또한 예외가 아니었다. 미국과 유럽 각국으로부터 비난을
받자 메이지 정부는 1873년에 와서야 기독교 선교를 묵인12)하기에

---

12) '숨은 기독교인'은 '은신 기독교인', '잠복 기독교인'으로도 불렸다. 에도 시대 무렵, 극도
　의 종교 탄압에 의해 가톨릭 신자들이 지하로 숨어들어, 사제가 한 명도 없는 상태에서
　비밀리에 종교생활을 지속한 것을 의미한다. 일본의 기독교 탄압은 에도 막부가 무너지

나가사키와 아마쿠사 지방의 '숨은 기독교 관련' 유적

이른다. 신앙의 자유가 명문화된 것은 1890년 메이지헌법(대일본제국헌법)이 시행되면서부터이다.

　3세기에 걸친 기독교 탄압 시기 동안 '숨은 기독교' 신자들은 외국인 선교사의 부재에도 불구하고 나가사키와 아마쿠사 두 지역을 중심으로 스스로 신앙공동체를 형성했다. 즉 '숨은 기독교'는 불교와 신도 등과 같은 일본의 전통 종교와 공생하면서 지역 사회와 고립되지 않은 신앙공동체를 지켜 온 역사를 유네스코로부터 평가를 받아 2018년 6월 30일 세계문화유산에 등재되었다.

고, 신정부가 들어선 1873(메이지 6)년 이후 사이고 다카모리(西鄉隆盛, 1828~1877)가 금교령을 폐지하면서 풀렸다.

4. 문화유산의 스토리텔링

1) 자포니즘(japonism)과 역사 스토리텔링

(1) 모즈·후루이치(百舌鳥·古市)의 고대 무덤

우리나라 경주 역사 지역(2000)의 대릉원 지구, 백제 역사 지역(2015)의 송산리 고분군과 같은 고대분묘가 세계문화유산으로 등재되었듯이, 모즈·후루이치는 일본의 고분군으로서는 최초의 문화유산이다.

고대 일본의 사회·정치·문화적 중심지 중 하나였던 오사카에 위치하며, 닌토쿠 천황릉(仁德天皇陵)을 비롯하여 규모가 크고 형태가 독특한 49개 고분들로 이루어져 있다. 일본에서 제일 큰 닌토쿠 천황릉(仁德天皇陵)의 최대 길이는 525m, 두 번째로 큰 고분은 오진천황릉(應神天皇陵)이다. 세계 3대 봉분 가운데 이집트 쿠프왕의 피라미드(230m, 1979년 등재)와 중국 진시황릉(350m, 1987년 등재)보다 길며 봉분의 길이는 425m이다.

모즈 고분군은 오사카부(大阪府)의 사카이시(堺市)에 소재하고 있으며, 후루이치 고분군은 하비키노시(羽曳野市)와 후지이데라시(藤井寺市) 두 지역에 분포해 있는 고분 유적을 가리킨다. 각각 4km 정도의 범위

오진 천황릉(應神天皇陵)

닌토쿠 천황릉(仁德天皇陵)

에 본래 100기 이상씩 존재했으나 현존하는 것은 모즈 지구가 44기, 후루이치 지구가 43기이다. 3세기에서 6세기에 걸친 고분 시대(古墳時代), 즉 일본이 중앙 집권화 이전 한국과 중국의 영향을 받던 시기의 문화를 풍부하게 나타내는 유형 유산으로서 그 가치를 인정받아 2019년 유네스코 세계문화유산으로 지정되었다.

(2) 고대 교토의 역사기념물

1000년 동안 일본의 도읍지였던 교토(京都市)를 중심으로 우지(宇治市)와 시가현(滋賀縣)의 오쓰시(大津市) 등 2개의 현(縣) 세 도시에 소재하고 있으며 신사 3곳, 불교사원 13곳, 성곽 1곳 등 17건의 구성자산 가운데 목조건축기술의 발전을 평가받아 1994년 세계문화유산으로 등재되었다.[13]

가모신사(賀茂別雷神社)와 에도시대 조성한 니조조(二條城) 및 기요미즈데라(淸水寺), 뵤도인(平等院) 등이 대표적이다. 특히 뵤도인(平等院)은 특히 좌우대칭 구조의 건물 봉황당(鳳凰堂)으로 유명하다.

가모신사(賀茂別雷神社)

기요미즈데라(淸水寺)

---

13) Historic Monuments of Ancient Kyoto (Kyoto, Uji and Otsu Cities)

보도인(平等院)

봉황당은 10엔짜리 동전, 봉황상(鳳凰像)은 1만원권에 그려져 있으며 상상 속의 극락정토와 호화찬란한 헤이안(平安期) 왕조미(王朝美)를 재현했다. 금각사(金閣寺)로 알려진 로쿠온지(鹿苑寺) 그리고 은각사(銀閣寺)라는 별명을 가진 지쇼지(慈照寺) 그리고 류안지(龍安寺)의 상징적으로 자연을 연출한 가레산스이(枯山水) 정원양식이 특징이다.

류안지 석정(石庭)으로 알려진 호조정원(方丈庭園)의 조성은 무로마치 막부에서 활약한 승려 화가 소아미(相阿彌) 혹은 도쿠호 젠케쓰(特芳禪傑) 등에 의해 이루어진 '가레산스이(枯山水)' 기법으로 만들어진 석정이다. 폭 25m, 안쪽 길이 10m 장방형의 공간(敷地)에 흰 모래를 전면

로쿠온지(鹿苑寺_金閣寺)

지쇼지(慈照寺_銀閣寺)

에 깔아 흰 모래의 물결 모양을
나타내며 동쪽으로부터 5개, 2
개, 3개, 2개, 3개 모두 15개의
크고 작은 자연석을 배치하여
나무 한그루 풀 한포기 쓰지 않
고 상징적으로 자연을 연출한
가레산스이 정원양식이다.

류안지(龍安寺) 가레산스이 정원(枯山水庭園)

(3) 히메지성(姬路城)

히메지성은 현재 효고현(兵庫縣) 히메지시(姬路市街) 북쪽의 히메야
마(姬山)와 와시야마(鷺山)를 중심으로 조성된 평산성(平山城)으로 근세
성곽의 대표적인 유적이다. 특히 에도시대 전기 17세기 성곽을 대표

히메지성

하는 목조건축물이다.

'국보5성(國寶五城)'의 하나로 꼽힌다. 히메지성의 출발은 1346년 남북조 시대 무장 아카마쓰 사다노리(赤松貞範)에 의한 축성설이 전한다. 초기 소규모 성곽을 개수한 본격적인 축성은 전국시대(戰國時代) 후기 이곳 리마(播磨) 지역에서 세력을 떨쳤던 고데라씨(小寺氏) 가문의 가신이었던 구로다 시게타카(黑田重隆)·모토타카(職隆) 부자에 의한 축성을 최초로 보는 설도 있다. 전국시대 후기부터 아즈치모모야마(安土桃山) 시대에 걸쳐 구로다씨(黑田氏)와 하시바씨(羽柴氏)가 산요도(山陽道)의 교통의 요충지·히메지(姬路)에 소재한 히메지성은 본격적인 성곽으로 확장되었고, 세키가하라 전투(關ヶ原の戰い) 이후 성주(城主)가 된 이케다 데루마사(池田輝政)에 의해 대규모 성곽으로 더욱 확장되었다.

흰 색깔로 칠한 히메지성은 마치 백로가 날개를 펼치고 춤추는 모습을 닮아서 '백로성(白鷺城)'이라는 별명을 가지고 있다. 히메야마 정상에 32m 높이의 천수각(天守)이 남아 있는 현존하는 12개 천수각 중의 하나이다. 나카보리(中堀) 이내 대부분의 성역(城域)이 특별 사적, 현존 건축물 내 대천수(大天守)·소천수(小天守)·망루(渡櫓) 등 8건이 국보 74건의 각종 건조물이 중요문화재로 각각 지정되어 있다. 1993년 유네스코 세계문화유산으로 등록되었다.

(4) 구스쿠(Gusuku)와 류큐왕국(琉球王國)의 기억

동중국해에서 태평양으로 이어지는 길목에 위치한 오키나와(沖繩)는 12세기 후반 이후 수세기 동안 독립국가로서 동남아시아, 중국, 조선, 일본과 경제적 문화적 교류의 중심지로서 활약했다.

일찍이 7세기 중국의 수나라 역사를 기록한 『수서(隋書)』에는 「권팔

십일 열전 제사십육 동이전, 권81 열전 제46 동이(東夷)」의 항목 가운데 류큐국(流求國)에 관한 기록14)이 보인다.

유구국은 바다 한가운데의 섬으로 건안군의 동쪽에 있으며 바닷길로 닷새가 걸린다. 그곳은 산에 동굴이 많다. 그곳 임금의 성은 환사씨(歡斯氏)이고 이름은 갈랄두(渴剌兜)이다. 어떻게 왕국을 세웠고 또 몇 대가 지났는지는 알 수 없다. (流求國, 居海島之中, 當建安郡東, 水行五日而至. 土多山洞. 其王姓歡斯氏, 名渴剌兜, 不知其由來有國代數也.)

또한 류큐국 최초의 역사서『중산세감(中山世鑑)』(1605)에는 자국의 건국신화를 수록하고 있다.『중산세보(中山世譜)』(1650)는 건국신화의 체제와 내용을 보다 구체적으로 제시했다. 하늘의 최고신 천제(天帝)가 남신 시네리쿄(志仁禮久)와 여신 아마미쿄(阿摩美久) 부부로 하여금 오키나와를 비롯한 류큐열도를 만들게 하고 살게 하였다. 부부는 3남 2녀를 낳았는데 장남은 왕의 조상 천손씨(天孫氏)가 되었고, 차남은 제후의 조상 아지씨(按司氏), 삼남은 농민의 조상이 되었다. 장녀는 신녀의 조상 키미기미(君々)이고, 차녀는 류큐 신토의 여성 사제 무녀(巫女)의 조상 노로(ノロ)이다. 슌텐(舜天) 왕조15)를 시작으로 에이소(英祖) 왕조16)의 멸망 이후 14세기 초부터 오키나와는 '아지(按司)'17)라고 하

---

14) 『수서(隋書)』「동이전」에 의하면 고구려(高句麗), 백제(百濟), 신라(新羅), 말갈(靺鞨)과 유구국(流求國), 왜국(倭國)의 여섯 나라의 기사가 나온다.

15) 오키나와의 민족영웅은 우라소에(浦添)의 지배자 슌텐(舜天)이다. 슌텐은 1187년 천손씨를 멸망시킨 리유(利勇)를 물리치고 중산왕(中山王)에 즉위했다. 슌텐 왕조는 제2대 슌바준키(舜馬順熙), 제3대 기혼(義本)까지 이어졌다.

16) 1260년, 슌텐 왕조의 제3대 국왕 기혼은 역병과 재앙이 발생하자 그 책임을 지고 당시의 섭정 에이소(英祖)에게 양위했다. 이로서 슌텐 왕조는 종언을 고하고 에이소 왕조가 시작되었다. 에이소는 천손씨의 후예였으며, 그의 어머니가 태양을 삼키는 예지몽에 의해

는 지역 호족들이 통치하기 시작하여 호쿠잔(北山), 주잔(中山), 난잔(南山)으로 분열된 산잔 시대(三山時代, 1322~1429)가 전개되었다.

12세기부터 14세기까지 약 220년간 우라소에성(浦添城)을 중심으로 류큐 왕국의 수도로서 번영했다. 류큐 왕조의 발상지이며, '천하를 지배한다'라는 뜻으로 '우라오소이'라는 류큐어에서 유래된 지명이 변화, '우라시이'로 되어, 현재는 우라소에라는 이름이 되었다. 당시의 왕이었던 영조왕(英祖王)의 아버지가 태양이었다는 전설이 있는데 그것을 따서 류큐어로 태양을 의미하는 '티다(Tida, ティダ)'와 그 태양의 아이를 뜻하는 '코(Ko, コ)'를 붙여 '테다코(Tedako, テダコ)'라 하였다. 그로 인하여 일명 '테다코의 마을(てだこの街)'로 불리는데, 행사 등에도 그 명칭을 붙이는 경우가 많다. 우라소에(浦添)의 역사는 오래되어, 13세기경에 등장하는 영조왕조의 중심지로서 번창해 14세기 말에 찰도왕조의 쇼하시 왕에 의해 멸망할 때까지 중산왕국의 수도였다. 약 1세기 동안 이어진 오키나와식 삼국시대를 가리키는 '산잔 시대'에는 각 지역의 안지가 저마다 국왕을 자처하였다.

1429년 쇼 하시 왕(尚巴志王, 재위 1421~1439)이 산잔 시대를 끝내고 나하(那覇)의 동부에 위치한 슈리(首里)를 도읍으로 삼아 류큐국(1429~1879)을 세웠다. 류큐국은 명나라·청나라·일본·조선 등과 교류하였

'티다노코' 즉 태양의 아들이라고 전해진다. 에이소의 즉위를 경계로 남송의 승려 젠칸(禪鑑)에 의해 불교가 처음으로 전래되었다고 한다. 에이소 왕조 제4대 왕 타마구스쿠(玉城) 이후 쇠락하기 시작하여, 어린 세이이(西威)가 제5대 왕으로 즉위 이후 에이소 왕조는 멸망했다. 14세기 초부터 류큐왕국은 북산(北山), 중산(中山), 남산(南山)의 삼산시대가 시작된다.

17) 아지(按司, あじ) 혹은 안지(あんじ)는 본래 지방호족을 가리켰으나 류큐왕국 시대에는 왕권에서 밀려난 방계 왕족을 의미하는 말로 확장되었다. '주인'을 뜻하는 아루지(主)라는 의미와 더불어 천하의 주인이라는 요노누시(世の主), 태양의 뜻을 지닌 테다(てだ)로 부르기도 했다.

으며 근세에 들어서는 네덜란드 등과도 교류하며 중계무역으로 번영했다.

1609년 가고시마(鹿兒島) 지방의 시마즈번(島津藩)에 의해 정복되었다. 도쿠가와 이에야스로부터 류큐의 지배권을 받은 시마즈번의 통치하에 들어갔다. 메이지 유신 이후 1872년 류큐왕국은 류큐번(琉球藩)으로 편입되고, 국왕 쇼타이(尚泰)는 번왕(藩王)의 지위와 함께 일본의 후작(侯爵)에 봉해졌다. 1879년 류큐국은 완전 폐지하고 오키나와현으로 재편되었다. 제2차 세계대전 중 초토화의 비극을 겪기도 했고 전후 미군기지 설치를 통한 사회적 문제 발생, 일본 본토와의 분리운동 등 현대사의 중심에 있다.

한편 '구스쿠(Gusuku)'는 고대 오키나와어로 '성곽, 촌락, 터, 장소, 공간'을 의미한다. 구스쿠 유적은 오키나와(沖繩) 지역 섬에 남아 있는 10여 개의 옛 성(城)과 종교적 기능을 한 공간을 가리킨다. 그러므로 구스쿠 유적은 류큐 사회의 상징적인 고고학적 유적이며, 조상에 대한 숭배와 기원을 통해 지역 주민에게 마음의 안식처를 제공하는 점이 평가되어 2000년 유네스코 문화유산[18]으로 등록되었다. 해당 유산은 오키나와현 각지에 소재하는 9개 자산[19]으로 구성되어 있다.

---

18) Gusuku Sites and Related Properties of the Kingdom of Ryukyu
19) 오키나와현 각지에 소재하는 9개 자산: 나카진성(今歸仁城跡) 유적, 자키미성(座喜味城跡) 유적, 가쓰렌성(勝連城跡) 유적, 나카구스쿠성(中城城跡) 유적, 수리성(首里城跡) 유적, 소노향우타키석문(園比屋武御嶽石門), 다마오돈(玉陵), 시키나엔(識名園), 세이와우타키(齋場御嶽)

① 나카구스쿠(中城) 유적

나카구스쿠손에 있는 구스쿠 유적으로, 류큐 왕국 통일 후 아마와리(阿痲和利)라는 아지의 공격을 방어하기 위해 쇼타이큐 왕이 고사마루(護佐丸)라는 전향한 아지에게 명해 세운 성이다.

② 나키진구스쿠(今歸仁城) 유적

나키진손에 있는 구스쿠 유적으로, 나키진은 삼산시대 세 왕국(남산, 중산, 북산) 중 하나인 북산의 수도였다. 중산왕에 의해 정벌되어 멸망한 후, 류큐왕국 시대에 '감수'라는 지방 관리의

거주지로 사용되었다가, 1609년 사츠마번의 공격을 받아 폐허가 되었다.

③ 타마우돈(王陵, たまうどぅん)

슈리성 근처에 있는 옛 류큐 왕국의 왕릉으로, 1501년 제2 쇼씨 왕조의 쇼신왕(尙眞王)이 그의 부왕 쇼엔왕(尙円王)의 유골을 이장하면서 조영했는데 나중의 왕들도 이곳으로 오면서 19

명의 왕 중 쇼센이 왕과 쇼네이 왕을 제외한 17명의 유골이 이곳에

있다. 장례 문화가 조금 독특한데 장례 후 유해가 썩어 **뼈만** 남을 때까지 방치했다가 나중에 **뼈만** 수습해 별도의 방에 보관하는 세골장 형태였다.

오키나와 최초의 국보로 정식 지정된 유산이다. 오키나와 전투에 의해 막대한 피해를 입었으나 1974년 공사를 통해 현재의 모습을 갖추게 되었다.

④ 세파우타키(齋場御嶽, せーふぁーうたき)

난조시에 있는 문화유적으로, 우타키(御嶽)는 류큐의 남서제도에 널리 분포된 고유 신앙인 류큐 신토에서 제사를 지내는 성지를 말한다. 촌락공동체마다 있는 성지이며 고대부터 이곳을 중심으로 농경의식, 어로,

수렵의식 등 산과 관련된 축제와 행사를 거행한 장소이며 신앙의 대상이기도 하다. 그 중 세파우타키는 류큐 신화의 창세신 아마미쿄(アマミキヨ)가 이곳으로 강림했다 하여 우타키 중에서도 더욱 특별하게 신성시되는 곳이다.

⑤ 소노향우타키 석문(園比屋武御嶽石門)

슈리성 근처에 있는 소노향우타키 앞에 있는 석문으로, 오키나와 전투 때 파괴되었으나 그 후에 복원했다. 슈레이몬(守禮門: しゅれいもん)과 슈리성(首里城)·간카이몬(歡會門: かんかいもん) 사이에 있는 석문이다. 주변 숲과 더불어 소노향우타키(園比屋武御嶽)라고 한다. 세파우타

키(齋場御嶽)와 마찬가지로 류큐 왕국 제2 상씨왕조(尙氏王朝)의 3대 국왕 쇼신왕(尙眞王) 시대 때의 오타키(御嶽)이다. 국왕이 슈리성을 나와 각지를 순행할 때 안전을 기원하던 장소였다.

⑥ 슈리성(首里城)

슈리성(首里城) 류큐왕국(琉球王國)의 중심이었다. 1429년 쇼하시왕(尙巴志)이 류큐(琉球, 沖繩本島)를 통일 후 류큐왕국(琉球王國)이 성립되었다. 1879년 왕국

의 멸망까지 국가의 정치, 경제, 문화의 중심 역할을 했다. 몇 차례 화재와 재건을 반복하다 1925년 국보로 지정되었으나 태평양전쟁 말기 오키나와 전투 시 전소되었다. 1992년 재건되었다. 2000년 세계문화유산으로 등록되었으나 2019년 화재가 또 발생했다. 소실과 재건을 반복하는 오키나와의 역사를 대변하고 있는 듯하다.

⑦ 시키나엔(識名園)

1799년에 조성된 시키나엔은 류큐국 왕실에서 사용했던 왕실 최대의 별장이다. 왕종과 외국 사신을 접대를 위한 공간으로 활용된 곳이다. 오키나와 전

투 때 파괴된 것을 그 후에 복원했다. 정원은 연못 주변을 걸으며 주위 경치를 즐길 수 있는 '회유식 정원(廻遊式庭園)'으로 만들었다.

⑧ 자키미 구스쿠(座喜味城) 유적

류큐왕국이 조선, 중국, 일본, 동남아시아와 교역을 통해 번영했던 15세기 초 중산의 통일 국가 전쟁이 한창이던 1420년 무렵 요미탄잔(讀谷山) 지역의 아지(按司) 고사마루(護佐丸)가 세운 성이다. 고사마루는 당시 자키미(座喜味)의 북동 약 4km에 있던 야마다 구스쿠(現恩納村)에 거성했으나 호쿠잔성(北山城, 今 歸仁城) 공격에 참전했을 때 적으로부터 방어와 나가하마항(長浜港)을 낀 지역의 이점을 살려 해발 120m 구릉지에서 전역을 조망할 수 있어서 전략적 요충지 목적으로 축성했다. 1945년 오키나와 전투 때 일본군의 고사포 진지로 이용된 이후 미군의 레이더 기지가 설치되었으나 1956년 류큐 현의 중요문화재로 지정된 후 1972년 일본에 반환되었다.

⑨ 가쓰렌 구스쿠(勝連城) 유적

우루마시에 있는 구스쿠 유적이며 12세기부터 14세기에 걸쳐 축성된 것으로 알려져 있다. 이곳의 마지막 성주는 아마와리(阿麻和利)의 근거지였다. 중국, 조선 등과 교역을 하여 번성했으나 1458년 류큐왕국에게 멸망당했다. 초대 성주는 1309년 에이소 왕통 대성왕 오남(英祖王統大成王五男)이었다. 그 후 4대에 이어 6대째에 伊波按司의 6남이 성주였다. 9대 성주 茂知附按司의 폭정으로 아마와리(阿麻和利)가 10대 성주가 되어 가쓰렌(勝連)은 보다 번영을 이루었다.

(5) 역사마을, 시라카와고(白川鄕)와 고카야마(五箇山)

주거양식은 주변의 환경과 삶의 방식에 지대한 영향을 받는다. 일본 기후현(岐阜縣) 오노군 시라카와촌과 도야마현(富山縣)의 히가시도나미군 가미다이라촌·다이라촌에 있는 역사유적은 1995년 유네스코 세계문화유산에 등재되었다.

기후현은 역사적으로 통일과 매우 밀접한 관련을 가진 곳이다. 특히 전국시대를 제패하기 위해서는 반드시 기후 지역을 차지해야 한다고 할 정도였다.

일본의 중심부에 소재한 기후현의 북쪽은 '일본의 알프스'로 불리는 높은 산들이 밀집해 있다. 이곳 기후현에서 가장 인상적인 곳은 하쿠야마 기슭에 있는 시라카와고 마을이다.

시라카와(白川)와 고카야마(五箇山)는 높은 산 등의 지형의 특성 상 교통이 불편했던 시절에 고립되었던 마을들인데, 세계적으로 독특한 형태의 가옥과 생활풍습으로 유명하다. 마치 합장하고 있는 듯한 모양의 지붕으로 일명 합장촌(合掌村) 즉 '갓쇼즈쿠리(合掌造り)'의 탄생지로 알려져 있다. 시라카와고(白川鄕)의 지명은 12세

갓쇼즈쿠리(合掌造り)

기 중엽으로 확인되지만 갓쇼즈쿠리의 유례는 확실하지 않다. 대체적으로 에도시대(江戶時代, 1603~1867) 17세기 말로 추정되고 있다.

갓쇼즈쿠리가 본격적으로 세상의 주목을 받게 된 것은 독일의 건축가 브루노 타우트(Bruno Taut, 1880~1938)에 의해서이다. 『일본미의 재발견(日本美の再發見)』에서 갓쇼즈쿠리(合掌造り)에 대해 소개한 것이 계기가 되었다. 이 저서에 의하면 "갓쇼즈쿠리는 지금까지 본 적이 없는 건물이다. 일본적이라기보다 마치 스위스와 같은 경관을 느끼게 한다. 그렇지 않다면 스위스의 환상이다"라고 일본의 알프스 마을과 같다는 평가 이후 갓쇼즈쿠리는 세계적인 관심을 끌게 되었다.

가라카와고(白川鄕)는 일찍부터 양잠업이 번성하여 누에치기 공간을 마련하기 위하여 30~40명이 생활할 수 있도록 가옥의 크기가 대형화되었고 겨울철 폭설로 인해 지붕이 내려앉는 것을 방지하기 위해 경사를 급하게 만들어 지붕을 뾰족하게 세웠다.

농지가 부족한 이 지역에서는 화전농업과 양잠 노동력 확보를 위하여 특이한 대가족제도가 탄생했다. 가장이 절대적인 권한을 갖고, 결혼은 가장과 상속인으로 결정된 장남만 인정되었다. 장남 이외의 형제는 분가는 물론 정식 결혼도 허락되지 않았다. 상속권의 부재이다. 결혼하더라도 배우자 여성의 집을 왕래하는 방문혼의 형태였으며 태어난 자식의 양육은 배우자 여성의 몫이었다. 뿐만 아니라 양잠이 주요산업이었던 만큼 자녀들은 귀중한 노동력이었고 여성은 가업에 충실할 수 있도록 방문혼을 선택하여 아이를 낳은 것이 풍습이었다. 근대 이후 시라카와고와 고카야마(越中五箇山) 지방은 양잠산업과 더불어 화약의 원료 즉 군사기밀이었던 연초(煙硝)의 주요 생산지이기도 했다.

2) 근현대 문화유산의 변용

(1) 이와미(石見) 은광과 문화유산

우리나라 동해와 마주한 시마네현(島根縣) 중부 오다시(大田市)에 소재한 은과 금을 채굴하던 대규모 광산 유적이다. 은광을 비롯하여 제련·운송로·항구 등 광산개발과 관련된 유적이 남아 있으며 2007년 광산유적이 세계최초로 유네스코 세계문화유산으로 지정되었다. 이 은광은 1527년 하카타(博多, 후쿠오카의 옛 지명) 출신의 상인 가미야 쥬테이(神屋壽禎)가 최초로 이와미 은광을 발견 후 채굴 시작되어 16~17세기 약 100년간 대량으로 은이 채굴되어 오우치씨(大內氏)·아마고씨(尼子氏)·모리씨(毛利氏) 등 전국 다이묘(戰國大名)의 전쟁비용과 아즈치 모모야마시대(安土桃山時代) 및 에도시대 이후 막부의 재원으로 사용된 곳이다.

이 유적은 동서세계의 문물교류 및 문명교류의 증거이며 전통적인 기술에 의한 은 생산을 증명하는 고고학적 유적 및 은광산에 관한 토지이용의 총체를 나타내는 문화적 경관의 가치를 지니고 있다.

1568년 포르쿠갈 출신의 지도제작가 페르낭 바즈 도우라도(Fernão Vaz Dourado)가 인도의 고아(Goa)에서 제작한 '일본도(日本圖)'에 포르토갈어로 '라스미나스 다 프라타(RASMINAS DA PRATA)', 즉 '은광산왕국(銀鑛山王國)'이라고 기록되어 있을 정도로 이와미 광산의 은이 16세기 당시 전 세계 은 생산량의 삼분의 일을

은광산왕국

차지했다.

초기에 중국과 교역에 은이 유통되었지만 유럽인의 참가에 의해 세계적인 경제, 문화교류에 영향을 주었고 아시아 및 유럽 국가의 경제와 문화 교류에 영향을 미쳤다. 또한 굉도유적(坑道跡)과 제련공방(工房), 주거지 유적 등 은 생산과 관련된 유적이 남아 있으며 광산 운영의 전체상이 자연환경과 일체화되어 문화적 경관을 남기고 있는 점이 평가받았다.

역사적으로 광산개발은 자연훼손이 일반적이지만, 이와미 광산은 채굴 당시부터 산림 관리가 이루어졌다는 점이 평가받았다. 채굴부터 반출까지 은 광산 운영의 전체 과정을 환경 고려와 현대까지 계승하고 있는 점이 세계문화유산 등재의 가장 중요한 이유이다.

(2) 메이지(明治) 산업혁명과 유산들

일본의 규슈(九州) 및 혼슈(本州) 지방의 8개 현에 분포하는 메이지 시대를 2개의 중심축으로 하여 근대화로 이끈 산업시설 유산으로서 2015년 유네스코 세계문화유산으로 등재되었다. 서구사회를 벗어난 비서구 지역에서 일어난 산업화의 이전이 최초로 성공한 점을 평가하는 산업 유산을 가리킨다. 8개현은 후쿠오카현(福岡縣), 사가현(佐賀縣),

중공업 중심의 메이지 산업혁명

나가사키현(長崎縣), 구마모토현(熊本縣), 가고시마현(鹿兒島縣), 야무구치현(山口縣), 이화테현(岩手縣), 시즈오카현(靜岡縣) 지역을 가리킨다.

19세기 후반부터 20세기 초에 걸쳐 일본은 공업국의 토대를 구축하고 이후 일본의 기간산업인 조선, 제철, 석탄산업과 같은 중공업의 급속한 산업화를 이루었다. 이와 같은 산업유산들은 조선, 제철·제강, 석탄과 중공업 분야에서 1850년대부터 1910년 반세기 만에 서구의 산업기술이 이전되어 일본의 전통문화와 융합하여 실천과 응용을 거쳐 산업시스템으로 구축되는 산업국가형성의 여정을 시계열에 따라 전개된 과정을 평가했다. 그러나 메이지 산업혁명이라는 거대한 상징의 이면에는 조선인 강제 노역의 희생을 기억해야 한다. 하시마(端島) 탄광 즉 군함도(軍艦島)의 경우 약 800명, 나가사키 조선소 등 7개 산업시설을 포함하면 무려 5만 8000여 명의 조선인 강제동원이 자행되었다. 일본은 유네스코 세계유산과 관련된 역사를 올바르게 시정해야 한다.

(3) 도미오카(富岡) 제사(製絲)공장과 유적

중공업이 서부 일본이 주요 생산지였다면, 경공업은 일본의 동부 간토지방(關東地方) 북서부의 군마현(群馬縣) 도미오카시(富岡市)에 있는 근대기술에 의한 일본 최초의 본격적인 제사(製絲)공장이 거의 완벽한 형태로 남아 있는 유일한 관영 제사공장 및 실크산업과 관련된 유적에서 찾아볼 수 있다.

비서구 지역 일본의 메이지

도미오카 제사공장(富岡製糸場)

시대에 추진한 일본의 근대화 및 경제·산업 발전의 역사를 보여주는 동시에 다른 국가들과의 산업기술 상호교류를 보여준 평가에 의해 2014년 유네스코 세계문화유산으로 등재되었

근대식 양잠 농가 다지마 야헤이 구택

다. 생사의 대량생산을 실현한 '기술혁신'을 통해 일본과 세계 여러 국가 간 '기술교류'를 이끌어 근대 실크산업(絹産業)의 대량생산화에 성공한 문화유산이라는 것이 등재 이유이다.

또한 이세자키시(伊勢崎市)에 소재한 근대식 양잠 농가의 원형으로서 다지마 야헤이 구택(田島彌平舊宅)을 비롯하여 일본이 개발한 생사의 대량생산 기술은 일찍이 일부 특권 계층의 전유물이었던 명주(비단, 견직물 등)를 전 세계인에게 보급함으로써 풍요로운 생활과 문화양식을 가져오게 했다는 점을 평가받았다.

(4) 히로시마 평화기념관(廣島平和記念館)

1996년 유네스코 세계문화유산으로 등재된 '원폭 돔'으로 알려져 있는 히로시마 평화기념관은 히로시마현 히로시마시 나카구(中區)의 오테마치(大手町)에 소재하고 있다.

1945년 8월 6일 히로시마시에 투하된 원자폭탄에 의해 파괴된 히로시마현 산업장려관 건

히로시마 원폭 돔

물의 잔해 유적이다. 핵무기에 의한 참상을 전하는 세계 유일의 건조물이다.

아울러 원폭 돔의 주변에 있는 평화기념공원, 원폭 사망자 위령비(原爆死沒者慰靈碑), 히로시마 평화 기념자료관 등과 함께 원자폭탄의 비참함과 '핵무기 폐기와 영원한 세계 평화'의 메시지를 평가받았지만 여전히 다크 투어리즘의 굴레를 말끔히 벗어야 할 숙제를 가진 곳이다.

(5) 르·코르뷔지에 건축 미학

건축과 철학의 오브제를 통해 2016년 세계 유산으로 등재된 르·코르뷔지에(Le Corbusier, 1887~1965)의 건축[20]은 미국의 프랭크 로이드 라이트(Frank Lloyd Wright, 1867~1959)와 독일의 루드비히 미스 반 데어 로에(Ludwig Mies van der Rohe, 1886~1886)와 함께 "근대 건축의 3대 거인"으로 꼽힌다. 오젠팡(Ozenfant, A.)과 더불어 큐비즘(cubism)의 정화를 지향한 그는 산업화와 기계화를 옹호하는 모더니즘 건축의 미래를 실용적, 기계 미학적 영역에서 '퓨리즘(purism)' 즉 기계 미학의 순수주의를 주장했다.

문학과 철학에 매료된 르·코르뷔지에의 업적은 건축과 도시계획 분야에서 탁월한 뿐만 아니라 '근대 건축의 5원칙'[21]이라는 사유를

---

20) The Architectural Work of Le Corbusier, an Outstanding Contribution to the Modern Movement

21) ① 필로티(거대한 기둥) ② 옥상정원 ③ 자유로운 평면 ④ 가로로 긴 창 ⑤ 자유로운 입면.

전제로 한 건축 모더니즘 건축
의 청사진을 제시했다.

세계유산 가운데 최초로 단
일한 장소를 벗어나 아시아, 유
럽, 남아메리카 등 세 개의 대륙
에 소재한 그의 건축 작품은 다
음과 같다.

국립서양미술관

〈표 2〉 르·코르뷔지에의 건축 작품

	등재건축물	소재
1	라호쉬와 잔느레 저택(Maisons La Roche et Jeanneret, 1923)	프랑스
2	프루게스 주거단지(Cité Frugès, 1924)	프랑스
3	사부아 저택과 정원사 숙소(Villa Savoye et loge du jardiner, 1928)	프랑스
4	파리16구의 몰리토 임대아파트 (Immeuble locatif à la Porte Molitor, 1931)	프랑스
5	상디에 공장(La Manufacture à Saint-Dié, 1946)	프랑스
6	마르세유의 유니테 다비타시옹(Unité d'habitation, 1952)	프랑스
7	롱샹의 노트르담뒤오 성당 (Chapelle Notre-Dame-du-Haut de Ronchamp, 1950)	프랑스
8	르코르뷔지에의 4평 오두막(Cabanon de Le Corbusier, 1951)	프랑스
9	상마리들라투레트 수도원 (Couvent Sainte-Marie-de-la-Tourette, 1953)	프랑스
10	피르미니-베르 문화센터 (La maison de la culture au Firminy-Vert, 1953)	프랑스
11	레만 호수의 작은집(Petite villa au bord du lac Léman, 1923)	스위스
12	제네바의 클라르테 공동주택 (L'immeuble Clarté à Genève, 1930)	스위스
13	르네 기에뜨(René Guiette)의 작업실 공간 메종 기에트 (Maison Guiette, 1926)	벨기에
14	바이센호프 주택개발단지(Weissenhof-Siedlung, 1929)	독일
15	크루트쳇 박사의 저택(La maison du Dicteur Curutchet, 1949)	아르헨티나
16	찬디가르의 청사 복합단지(Complexe du Capitole, 1952)	인도
17	국립 서양미술관 본관(1955)	일본

르·코르뷔지에 사상은 서민의 공간과 예술의 공간을 함께 재현한 건축물로 나타난다. 프랑스를 비롯하여 스위스, 벨기에, 독일, 아르헨티나, 인도, 일본 등 7개국에 분포되어 있는 17개의 구성자산은 미래를 상상한 르·코르뷔지에의 신념을 엿볼 수 있다.

서민을 향한 그의 모더니즘적 사유는 특히 유니테 다비타시옹(Unité d'Habitation, 1952)으로 대표된다. 격리되고 감금된 유대인 집단 거주지 게토(ghetto)를 거부했다. 그에게 있어서 "집이란 살기 위한 기계"이며 삶을 편리하게 만드는 기계였다. 변경으로 밀려나는 도시 서민이 살아갈 아파트는 편리한 기계로 작동되었고 한때 유토피아의 상징이기도 했다. 노동자와 서민을 위한 집과 도시를 상상한 르·코르뷔지에의 건축 미학은 양과 음의 평가를 받고 있다.

5. 자연유산 4대 천왕

1) 시라카미 산지(白神山地)

시라카미 산지는 일본의 혼슈(本州) 북부 아오모리현(靑森縣)과 아키타현(秋田縣) 두 지역에 걸쳐 있는 산지이며 총면적은 450km², 이 가운데 169.39km² 산악 지대가 1993년 12월 야쿠시마(屋久島)·히메지성(姬路城)·호류지(法隆寺)와 더불어 일본 최초로 유네스코 세계유산에 등재되었다.

이곳의 옛 명칭은 고세이산지(弘西山地)라고 불렀다. 세계유산 등재 이유는 빙하기를 겪지 않은 원시 야생 지역이라는 점을 평가 받았다. 수령 대체로 8000년에서 1만 2000년으로 추정되며 세계 최대 규모의 너도밤나무 원시림 분포지 및 반달가슴곰, 일본산양, 검독수리, 500여 종의 고산식물 등 동식물의 희귀종 서식지'로 평가받았다. 곰 사냥과 관련된 '마타기(又鬼)'라고 하는 수렵 문화와

시라카미 원시림

종교 의식이 남아 있다. 마타기(又鬼)는 곰 사냥을 비롯하여 나물, 버섯 등을 채집하고 사람들을 가리킨다. 현재는 생업과는 거리가 말고 전통을 유지하는 정도다. 마타기라는 용어는 여러 설이 존재하지만 사악한 귀신을 물리치는 신이라는 뜻이 유력하다. 동물을 사냥하는 일 모두가 신이 부여한 직무라고 믿는다. 또한 잡은 사냥감은 남기지 않고 활용하는 것이 곧 공양이라고 믿는다. 이와 같이 마타기는 자연과 공생이라기보다 자연의 일부로 여긴다.

2) 신들이 사는 야쿠시마(屋久島)

야쿠시마는 일본 남부 가고시마현(鹿兒島縣) 오스미반도(大隅半島)에서 남남서로 약 60km 해상에 위치한 원형에 가까운 오각형의 섬이다. 야쿠시마의 중앙에 규슈(九州) 제일의 최고봉 미야노우라다케(宮之浦岳, 1,936m)를 비롯하여 '바다의 알프스'라고 부르는 이곳은 처음부터 신들이 머무는 신성한 공간이었다. 산을 '오타케(御嶽)'라고 격을 높이고 있다. 바다의 신을 가리키는 히코호호데미노 미코토(彦火ヶ出見尊)를 숭배하는 야쿠신사(益救神社)의 별당에는 남성만 신을 참배할 수 있으며 14세 이상의 여성은 원칙적으로 신사 출입은 금지되어 있다.

히코호호데미노 미코토(彦火ヶ出見尊)는 일본신화(記·紀)에 나오는

천손 니니기노 미코토(瓊瓊杵尊)와 고노하나노사쿠야히메(木花開耶姬) 사이의 둘째 아들이다. 흔히 야마사치히코(山幸彦)라는 친근한 이름으로 알려져 있다. 같은 해신의 딸 도요타마히메(豊玉姬)와 결혼하여 우가야후키아에즈노 미코토(鸕鷀草葺不合尊)를 얻었다. 별명으로 호오리노 미코토(火折尊) 혹은 『고사기(古事記)』에서는 아마쓰히코히코호호데미노 미코토(天津日高日子穗穗出見命), 호오리노 미코토(火遠理命)라는 이름도 가지고 있다. 우미사치·야마사치 신화(海幸·山幸神話)에 나오는 야마사치히코이다. 활과 화살과 바꾼 호노스소리노 미코노(兄火闌降命)의 낚시 바늘을 물고기가 삼켜 바늘을 찾으러 바다에 들어가 해신의 딸과 결혼했다. 3년 후 바늘과 시오미치노타마(潮滿瓊)·시오히노타마(潮涸瓊)를 얻어 돌아와 난폭한 형을 항복시켰다.

야쿠시마의 90%는 원시림으로 뒤덮여 있으며 특히 '야쿠스기(屋久杉)'라도 하는 '조몬 삼나무(繩文杉)'는 풍부한 강우량으로 조성된 원시림에는 추정하는 수령은 약 7200년으로 알려진 야쿠시마의 상징이자 조몬시대(BC 14000~BC 1000)[22] 이후 태고의 모습을 간직한 곳이다.

3) 아이누의 땅, 시레토코(知床)

조몬시대부터 일본의 원주민은 아이누민족이다. 야요이 시대의 개막에 의해 일본민족 형성 과정에서 이탈한 북쪽의 홋카이도와 남쪽의 오키나와 지역으로 이동한 것으로 보인다.

---

22) 조몬시대(BC 14000~BC 1000): 일본 역사에서 벼농사와 금속 도구의 사용을 특징으로 하는 야요이 문화(彌生文化)가 출현하기 이전 시기이다. 특히 거친 새끼줄모양의 조몬 토기를 사용했던 시기를 구분해서 가리키는 용어로 대략 BC 14000~BC 13000년부터 BC 1000~BC 300년까지를 가리킨다.

'아이누'는 신성한 존재 '카무
이'와 대비되는 '인간'이라는 뜻
이다. '에미시(毛人)', '에조(蝦夷),
에비스(夷)'로 불리는데, 이는
사할린 아이누의 '인간'을 뜻하
는 '엔츄' 또는 '엔주'에서 비롯
된 것으로 추측된다. '아이누'란 단어가 일본 내에서 차별적 의미로
쓰이고 있다는 생각에서 스스로를 '우타리(친척, 동포)'라고도 한다. 근
대 초기 서구 인류학자들은 이들의 외형상 특징을 들어 코카소이드
(Caucasoid)와 연관되어 있다고 추정하기도 하였으나 현대 인류학의
연구에 의하면 이들의 친연관계는 멀다. 근대 이후 오키나와의 류큐
민족과 함께 일본민족으로 편입되어 대부분 일본에 동화되어 일본어
를 쓰지만, 홋카이도에 살고 있는 고령자들 중 일부는 여전히 아이누
어를 사용하고 있다. 현재, 공식적으로 인정된 일본 내 아이누족은
약 2만 5천 명이다.

근세 에도 막부는 적극적인 개척과 이주정책에 의해 홋카이도의
남부까지 진출했다. 북동쪽의 '땅의 끝자락'이라는 뜻을 가진 시레토
코는 11세기 무렵 이후 아이누 민족이 거주해 왔던 곳이다. 뿐만 아니
라 원래 아이누 민족의 역사는 일본의 고대와 같은 시간대를 형성해
왔다. 일본의 고대 민족 즉 야마토인은 3세기경 야마토 조정의 성립
이후 6세기를 전후로 통합적 정치체제를 이루었으나 오늘날 규슈 남
부와 동쪽의 관동지방과 동북지방과 홋카이도의 선주민은 아이누 민
족이었다. 마치 유럽인이 유입하기 이전 아메리카 대륙의 인디언과
같다. 이질적인 아이누 민족을 자신들과 구별하기 위해 에조(蝦夷)라
고 부르며 철저히 타자화했다. 로마가 게르만과 슬라브를 야만으로

규정한 시선과 흡사하다.

5세기부터 11세기에 이르는 동안 야마토인들과 전쟁과 동화가 반복되었다. 일본 역사에서 정이대장군(征夷大將軍)으로 나오는 쇼군(將軍)의 출발은 아이누 민족 정벌에서 나온 또 다른 권력이다. 쇼군은 오랑캐를 정벌하기 위해 천황으로부터 군사권을 위임받은 임시직에 불과했으나, 천황이 있는 서쪽과 지리적으로 떨어져 있는 이점을 통하여 이후 막부시대 이후 쇼군은 독자적인 정치세력을 구축할 수 있었다.

헤이안시대 초기 802년 정이대장군 사카노우에노 다무라마로(坂上田村麻呂)23)가 에조의 영웅 아테루이(大墓公阿弖流爲, アテルヰ)를 항복시키기도 했으나 아테루이의 이름은 아직도 아이누인의 마음속에 살아 있다.

19세기 이후 유황채굴이 시작되어 제2차 세계대전을 전후하여 본토 일본인의 이주와 개척이 시도되었다. 혹독한 기후조건으로 정착은 실패했으나 반대로 시레토코의 자연은 보존될 수 있었다. 화산 지형인 시레토코 반도의 중앙부는 산악 지대이다. 특히 활화산 이오잔산(硫黃山)과 가장 높은 1,661m의 '낮은 곳, 짐승의 뼈가 있는 곳'이라는 뜻을 가진 라우스산(羅臼岳)을 포함한다.

라우스는 처녀의 눈물이라는 별명을 가진 후레페 폭포와 가무이왓카 온천폭포 등의 호수와 해안을 가진 대자연이다. 특히 가무이왓카 온천폭포는 신 혹은 신과 같은 위대한 존재라는 뜻을 가진 '가무이

---

23) 헤이안 초기 778년 기요미즈데라(清水寺)는 사카노우에노 다무라마로가 세웠다. 출산을 끝낸 아내를 위하여 사슴 사냥을 나갔다 돌아오는 길에 겐신(賢心)이라는 승려의 독경 소리에 살생을 참회하는 마음으로 세웠다. 건강을 되찾은 아내와 함께 십일면천수관세음보살(十一面千手觀世音菩薩)을 본존불로 안치했다. 유네스코 세계유산으로 지정된 고도 교토의 문화재의 일부이다. 현재의 건물은 에도막부 3대 쇼군 도쿠가와 이에미쓰(德川家光)의 명령에 의해 1633년에 재건된 것이다.

(kamuy)'와 물을 의미하는 '왁카(wakka)'의 합성어이다. 온천의 성분은 유황성분을 포함하여 생물이 살 수 없는 악마의 물이라고 부른다. 오호츠크해(Sea of Okhotsk)와 네무로(根室) 해협으로 둘러싸인 시레토코는 원시 침엽수와 활엽수가 뒤섞인 원시림이 펼쳐진 지역이다. 유빙과 더불어 다양한 육상과 해상생태계가 복합적으로 작용하는 점과 주변 산악 지역의 식생 그리고 지리적 특성에 따른 북방계와 남방계가 혼재된 다채로운 종의 구성 및 분포 외에도 국제적 희귀종의 서식지라는 점에서 세계유산으로 등재되었다.

4) 오가사와라제도(小笠原諸島)

오가사와라제도는 일본 본토, 특히 도쿄로부터 동남쪽으로 약 1,000km 떨어진 서태평양에 소재한 30여 개 섬으로 이루어진 곳이다. 1593년에도 막부의 하급무사 오가사와라 사다요리(小笠原貞賴)가 이 섬들을 발견했다고 하지만 신뢰할 만한 자료는 아니다.

19세기 메이지 유신 이후 일본의 공식 영토로 도쿄도(東京都)에 속하게 되었다. 제2차 세계대전 중 당시 약 7,000명의 주민을 본토로 이주시킨 후 군사기지로 사용되기도 했다.

패전 후 약 20년간 미국령으로 편입되었다가 1968년 일본 반환이 결정되어 본토에 이주했던 주민들도 섬으로 귀환했다. 순수 해양도(海洋島)라는 지리적 특성으로 오랜 동안 육지와는 이질적인 환경에서 진화가 이루어진 덕분에 다양한 생태계를 보유하여 '동양의 갈라파고스(The Galápagos of the Orient)'라는 별명을 가지고 있기도 하다. 2011년 오가사와라제도에 서식하는 희귀 동식물의 다양성을 평가받아 세계문화유산으로 등재되었다.

일본이 세계유산협약에 가입한 1992년 이후 성공한 4건의 자연유산 등재에 대한 근본 취지를 주의할 필요가 있다. 우선 표면적으로 2건의 자연유산을 남과 북으로 설정한 것이다. 산과 바다 특히 바다와 관련되어 태평양 쪽으로 오가사와라제도와 동남아 쪽의 오키니와제도, 북쪽의 시레토코 반도 및 그 주변 해역을 주목할 필요가 있다.

일본의 영토는 본토를 포함하여 세계자연유산이 소재한 최대 해역까지 포함할 경우 세계 제6위의 광대한 영역을 차지하고 있다는 점이다. 세계유산은 평화를 전제로 이루어진 협약이지만 일본의 자연 공간의 확장은 정치와 결코 무관하지 않다는 점이다. 이 점을 주의 깊게 다룰 필요가 있다고 생각한다. 인류의 보편적인 가치 및 계승이라는 점도 인정하지만 그 행간에 놓인 의미를 파악하고 대비를 해야 한다는 말이다.

1993년 시라카미 산지와 이와쿠시마, 2005년의 시레토코와 2011년의 오가사와라제도까지 자연유산의 확장은 새로운 자연유산에 대한 의미를 재조명해야 한다. 세계유산으로 보장받는다는 확약은 결국 그 영역은 유엔을 비롯한 세계로부터 영원한 인정을 받았다는 의미임을 잊어서는 안 될 것이다.

6. 일본의 문화유산과 정신

1978년 8곳의 문화유산과 4곳의 자연유산 모두 12건의 유네스코 세계유산이 최초로 탄생한 이후 2021년 기준 문화유산 897건, 자연유산 218건, 복합유산 39건을 포함하면 1,154건에 이르고 있다. 1972년에 채택된 '세계 문화 및 자연유산 보호를 위한 협약'에 대한 일본의 문화유산 등재 경향과 그 경위에서 보이는 일본의 사유를 다양한 경로를 통해 심층적으로 파악해야 하며 세계유산협약의 문화유산 담론의 근본은 '일본정신'이라는 점이다.

세계유산은 결코 과거와 대립되는 현재를 부각하는 것이 아니다. 세계유산은 반복을 통해 공명되고 이해되어야 하는 인류의 집단적 체험에 관한 기억이다. 양의 동서를 막론하고 모든 역사적 사건들은 국가, 종교, 예술을 통해 창조된 생생한 삶의 드라마로 기억되고 있다. 따라서 기억은 영감을 불러일으키는 끊임없는 원천으로 작동되는 점에서 일종의 예술이다. 일본의 정신은 자연관에서 출발하는 것으로 알려져 있으며 개척과 순응의 영역 구조가 언제나 신불습합(神佛習合)과 같은 혼종성으로 발현된다. 흥미롭게도 2021년 추가된 자연유산(奄美大島、德之島、沖縄島北部及び西表島)과 문화유산(北海道·北東北の縄文遺跡群) 양자를 관통하는 특징이기도 하다. 군함도 등 조선인 강제징용의 역사를 왜곡시킨 메이지 산업혁명 유산과 마찬가지로 2023년 '사도(佐渡) 광산'의 유네스코 등재 추진 역시 지난 태평양 전쟁 중에 자행한 조선인 강제노역의 역사를 전면 부정하고 있다는 사실을 외면해서는 안 된다.

일본이 내세우는 문화유산은 개별적 문화유산 경험의 고유성을 가치의 서열화로 고정시키는 것이 아니라 자연과 문화의 경계를 허문 지점을 강화한다는 점이다. 일본은 크고 위대한 것에 가치를 부여하기보다 작고 정밀한 대상에 대한 관심이 문화유산의 가치 기준이다. 세계유산으로 내세울 수 있는 가장 순수한 자산은 아마도 바다와 열도의 풍토라고 하는 '자연'밖에 없다고 해도 과언이 아니다. 그러나 그 자연을 바탕으로 타종교와 문화, 정치, 경제, 예술의 재구성을 통해 치밀하게 현재 속에서 전통이라는 이름으로 지속시키고 있다는 점을 간과해서는 안 될 것이다.

따라서 우리나라의 문화유산과 자연유산에 대한 시야의 지평을 달리하고 확대해야 할 것이다. 문화와 자연의 재현은 스토리의 재현이며 현재와 미래의 사유와 운명을 같이함으로써 가능하다.

세계유산의 스토리성과 다양성을 통해 유산의 본질도 변화되어야 한다. 단지 희소성을 강조한 기념물과 현장성을 전제로 한 물리적 세계유산에서 벗어나 세계유산의 배경을 생산하는 스토리, 역사, 철학, 문학, 예술적 다양성에 관한 지식을 요구하는 지점에서 건강한 도그마로서 접근하는 노력을 아끼지 말아야 하며 스토리를 가진 다양한 '한국정신'을 담은 콘텐츠를 구성하여 세계유산에 대한 전략적 등재와 보전을 위한 방향성이 모색되어야 한다.

참고문헌

이다운, 「일본 세계문화유산 속의 백제불교」, 『원불교 사상과 종교문화』 45, 2010.

이정선, 「일본의 오키노시마 유산군 사례로 본 세계유산 등재의 쟁점 및 시사점」, 『문화재』 51(3), 2018.

한정미, 「후지신앙(富士信仰)의 변용양상: 고대·중세 문예를 중심으로」, 한국일어일문학회, 2019.

朝倉敏夫, 「일본의 세계문화유산 추진전략」, 『백제문화』 40, 2009.

山の神々―九州の靈峰と神祇信仰―, 九州國立博物館, 2013.

雪村まゆみ, 文化財保護のグローバル化と地域の文化資産のカテゴリー化: 日本の世界遺産條約批准の影響, 關西大學社會學部紀要51(2), 2020.

戰國武將の誇りと祈り―九州の覇權のゆくえ―, 九州歷史資料館, 2013.

프랑스 르네상스의 보물 창고, 루아르 밸리

이정욱

1. 프랑스의 정원, 루아르 밸리

프랑스의 정원이라고 불리는 루아르 밸리(Vallée de la Loire)는 파리 서쪽의 오를레앙에서 앙제까지 약 200km에 이르는, 루아르강을 따라 만들어진 지역이다. 프랑스를 여행한다면 대개 제일 먼저 떠올리며 방문할 여행지로는 파리를 떠올린다. 하지만 아름다운 자연경관과 인간이 만들어낸 건축물이 동화 속의 그림처럼 훌륭하게 어울리는 모습을

루아르 밸리 지역

보고자 한다면 프랑스의 북서부에 있는 루아르 밸리는 빼놓을 수는 없는 곳이다. 내셔널지오그래픽은 루아르 밸리를 '죽기 전에 꼭 가봐야 할 50곳' 중의 하나로 선정하였다.

루아르 밸리는 루아르강이 만들어낸 지형이다. 프랑스에서 가장 긴 강인 루아르는 마시프 상트랄의 남부에서 발원하여 북동쪽의 파리 분지로 흘러들다가 서쪽으로 꺾어져 대서양 연안의 어귀까지 약 1,000km가 넘게 이어진다. 강을 따라 길게 이어진 지역은 기름진 충적토로 풍요로운 곡창 지대를 이루고 있어 프랑스 중서부 지방의 젖줄이라 불린다. 그렇기에 고대부터 이 지역은 강을 따라서 형성된 정착과 교역을 위한 요충지로 프랑스 역사에 있어 주요한 무대가 되었다.

루아르 밸리에는 크고 작은 약 300개의 요새나 저택, 성들이 밀집되어 있다. 프랑스의 다른 지역과 비교해 루아르 지역이 유독 성과 요새가 많은 이유는 이 지역이 가진 특별한 자연경관과 지리적 요건 때문이다.

첫 번째로는 아름다운 경치와 풍요로운 땅은 왕과 귀족들을 매혹하였다. 드넓은 경작지는 풍요로웠고, 드넓고 울창한 숲은 사냥을 즐기는 왕과 귀족들에게는 최고의 장소였다. 사냥용 별장과 저택들이 건설되었다. 두 번째로는 백년전쟁(1337~1453)이라 불리는 영국과의 오랜 전쟁 때문이다. 루아르 밸리는 영국이 프랑스를 치기 위해 오는 길목이었다. 루아르는 영국과의 길고 지루한 전쟁을 치르는 전쟁터가 되면서 방어용과 거주지로서의 요새들과 성들이 만들어졌다. 당시 정해진 왕궁이 없었던 왕이나 영주들은 전쟁의 양상에 따라 성을 옮겨 다니거나 새로운 성을 건축하면서 전쟁을 치르고 생활했다.

루아르 밸리는 앙리 4세가 권력의 중심을 파리로 옮기기 전까지—특히 뚜르(Tours)는—역대 왕과 귀족들이 거주하고 통치해 왔던 중세 프랑스의 정치와 문화 그리고 권력의 중심 무대였다.

루아르 밸리가 세계적인 유명 관광지가 되고, 2000년에는 유네스코 세계문화유산으로 등재된 배경에는 루아르강과 지류를 따라 형성된 도시와 고성(古城) 등 건축학적 유산과 드넓게 펼쳐진 포도밭 등 경작지가 어우러져 매우 아름답고 특출한 경관을 보여주기 때문이다.

뚜르를 중심으로 루아르강을 따라 이어지는 앙부아즈, 앙제, 블루아, 오를레앙, 소뮈르 등 역사적인 마을과 고성(châteaux)들은 수준 높은 프랑스의 문화유산이다. 프랑스 르네상스의 보석이라고 불릴 만큼 빼어난 아름다움을 자랑하는 슈농소성, 웅장함과 화려함의 극치인 샹보르성, 다빈치의 묘가 있는 앙부아즈성, 소설『잠자는 숲속의 미녀』의 무대가 되었던 위세성 등 수많은 중세의 옛 성들이 루아르 지역 전역에 자리 잡고 있다. 루아르는 관광객들로부터 가장 프랑스다운

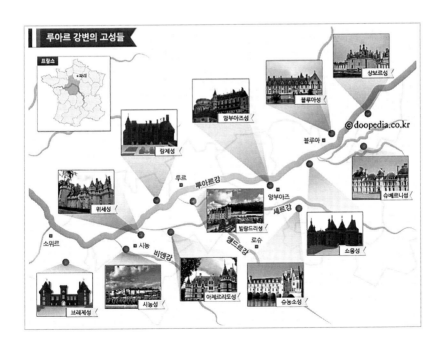

곳이라는 찬사를 받는다.

루아르 강변에 산재해 있는 무려 300개나 되는 고성이나 저택들을 모두 방문한다는 것은 불가능하다. 그렇다면 꼭 방문하면 좋을 고성들을 추천한다. 방문하는 성마다 저마다의 역사를 담고 있고, 건축양식, 유산, 정원의 스타일까지 간직하고 있어 풍성하고 흥미로운 과거로의 시간여행까지 떠날 수 있을 것이다.

2. 군왕들의 성

1) 샹보르성, 루아르 고성 여행의 하이라이트

샹보르성(Château de Chambord)은 루아르 밸리 고성 투어의 하이라이트이다. 1519년 프랑수아 1세의 명령으로 착공하여 140년 후인 1658년 루이 14세 때에 완성되었다. 성은 르네상스 건축양식의 걸작으로

분류된다. 특이한 것은 굴뚝과
작은 탑으로 프랑스 고유의 중
세 건축양식의 특징도 가지고
있다.

샹보르성은 루아르 밸리의
성 중 규모 면에서 가장 크고 화
려한 성이다. 성의 전면 길이는 156m이고 높이는 56m이다. 무려 426
개의 방과 77개의 계단이 있으며 282개의 굴뚝과 조각으로 장식된
800개의 기둥머리도 볼 수 있다. 샹보르성은 중세 시기 프랑스에서
가장 크고 화려한 성으로서 왕의 절대 권력과 부의 상징이었다.

프랑스 르네상스 시대를 대표하는 건축물임에도 불구하고 이 성을
누가 설계했는지에 관한 기록은 없다. 다빈치가 샹보르성의 초기 설
계에 참여했으며, 다빈치가 사망한 6개월 후 보카도르(Boccador)라고
불리는 이탈리아에서 온 건축가 도메니코 다 코르도나(Domenico da
Cortona, 1465~1549)의 디자인으로 건축이 시작된 것으로 알려져 있을
뿐이다.

샹보르성은 매우 혁신적이고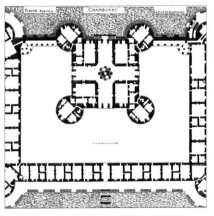
다양한 건축법으로 시도되었다.
그리스 십자가 모양의 중앙 탑
을 중심으로 완벽한 좌우대칭으
로 중세의 성채와 같은 구조이
다. 중정을 둘러싸는 외벽과 성
관은 너비 156m, 안쪽 길이가
117m에 달한다. 외관으로는 원
뿔 형태의 첨탑들이 하늘을 향

그리스 십자가 형태의 새로운 건축 구조

해 화려하고 웅장하게 솟아 있다. 이러한 구조는 프랑스에서는 완전히 새로운 건축 방식이었고 당시 이탈리아에서 유행했던 르네상스 건축 양식의 영향을 받았다고 볼 수 있다.

샹보르성은 '프랑스 르네상스의 아버지'라 불리는 프랑수아 1세의 흔적이 고스란히 남아 있는 곳이다. 이탈리아의 르네상스에 심취한 프랑수아 1세는 이탈리아 원정 후 이탈리아의 예술가와 건축가를 프랑스로 대거 초청하면서 프랑스 르네상스를 꽃피워 나갔다. 그때 프랑스로 초빙된 대표적인 인물이 우리에게 잘 알려진 르네상스를 대표하는 인간 레오나르도 다빈치(Leonardo da Vinci, 1452~1519)이다.

프랑수아 1세는 블루아 백작의 소유였던 성을 허물고 사냥용 별궁으로 다시 건축하도록 지시하였다. 그러나 이탈리아와의 원정 전쟁과 1525년 있었던 합스부르크 카를 5세와의 전쟁에서 패하여 스페인에 포로로 감금되었던 동안 성의 건축은 지지부진하였다. 성의 공사는 감금에서 풀려난 1526년에야 다시 본격적으로 재개될 수 있었다. 그러나 프랑수아 1세가 사망한 1547년까지 미완성인 채였고, 아들인 앙리 2세를 거쳐 오랜 시간 방치되어 있다가 루이 14세 때 현재의 모습으로 성이 완성되었다.

샹보르성의 원래 건축 목적은 사냥을 위한 별궁이었다. 이 지역은 유럽에서 가장 큰 숲으로 둘러싸여 있어서 매우 매력적인 사냥터였다. 샹보르는 그 중심에 건설되었다. 그러나 애초의 목적과는 달리 방어용 요새 겸 왕이 거주할 수 있는 대규모의 화려한 궁으로 건설되었다. 프랑수아 1세는 당시 치열한 경쟁자였던 신성로마제국의 카를 5세나 유럽의 왕들을 초대하여 자신의 위세와 권력을 샹보르성을 통해 과시하고자 했던 것이다. 그러나 아이러니하게도 성의 완공에 심혈을 기울인 프랑수아 1세가 이 성에서 머무른 날은 정작 총 72일

정도밖에 되지 않았다고 한다. 프랑수아 1세는 주로 블루아성과 앙부아즈성에서 거주하였다. 그래서 1년 중 며칠 머물지도 않은 성을 짓기 위해 프랑스 국고를 파탄 냈다는 이유로 샹보르는 프랑스 혁명 당시 성난

이중나선계단과 천장의 살라맨더 부조

군중들에게 오랜 기간 점령을 당하는 수난을 겪기도 하였다.

성의 내부 입구에 들어서면 가장 먼저 눈에 들어오는 것은 바로 이중나선구조의 계단(double felix staircase)이다. 1층부터 3층까지 연결된 이 계단은 다빈치가 설계했다고 전해지는 것으로 유명하다. 정면에서 보면 나선형 계단 한 개가 있는 것으로 보이지만 서로 연결되지 않는 두 개의 계단이 함께 있다. 올라가는 계단과 내려가는 계단이 엇갈려 있어 양쪽에서 동시에 올라가도 스쳐 지나가며 볼 수는 있으나 서로 직접 마주치지 않게 만든 독특한 구조이다.

샹보르성이 가지고 있는 매우 독특한 것 중 또 다른 하나는 성 내부의 벽면과 격자 모양의 둥근 아치 천장에 있는 약 700개의 불을 뿜는 도마뱀의 부조이다. 살라맨더(salamander)라 불리는 상상 속의 이 동물은 연금술에서는 "좋은 불은 살리고 나쁜 불은 삼키는 정화의 힘"을 상징한다.

당시 연금술에 심취한 프랑수아 1세는 살라맨더를 자신의 상징으로 삼았고, 그가 거쳐 갔던 성이나 궁에는 살라맨더와 자신의 머리글자인 F를 새겨 넣

프랑수아 1세의 상징인 F와 살라맨더

게 하였다. 루아르 고성 여행을 하다 보면 많은 장소에서 살라맨더를 만나게 되는데 모두 프랑수아 1세의 흔적들이다. 20대의 혈기 왕성한 프랑수아 1세는 샹보르성에다 자신의 엠블럼과 머리글자를 새겨 넣음으로써 화려하고 웅장한 이 성의 주인이 자신임을 널리 알리고 싶어 했다.

프랑수아 1세의 명령으로 왕권을 상징하는 성으로 시작되었던 샹보르성의 건축공사는 프랑수아 1세의 사후에도 지속되었다. 루이 13세의 남동생인 가스통 도를레앙(Gaston d'Orléans) 공작이 샹보르성의 공원을 완성하였으며, 루이 14세 재위 시기에는 성 본체가 완성되고 정원 등 주변 경관이 정비되었다.

많은 왕족과 귀족들이 샹보르성을 방문하고 머물렀다. 루이 15세의 장인인 폴란드 왕은 유배 당시 이 성에 머물기도 하였다.

샹보르성의 매력 중 하나는 바로 옥상 전망대이다. 성의 정원과 5,433헥타르에 달하는 드넓은 사냥터의 전망을 한 눈에 멀리까지 볼 수 있으며, 하늘을 향해 힘 있게 솟아 있는 수백 개나 되는 저마다 모양이 다른 아름다운 굴뚝들과 종루를 가까이 볼 수 있다. 이런 모습은 가히 장관이라 할 만하다. 성의 공원 안에는 대중에 개방된 수 km 길이의 산책길이 갖춰져 있다. 이곳을 거닐거나 자전거를 타는 것도 프랑스 최고의 중세 고성을 즐기는 좋은 방법이다.

샹보르성의 정원과 드넓은 사냥 숲

2) 블루아성, 중세 프랑스 왕궁이자 건축양식의 박물관

블루아성(Château Royal de Blois)은 파리로부터 184km 떨어진 루아르 강 북쪽 기슭의 언덕에 있는 성이다. 중세 시대부터 루아르 지역 교통의 요충지에 자리하고 있다. 블루아성은 루이 12세(Louis XII, 1462~

1515)가 태어난 곳이며 1498년 프랑스의 왕으로 오르자 왕궁으로 사용하였다. 그 때부터 부르봉 왕조를 연 앙리 4세(Henri IV)가 파리로 왕궁을 옮기는 1598년까지 약 400년 이상 프랑스 역대 왕들이 거주한 진정한 왕궁이었다.

루이 12세의 기마상

성에는 564개의 방과 75개의 계단이 있다. 침실만 100개에 이르며 각 방에는 벽난로가 설치되었다. 그 규모나 화려함으로 왕궁의 지위에 손색이 없다.

블루아성은 프랑스 건축물의 정수로, 중세에서 고전주의에 이르는 건축의 변천사가 집약된 4개의 건물이 ㄷ자 모양으로 전체적인 조화를 이루고 있다. 이곳에서 무려 7명의 왕과 10명의 왕비가 거주하였기에 블루아성은 그때그때 성주들의 취향에 따라 개축되고 증축되었다. 고딕이나 르네상스 등 다양한 건축양식이 이 성에서 보이는 이유이다.

입구에서 안뜰로 들어서면 정면에 고전 양식으로 세워진 가스통 도를레앙 성관이 있다. 오른쪽의 르네상스 양식의 건물은 프랑수아 1세의 성관이다. 이 건물에는 5층까지 조각된 8각형 계단이 하나의 나선 꼴로 계속 이어져 올라간다. 다빈치가 설계했다는 샹보르성의 계단을 닮았다. 생 칼레 예배당과

8각형 계단

루이 12세 익랑은 고딕 양식에서 르네상스 양식으로 바뀌어 가는 시기의 양식을 보여준다.

블루아성은 오랜 시기 역대 프랑스 왕들의 거주지였기에 역사의 두께만큼 중요한 사건들이 많이 얽혀 있는 장소이다. 1429년 4월 영국군에 의해 오를레앙이 포위 공격을 당하고 있을 때 잔 다르크가 랭스(Reims) 대주교로부터 신의 가호를 받으며 프랑스군을 이끌고 출격한 장소였다.

1588년 12월 프랑스 왕위를 탈취할 음모를 꾸몄던 앙리 드 기즈 공작과 그의 동생이 앙리 3세의 경호원에 의해 암살된 장소는 성의 2층이었다. 이 사건 며칠 후 앙리 3세의 모후인 까트린 드 메디치가 사망하였다. 공교롭게도 기즈 공이 암살된 바로 아래층 방이었다. 또한 루이 13세가 섭정을 통해 자신의 권력을 가지려 했던 어머니이자 앙리 4세의 두 번째 왕비인 마리 드 메디치를 유폐시킨 곳도 이곳이었다.

블루아성의 판화, 자크 리고(Jacques Rigaud), 1964

블루아성 내부에는 수많은 초상화와 당대의 역사를 담은 그림들이 가득하다. 기즈 공작이 살해된 방의 아래층에는 앙리 2세의 왕비인 까트린 드 메디치 집무실이다. 방의 4면 벽에는 총 237개의 비밀 금고가 설치되어 있고 각종 보물, 문서뿐만 아니라 정적을 독살하기 위한 독약을 보관했다.

프랑스 대혁명 때 성은 방치되면서 약탈당하고 대부분이 파손되어 병영으로 사용되기도 했다. 1841년 루이 필립에 의해 역사적인 장소로서 지정되면서 보수를 하였고, 현재 이 지역의 대표적인 관광지로 자리 잡았다.

블루아성을 즐기는 색다른 방법은 밤에 성을 방문하는 것이다. 밤이 되면 블루아성은 마법과 같은 '화려한 빛과 소리(Son et Lumières)' 공연으로 성의 역사에 생명을 불어넣으며 관람객들을 즐겁게 한다. 웅장한 성 건축물을 캔버스 삼아 블루아성의 이야기들을 그림과 소리로 재현한 스펙타클한 미디어 아트쇼가 360도로 펼쳐진다. 4월부터 9월까지 약 45분간 진행되며 자세한 정보는 블루아성 홈페이지(https://www.

소리와 빛의 쇼(Spectacle Son et lumière)

chateaudeblois.fr/)에서 확인할 수 있다.

3) 쉴리 쉬르 루아르성, 절대군주 루이 14세의 피난처

다른 루아르의 고성과는 달리 쉴리 쉬르 루아르성(Chateau de Sully-sur-Loire)은 오를레앙의 동쪽에 있다. 성은 요새의 기능과 궁전 같은

저택의 화려함을 동시에 갖춘 르네상스 양식의 독특한 건축물이다. 중세 시대의 거대한 탑과 해자가 그대로 남아 있다.

태양왕이라 불리는 루이 14세는 '프롱드의 난(La Fronde)'이 일어났던 6년 동안 어린 나이에 파리를 떠나 도망 다니며 각지의 피신처에서 살아야 했던 시절이 있었다. 이때의 잊을 수 없는 경험은 "짐이 곧 국가다!"라고 선언하며 절대왕정을 구축하게 한 동기가 되었다. 루이 14세가 이곳저곳 피난하던 시절 잠시 머물렀던 고성 중의 하나가 바로 쉴리 쉬르 루아르성이다.

쉴리 쉬르 루아르성은 12세기 초에 쉴리 영주의 저택이었다. 1218년에 필립 2세의 명에 의해 성벽 모퉁이에 감시용 탑이 세워지며 요새의 기능을 더하게 된다. 14세기에 부르고뉴 공작의 시종장이었던 기 드 라 트레무유(Guy de la Trémouille)가 새 성주가 되어 유명 왕실 건축가인 레이몽 뒤 탕플(Raymond du Temple)에게 성을 증축하게 한다. 성은 요새의 강화된 기능과 함께 화려한 르네상스 양식의 건축물로 세워진다.

1602년 성의 소유권은 다시 앙리 4세 때 쉴리의 공작인 막시밀리앙 드 베튄(Maximilien de Béthune)에게로 넘어갔다. 막시밀리앙 공작은 16세기 말에 프랑스의 신·구교 간의 갈등이 커지자 위협을 느끼고는 성의 요새 기능을 강화하기 위해 포대를 설치할 수 있는 거대한 원형탑을 세웠다. 그리고 외부의 적들에게 노출되지 않고 성의 내부에서 자유로이 움직일 수 있도록 탑과 건물들을 잇는 회랑을 만들었다.

이후에도 성은 여러 차례 보

수공사들이 이어지며 관리되어 오다 1918년 화재로 큰 피해를 보았다. 제2차 세계대전 당시에도 폭격당해 크게 파손되어 방치되다가 1962년 루아르 지역위원회가 성을 사들여 지금의 성으로 복구하였다.

성문을 마주 보고 오른편에 있는 직사각형의 규모가 큰 건물은 14세기에 망루 역할을 하던 주루이고, 왼편에는 르네상스풍의 저택과 회랑이 길게 늘어서 있다. 뒤쪽으로는 17세기에 세워진 포격용 탑이 자리하고 있다. 성문과 정원을 잇는 다리는 도개교였지만 지금은 고정되어 있고, 성과 정원을 둘러싼 호수에는 성의 모습이 그대로 비춰 아름답다.

성의 내부는 붉은색, 분홍색, 파란색 등으로 통일을 이뤄 어우러진 방들이 있으며 그 중에서도 인상적인 방은 '프시케의 침실'이다. 이곳에는 방의 이름처럼 에로스와 프시케의 신화를 다룬 17세기 태피스트리가 걸려 있다. 섬세하고 화려한 태피스트리와 조화를 이룬 침실의 장식에 감탄사가 절로 나온다.

프시케의 침실

또 다른 방으로는 앙리 4세의 초상화가 걸려 있는 '왕의 침실'이다. 이곳에서 루이 14세가 머물렀다. 그가 루아르 계곡의 수많은 아름다운 고성 중에서도 규모가 비교적 작은 이 성을 선택한 이유는 요새의 기능을 최대한 살린 이점 때문이었다. 이 성에는 루이 14세뿐만 아니라, 볼테르, 잔 다르크도 잠시 체류했다고 한다.

현재 쉴리 쉬르 루아르성은 중세 요새건축과 르네상스 양식의 조화를 이룬 건축미와 오랜 역사적 가치를 인정받아 프랑스 역사 문화재로 등재되어 있다.

4) 시농성, 잔 다르크 역사에 등장하다

시농(Chinon)은 뚜르에서 서남쪽으로 45km 떨어진 곳에 있다. 프랑스와 영국 간 백년전쟁의 역사에 관심이 있다면 시농성(Château de Chinon)을 방문하는 것이 좋다. 시농성은 비엔강(Vienne)과 강 건넛마을이 내려다보이는 언덕에 자리한 방어용 요새이다. 산등성이를 따라

500m 이상 뻗어 있다.

시농은 프랑스의 세 지역인 앙주, 푸아투, 투렌이 만나는 지점에 있는 전략적 지점으로 갈로-로만 시대부터 중요한 방어 요충지였다.

오늘날 시농성은 유구한 세월에 녹아내린 벽들로 황폐한 모습을

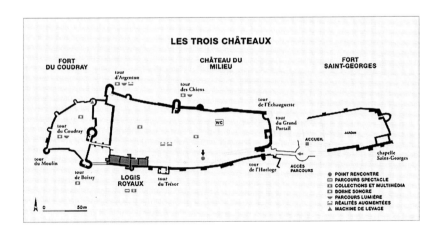

드러내고 있지만, 당대 왕들의 요새였다. 중세 시대의 성은 대지 약 39km²에 400개가 넘는 방이 있었을 정도로 루아르 고성 중에서도 큰 규모의 성이었다. 하지만 성의 내부에 있던 가구들은 프랑스 대혁명 당시 약탈당하여 대부분 방은 현재 비어 있는 상태이다.

그런데도 과거의 영광은 사라지고 낡고 허물어져 가는 옛 성을 방문하는 사람이 많은 이유는 프랑스를 구한 성녀 잔 다르크(Jeanne d'Arc)의 자취가 있는 유명한 장소이기 때문이다. 1429년 3월 8일 "프랑스를 구하라."는 신의 계시를 받은 잔 다르크가 신하들 속에 숨어 있던 샤를 7세를 찾아 군대를 일으킬 것을 호소하여 백년전쟁의 역사에 등장하게 된 운명의 장소가 바로 이곳 시농성이다. 잔 다르크는 이 성에서의 출현을 시작으로 프랑스 역사의 굵은 한 페이지를 써 내려간다.

잔 다르크는 샤를 7세를 설득하여 군사를 이끌고 오를레앙에서 영국군과 싸워 첫 승리를 거두며 루아르강 유역을 지켜냈다. 이 승리를 시작으로 승승장구하던 프랑스 군대는 랭스(Reims)에 입성하였고, 샤를 7세는 랭스 대성당에서 대관식을 치르고 정식으로 프랑스 왕위에 오를 수 있었다.

신하들 사이에서 왕을 찾는 잔 다르크, 돔레미 성당(basilique de Domrémy)의 프레스코화

비엔느강을 내려다보는 언덕 위에 위치하여 방어하기 좋은 장소였던 이곳을 더욱 강화하여 요새 겸 성으로 건설한 이는 10세기경 블루아 백작 테오발드 1세(Theobald 1)였다. 12세기 이 지역은 영국의 통치 아래 있

던 영토로서 프랑스와 끊임없이 전쟁 중이었다. 시농성은 앙주 백작, 노르망디 공작, 아키텐 백작, 낭트 백작 등 프랑스 영토의 영주 자격의 칭호를 가진 잉글랜드의 왕 헨리 2세(Henry II)의 핵심적인 방어 요새이자 주 거주지였다. 헨리 2세는 프랑스군과 전쟁을 치르면서 오늘날의 시농성 모습으로 성의 대부분 건설한 장본인이었다.

그러나 그는 말년에 상속 갈등으로 자식들이 반란을 일으켜 힘든 시기를 보냈다. 훗날 사자왕이라 불리는 아들 리처드(Richard I)가 프랑스의 필립 2세(Philip II)와 연합하여 반란을 일으켰다. 아끼던 막내아들 존(John)마저 리처드의 편에 가담해 반란에 일으키자 충격을 받은 헨리 2세는 전의를 상실한 채 자신의 고국 영국이 아닌 이곳 시농성에서 죽고 말았다. 1189년 그의 나이 56세였다. 1205년 8개월간의 포위 공격 끝에 프랑스 왕 필립 2세는 시농성을 정복하였고 그 이후 앙주지방을 영국으로부터 빼앗아 프랑스에 편입시켰고 성은 앙주 가문의 왕실 거주지로 사용되었다.

성은 동쪽에 있는 생 조르쥬 요새(Fort St. Georges), 가운데에 있는 밀리외성(Château du Milieu), 서쪽에 있는 쿠드레 요새(Fort du Coudray)로 각 성채 사이에 해자가 있는 세 구역으로 나뉜다. 요새의 중앙 부분인 밀리외성의 주요 특징은 35m 높이에 서 있는 시계탑(Tour de

성의 가장 서쪽에 위치한 쿠드레 요새

l'Horlage)이다.

쿠드레 요새는 1307년에 당시 템플기사단의 단장이었던 자크 드 몰레(Jacques de Molay)와 기사단원들이 유폐되어 있던 곳이다. 필립 4세는 1307년 템플기사단원들의 막대한 재산과 권력을 못마땅하게 생각하여 이단과 부도덕이란 죄목으로 템플기사단원들을 잔인하게 탄압했었다.

1314년 3월 마지막 그랜드 마스터 자크 드 몰레는 파리에서 화형을 당해 죽어가면서 프랑스 왕과 교황을 저주하였다. 저주 때문인지 교황 클레멘스 5세는 같은 해 4월에 급사하고, 필립 4세도 11월에 갑작스러운 의문의 죽음을 맞이하였다. 곧 템플기사단은 해체되었다. 그때의 흔적은 갇혀 있던 기사단원들이 새겨놓은 벽의 낙서에서 찾아볼 수 있다. 밀리외성 옆에는 성을 지키며 사냥에 동행하던 황실견의 사육장으로 사용하던 개 타워(tour des chiens)가 있다.

3. 다빈치의 마지막 여정, 루아르 고성

1) 앙부아즈성, 다빈치 여기 잠들다

앙부아즈성(Château royal d'Amboise)은 앵드르-에-루아르(Indre-et-Loire) 지역의 작은 마을인 앙부아즈의 높이 솟은 언덕에 성채처럼 서 있다. 이 성에서 15세기 르네상스 시기부터 19세기까지, 파리가 프랑스의 수도가 되기 전까지 샤를 8세와 프랑수아 1세 등 역대 프랑스 왕들이 거주했다.

앙부아즈는 고딕 양식이었던 성이 르네상스 양식으로 개축된 성이다. 발루아 가문의 출신 샤를 8세가 1494년 나폴리에 대한 앙주 가문

의 계승권을 명분으로 이탈리아 원정을 갔을 때, 나폴리의 개방적인 건축양식에 자극받아 이탈리아 건축가와 조각가들을 프랑스로 초청하였고, 앙부아즈성은 바로 그들이 르네상스 양식으로 재건축한 성이다.

루아르의 고성 중 이탈리아 르네상스의 영향을 가장 많이 받았기에 르네상스 건축의 보물이라고 불린다. 지금은 성의 일부분만 남아 작고 평범한 성처럼 보이나 중세 시기 앙부아즈성은 프랑스 왕들의 궁전 역할을 했기에 매우 큰 규모였다.

앙부아즈성은 '앙부아즈의 음모(La Conjuration d'Amboise)'라는 사건이 발생한 역사적 장소이자 르네상스 거장 레오나르도 다빈치가 잠들어 있는 곳으로도 유명하다. '앙부아즈의 음모'란 1560년에 발생한

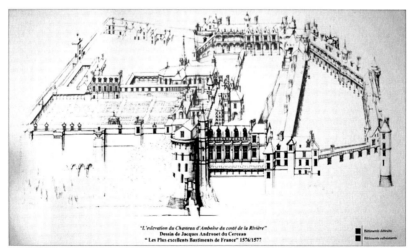

자크 앙드루엣 뒤 세르쏘가 그린 조감도. 1576/1577년 당시 성의 규모와 전체 모습. 짙은색이 현재 남아 있는 건물이고, 옅은색 부분은 현재 멸실되어 없어진 부분이다.

프랑스 왕위를 두고 발생한 권력 암투 사건이다.

1559년 앙리 2세가 사망하자 아들인 프랑수아 2세가 15세의 나이로 프랑스의 왕위에 오른다. 프랑수아 2세의 왕비인 메리 스튜어트(Mary Stuart, 스코틀랜드의 메리 1세)의 삼촌인 기즈 공작(François de Guise, 1519~1563)이 어리고 병약한 프랑수아 2세를 대신해 실권을 장악하였다. 신·구교의 갈등이 심한 시기에 가톨릭의 실질적인 수장이 된 그는 위그노(Huguenot, 칼뱅파 신교도)를 가혹하게 탄압하는 정책을 펼쳤다. 기즈 가문의 개신교 탄압정책에 불만을 품은 위그노들이 1560년 3월 왕을 납치하고 기즈 공작을 체포하기 위한 반란을 기도했는데 내부의 밀고로 인해 사전에 발각되었다. 결국 사건의 주모자와 약 1,200~1,500명의 위그노들이 앙부아즈 성문 앞 광장에서 교수형을 당하였다. 그 기간이 약 1개월이나 지속되었다. 이 사건은 이후 약 30년간 프랑스를 혼란에 빠지게 할 위그노 전쟁(1562~1598)이 발발하는 계기가 된다.

앙부아즈성에는 매우 흥미로운 이야기가 하나 더 얽혀 있다. 이탈리아 르네상스의 거장 레오나르도 다빈치에 관한 것이다. 앙부아즈는 다빈치가 그의 생애 마지막 3년을 보낸 곳이며, 르네상스맨의 흥미로

운 역사와 삶의 마지막 흔적을 발견할 수 있는 곳이다.

1515년 이탈리아와의 전쟁에서 승리한 프랑수아 1세는 볼로냐에서 이루어질 종전협약을 위해 교황 레오 10세와 회동한 자리에서 우연히 다빈치를 만났다. 이미 다빈치의 명성을 알고 있었던 프랑수아 1세는 미켈란젤로나 라파엘로와는 달리 이탈리아 내에서 후원자가 없었던 다빈치를 편안하게 작품 활동에 몰두할 수 있도록 저택과 경제적 후원을 조건으로 프랑스로 올 것을 설득하였다.

1년 후인 1516년 여름, 그의 나이 64세 때, 다빈치는 제자 프란체스코 멜치(Francesco Melzi)와 시종 살라이(Salaï) 그리고 하녀 1명을 대동하여 왕이 머물던 앙부아즈에 도착하였다. 당시 그는 그림 3점을 가지고 왔는데 〈모나리자(Mona Lisa)〉, 〈성 안나와 성 모자(The Virgin and Child with St Anne)〉 그리고 〈세례자 요한(Saint John The Baptist)〉이다.

다빈치가 프랑스로 오자 프랑수아 1세는 자신이 머물고 있었던 앙부아즈성과 가까운 끌로 뤼세(Clos Lucé) 저택을 다빈치에게 하사하고 충분한 연금을 지급하며 작품에만 전념할 수 있도록 배려하였다. 다빈치는 끌로 뤼세에 머물면서 미완성이었던 〈모나리자〉와 〈성 안나와 성 모자〉를 완성하였고, 수학 실험과 해부학, 기계학 등 여러 방면에 관한 연구를 하였다. 1519년 다빈치는 67세의 나이로 끌로 뤼세에서 사망하는데 그의 유언장에는 그가 죽은 후 프랑스에 묻히길 희망

플랑브와이앙 양식으로 정교한 조각 장식의 파사드를 가진 생-위베르 예배당에는 다빈치의 묘가 있다.

〈레오나르도 다빈치의 죽음〉(도미니크 앵그르, 1818)

한다고 쓰여 있었다.

　도미니크 앵그르(Dominique Ingres)가 그린 〈레오나르도 다빈치의 죽음(Décès de Léonard de Vinci)〉이라는 작품에 67세의 다빈치가 끌로 뤼세의 저택에서 프랑수아 1세의 품에 안겨 숨을 거두는 장면이 등장하는데, 이는 역사상 가장 아름다운 예술가의 죽음이라고 평가받는다.

　다빈치는 죽을 때 자신을 후원해 준 것에 대한 감사하는 의미로 〈모나리자〉를 비롯한 자기 작품 모두를 프랑수아에게 헌사하였다. 다빈치의 대표작이며 세계에서 가장 유명하고, 가장 인기 있는 〈모나리자〉와 그의 마지막 작품들이 이탈리아가 아니라 프랑스 루브르 박물관에 전시된 이유이다. 다빈치의 유해는 앙부아즈성의 생−위베르 예배당(Chapelle Saint-Hubert)에 안치되어 있다.

2) 끌로 뤼세, 다빈치, 생의 마지막 열정을 사르다

끌로 뤼세성(Château de Clos-Lucé)은 앙부아즈성에서 약 500m 떨어진 곳에 있다. 팔각형의 타워 주위와 푸른 숲으로 둘러싸인 성은 12세기에 지어져 1471년에 보수공사를 하였다. 분홍색의 벽돌과 대리석의 외관은 15세기의 전형적인 건축양식을 보여주고 있다. 끌로 뤼세는 1490년 샤를 8세의 소유로 된 이후 약 200년 동안 프랑스 왕들의 여름 별장이었다.

샤를 8세는 자식을 잃어 슬퍼하는 왕비 안 드 브르타뉴(Anne de Bretagne)를 위해 예배당을 지었다. 예배당에는 다빈치의 제자들이 그린 〈수태고지(Annunciation)〉를 포함하여 4개의 프레스코로 장식되어 있다. 문 위의 〈빛의 처녀(Virgo Lucis)〉는 성의 새 이름으로 명명된

샤를 8세가 왕비를 위해 지은 예배당

르 끌로 뤼세(Le Clos Lucé)에 영감을 주었다고 전해진다. 성이라기보다는 오히려 귀족의 대저택이라 표현하는 게 어울리는 끌로 뤼세가 루아르의 고성 중에서 수많은 방문객을 받는 데는 그만한 이야기와 역사적 가치가 있기 때문이다.

다빈치가 작업했던 아틀리에 내부에는 사진과 함께 크로키, 발명품을 프로젝터를 이용해 당시의 모습을 상영하고 있어 그의 삶을 더욱더 생생하게 느낄 수 있다.

다빈치는 1519년 4월 23일 자신이 평생 연구한 모든 서류와 수기들은 제자인 멜치에게 남기고, 그의 재산은 충실한 하인과 하녀에게 유산으로 물려준다고 유언장을 작성하고, 1519년 5월 2일 67세의 나이로 이곳에서 숨을 거둔다.

성의 접견실 벽면에는 다빈치가 프랑스로 올 때 가지고 왔던 세 점의 작품들(모나리자, 세례자 요한, 성 안느와 가족)이 전시되어 있다.

물론 원본은 루브르 박물관에 있다.

다빈치의 작업실, 다빈치의 회화 작품들이 보인다.

지하에는 다빈치의 박물관이 있는데, 그가 남긴 데생으로 IBM 사에서 제작한 모형 40여 점과 작업 노트가 전시되어 있다. 작업 노트에는 최초의 전차와 낙하산, 기관총 모형, 변속 가능한 자동차 모형, 안전 잠금장치, 비행기 모형 등 수세기 후에나 실현될 과학 기계들의 데생들이 담겨 있다.

끌로 뤼세의 풍경과 다양한 식물들은 다빈치의 작품 속에 고스란히 담겨 있다. 성의 공원은 다빈치에게 예술적, 철학적 사고의 영감을 주는 곳이었다. 자연의 아름다움 외에도 이 공원에는 다빈치가 발명했던 많은 기계도 있어 이곳을 산책하는 동안 다빈치의 엔지니어적 면모도 찾아볼 수 있다.

끌로 뤼세의 지하에는 비밀 지하 통로가 있는데 앙부아즈 성과 연결되어 있다. 당시 젊은 왕인 프랑수아 1세는 다빈치를 몰래 만나기 위해 이곳을 통해 앙부아즈에서 뤼세로 비밀리에 왕래하였다. 프랑수아 1세는 다

앙부아즈에서 끌로 뤼세로 연결된 지하 통로

빈치를 아버지라 부를 정도로 서로 깊은 우정을 나누었다고 전해진다. 끌로 뤼세는 시대를 앞서간 르네상스 천재의 흔적을 만날 수 있는 흔치 않은 장소이다.

4. 귀부인들의 성

1) 슈농소성, 여섯 귀부인의 성

슈농소성(Château de Chenonceau)은 파리로부터 약 250km 떨어진 프랑스 중부 상트르에 있는 앵드르-에-루아르(Indre-et-Loire)주의 슈농소에 있다. 주 이름은 앵드르강과 루아르강에서 유래된 이름이다.

루아르강의 지류인 쇠르강(Cher) 위에 한 폭의 그림처럼 떠 있는 슈농소성은 베르사유 다음으로 가장 많은 방문객이 찾는 장소이다. 슈농소는 루아르 계곡의 수많은 고성 중에서 가장 우아하고 로맨틱한 성으로 프랑스 르네상스의 보석으로 불린다. 샹보르성이 남성적인 매력을 갖고 있다면 슈농소성은 여성적인 매력이 돋보이는 성이다.

400년을 걸쳐 슈농소성을 소유했던 주인들은 대대로 여성들이었다. 앙리 2세의 왕비 까트린 드 메디치를 포함하여 당대 권력의 중심

에 있었던 여성들이 성주였기에 정원이라든지, 건축양식, 가구 배치 등에서 여성 특유의 아름다움과 멋스러움이 물씬 묻어나는 것을 느낄 수 있다. 예를 들면 폭이 넓은 직선형 계단은 화려한 드레스를 입은 여인들을 배려하기 위한 것이었으며 부엌은 여성들의 공간인 만큼 섬세함과 배려가 돋보이면서 여인이 성주인 슈농소만이 가지는 특색들이 잘 나타나 있다.

한편으로 슈농소성이 더욱 특별한 것은 전 세계에서 거의 유일하게 다리 형태로 건축된 성이라는 점이다. 성은 강 위에 석조 아치가 건물 하단을 지탱하는 구조로 건축되었다. 그렇기에 흡사 다리 위에 성이 건축된 것처럼 보인다.

슈농소성은 멀리서 보이는 외관 때문인지 '쇠르강에 닻을 내린 배'라고 불리기도 하였다.

슈농소성의 원소유자는 마르크 가문(Les Marques)이었다. 백년전쟁 당시 마르크 가문의 영주가 잉글랜드군에 동조한 죄로 프랑스군에

의해 성이 완전히 파괴되었지만, 곧 재건되었다. 1513년 성은 프랑수아 1세의 왕실재정관인 토마스 보이에(Thomas Bohier)에게 매각되었다. 보이에의 부인인 까트린 브리소네(Catherine Briçonnet, 1494~1526)는 1521년 현재 기념품 가게로 사용되는 중앙탑(dungeon)만을 남기고 모든 건물을 철거하고 자신의 취향대로 여성의 섬세함이 돋보이는 르네상스 양식으로 완성하였다. 그러나 부정 축재로 벌금을 물게 된 처지에 내몰린 보이에의 아들은 1535년 프랑수아 1세에게 성을 양도하였다.

슈농소성의 역대 주인이 6명의 여인이었기에 '여인들의 성(Château des Dames)'이라고도 불린다. 그들 중 앙리 2세의 왕비 까트린 드 메디치(Catherine de Médicis, 1519~1589)와 왕의 연인이었던 디안 드 푸아티에 간의 사랑과 증오에 대한 이야기가 있어 흥미롭다.

앙리 2세의 연인인 디안 드 푸아티에(Diane de Poitiers, 1499~1566)는 슈농소성의 주인이 된다. 프랑수아 1세의 뒤를 이어 1547년 왕위에 오른 앙리 2세는 자식이 두 명이나 있는 미망인이자 자신보다 18살이나 연상인 디안에게 빠져 사랑의 증표로 슈농소성을 하사하였다. 성주가 된 디안은 화려한 정원을 만들고 르네상스 건축가인 필리베르 드 롬므(Philibert de l'Orme, 1514~1570)를 시켜 성과 이어지면서 강을 가로지르는 다리를 만들게 하였다.

그러나 앙리 2세가 마상시합에서 입은 부상으로 갑작스럽게 사망

하자 남편의 연인에게 늘 질투에 사로잡혀 있었던 까트린 왕비는 슈농소에서 디안을 내쫓는다. 대신 자신의 소유인 쇼몽성(Château de Chaumont)을 내주었다. 그리고 까트린은 디안이 만들었던 다리 위에 2층 높이의 회랑을 올리면서 현재의 모습으로 완성했다.

시간이 지나고 성은 앙리 3세의 미망인인 루이즈 드 로렌(Louise de Lorraine)으로, 다시 앙리 4세의 연인 가브리엘 데스트레를 거쳐, 1733년에는 끌로드 뒤팽이라는 대지주에게 팔려, 그의 아내루이즈 뒤팽(Louis Dupin)이 성주가 되었다. 뒤팽부인은 계몽주의 사상가인 볼테르, 루소, 퐁뜨넬, 몽테스키외 등과 친분을 맺고 예술가들을 후원하고 활동할 수 있는 장소를 제공함으로써 프랑스 계몽주의 발전에 지대한 공헌을 하였다. 장 자크 루소(Jean-Jacques Rousseau)는 아들(Louis Claude)의 가정교사이기도 했다. 루소는 그의 저서 『에밀(Émile)』에 "우리는 슈농소에서 음악을 연주하고 연극을 하기도 했다. 나는 쇠르 강가를 산책하며 더올린 실비의 오솔길이란 연극도 만들었다."라고 적었다.

시민들에게 존경과 추앙을 받던 뒤팽부인의 덕망으로 슈농소성은 혼돈과 파괴의 대혁명 시기에도 피해를 받지 않은 유일한 성이 될 수 있었다. 슈농소의 마지막 주인은 플루즈(Pelouze) 부인이었다. 그는 세월에 낡아가는 성을 복원하고 훌륭하게 관리해 지금의 모습을 유지하게 하였다.

슈농소성은 1차 세계대전 당시 부상자들을 치료하기 위한 군병원으로 이용되기도 하였다. 갤러리에 120개의 침대를 설치하고 엑스레이 장비를 갖춘 최신식 수술실도 구비하였다. 모두 2,254명의 부상자들이 병원이 폐쇄되는 1918년 12월까지 치료를 받았다.

슈농소의 내부는 르네상스 양식의 가구 16~17세기의 태피스트리와 루벤스, 틴토레토 등의 유명한 작품들을 볼 수 있다. 내부는 근위병

실, 성당, 디안 드 푸아티에의 방, 녹색의 방, 독서실, 회랑, 주방. 프랑수아 1세의 방, 응접실, 까트린 드 메디치의 방 등으로 구성되어 있다. 방마다 배치된 화려한 꽃무늬와 아기자기한 장식품들은 여기가 부인들의 저택이었다는 걸 새삼 깨닫게 한다. 외부에는 두 개의 정원이 있다. 성에서 바라본 오른쪽으로 넓게 펼쳐진 디안의 정원이 방사선 대칭형으로 가꾸어져 있고, 왼쪽에는 까트린의 정원이 있다. 까트린의 정원은 연적인 디안을 쫓아낸 다음 만들어졌다. 슈농소의 정원은 두 여인의 사랑과 질투가 만들어낸 걸작이다.

2) 쇼몽성, 쇼몽국제정원축제

쇼몽성(Château de Chaumont)은 프랑스 루아르 에 셰르(Loire-es-Chère)

주, 쇼몽 쉬르 루아르에 있는 첫 번째 성이다. 지리적으로 뚜르와 블루아의 중간 지점에 있다. 까트린 드 메디치에 의해 슈농소에서 쫓겨난 디안 드 푸아티에가 잠시 머물렀던 곳이다. 짧은 기간 동안 머물렀지만 섬세한 여성이었던 디안은 입구의 성탑들과 성 둘레의 곡선형 길을 공사하여 오늘날의 모습으로 정비하였다. 성에는 Catherine의 첫 글자인 'C' 두 개가 겹친 문장이나, Diane의 'D' 두 알파벳이 겹친 문장 등 두 여인의 흔적이 곳곳에 남아 있다.

쇼몽성의 기원은 11세기 초 블루아의 백작인 외드 2세(Oed II)가 이웃 지역의 경쟁자인 풀크 네라(Fulk Nerra) 앙주 백작의 공격으로부터 자신의 영지인 블루아를 보호하기 위해 루아르강이 내려다보이는

남쪽 기슭의 언덕에 요새를 세운 것이다. 성은 곧 앙부아즈 술피스 1세(Sulpice d'Amboise)의 소유로 넘어가서 약 500년간 앙부아즈 가문의 소유로 이어졌다.

그러나 피에르 앙부아즈(Pierre d'Amboise)가 프랑스의 왕인 루이 11세에게 대항하여 반란을 일으키자 1465년 루이 11세는 그의 모든 재산을 몰수하고 성을 불태웠다. 곧 몇 년 후인 1475년에 앙부아즈의 샤를 1세에 의해 성은 재건되기 시작했고 그의 아들 샤를 2세는 이 성을 중세 양식을 보존한 르네상스 양식의 매력 있는 성으로 탈바꿈하였다.

1550년에는 까트린 드 메디치가 이 성을 인수하여 노스트라다무스 (M. Nostradamus)를 포함하여 많은 천문학자들이나 예언가, 의사 등을 초대하여 시간을 보내곤 하였다. 성 꼭대기에는 까트린의 전용 점술사였던 노스트라다무스의 방이 있다. 왕비는 점술사와 함께 까마귀 피나 심지어 사람의 사체를 해부하며 앞일을 점쳤다고 한다.

쇼몽성에서는 매년 6월 중순부터 10월 중순까지 쇼몽국제정원축제 (Festival International des Jardins de Chaumont)가 개최된다. 매년 새로운 테마가 주어지면 전 세계의 유명 정원디자이너들이 작품 계획서를 출품한다.

출품된 작품 중 약 30여 점만이 선정되는데 선정된 디자이너들은 약 10헥타르에 이르는 구알루프 공원 내 250m²의 규모의 정원에다 자신이 설계한 정원을 만들어 전시하게 된다. 이 축제는 1992년 이래로 30년 가까이 이어져 오고 있으며 전 세계에서 온 수준급 조경사들이 설계한 창의적이고 기발한 아이디어의 정원들을 감상할 수 있다. 창의적이고 기발한 아이디어로 완성된 정원을 체험할 좋은 기회이다.

5. 귀족의 성

1) 슈베르니성, 틴틴의 모험

슈베르니성(Château de Cheverny)은 주도가 블루아인 루아르-에-쇠르(Loire-et-Cher)주의 슈베르니에 위치한 성이다. 프랑스 사람들에게는 벨기에 만화『탱탱(Tin Tin)』에 나오는 아도크(Haddock) 선장의 물랭사르성(Château de Moulinsart)의 모델이 된 곳으로도 유명하다.

만화 앨범 시리즈 중『유니콘 호의 비밀(Le Secret de la Licorne)』과『라캄의 보물(Le Trésor de Rackham le Rouge)』편에 슈베르니성이 나온다. 성의 입구에

들어서면 만화 『탱탱』의 등장인물들의 그림이 바로 눈에 들어온다. 만화 속 장면들을 재현한 땡땡 박물관과 기념품점도 있다. 또한 슈베르니성은 제2차 세계대전 당시 루브르 박물관에 있던 다빈치의 작품 〈모나리자〉를 숨겨두었던 이력도 있다.

슈베르니 백작인 앙리 위롤(Henri Hurault)과 루이 11세는 이 성을 전리품으로 획득하였다. 앙리 2세는 그의 애첩인 디안에게 성을 양도하였지만 그녀는 슈농소성을 선호하여 성을 받지 않았다. 결국 성은 이전 소유자의 아들인 필립 위롤(Philippe Hurault)에게 팔렸다. 필립은 블루아(Blois)의 조각가이자 건축가인 자크 부기에(Jacques Bougier)에게 설계를 맡겨 약 7년(1624~1630)에 걸쳐 성을 재건하였다. 1768년에는 대규모의 실내 보수공사를 하였다. 오늘날까지 슈베르니 백작의 후손이 소유하고 관리하고 있어서 다른 성들에 비하여 관리가 잘되어 깔끔한 인상을 준다.

특이하게도 슈베르니성에서는 당시 유행하던 르네상스 건축양식을 찾아볼 수 없다. 성은 하얀 외관에 회색 지붕을 가진 좌우 대칭성과 균형이 뛰어난 우아한 고전 양식으로 지어졌다.

슈베르니는 루아르 고성 중 가장 내부가 화려한 성으로 알려져 있다. 18세기 네덜란드에서 만든 샹들리에가 있는 식당과 8장의 태피스트리가 걸려 있는 왕의 방, 각종 무기 등이 전시된 위병의 방 등이 주요 관람 포인트이다. 더불어 1층

식당에 걸려 있는 〈돈키호테의 모험 이야기〉를 표현한 36개의 그림 또한 놓치지 말아야 할 작품 중의 하나이다.

슈베르니 백작 가문은 사냥을 무척이나 즐긴 가문으로 성 내부에는 2,000점이 넘는 사슴뿔 컬렉션이 전시된 이채로운 수렵박물관이 있다. 오늘날도 성주는 약 70여 마리의 사냥개를 사육하며 일주일에 2번 정도 사냥을 나간다고 한다. 성은 무리를 지어 있는 사냥개들을 관광객에게 공개한다. 유럽의 뛰어난 사냥개들을 볼 수 있는 기회이다. 슈베르니는 저택 내부의 화려한 실내 장식과 장식품, 사냥 취미 등을 통해 중세 프랑스 귀족 문화의 유산을 엿볼 수 있는 매우 드문 성이다.

2) 아제 르 리도성, 앵드르강에 박힌 다이아몬드

아제 르 리도성(Château d'Azay-le-Rideau)은 루아르강의 지류 중 하나

인 앤드르(Indre) 강가에 세워진 성이다. 성은 고딕 양식에 화려하나 사치스럽지 않은 16세기 플랑드르 양식으로 조화를 이룬 완벽한 건축물이라는 평가를 받는다. 성은 정원을 바라보는 정면의 직사각형 숙소와 이와 직각을 이루는 부속건물, 아울러 4개의 뾰족한 작은 망루의 구조를 하고 있다. 석판암 지붕, 높은 굴뚝, 후추통 모양의 망루, 석조 골격의 창틀 등이 자못 고딕 양식을 띠고 있지만, 전체적인 균형미가 뛰어나고 방어적 요소인 총안(銃眼), 망루, 성벽 주위의 참호(壕) 등을 장식적으로 처리하여 매우 우아한 모습을 표현하고 있다.

원래 주거용으로 지어졌지만 돌출된 필라스터와 성곽, 기둥 등 요새화된 중세 시기 성의 모습이 남아 있어 초기 르네상스 디자인으로 넘어가는 혼합된 건축양식의 모습이 고스란히 담겨 있다. 16세기의 프랑스의 건축물 중에서 가장 훌륭하고 대표적인 건축으로 손꼽는다.

4면이 강물과 숲으로 둘러싸인 성은 화려하지 않으나 동화 속에

나오는 고성처럼 아름다운 자태를 뽐낸다. 잔잔한 날이면 성의 모습이 강물에 비친 모습을 보고 프랑스 사실주의 문학의 거장 발자크(Honore de Balzac)는 이 성을 '앵드르강에 박힌 다이아몬드(diamant taillé à facettes, serti par l'Indre)'라고 칭송하였다.

성은 1518~1527년 사이 프랑수아 1세의 재정 담당관인 질 베르틀로(Gilles Berthelot)에 의해 건축되는데 그의 아내 필립 레스바이(Philippe Lesbahy)가 공사를 감독했다고 한다. 그 때문인지 성은 여성적인 섬세함이 돋보이며 기품이 있다. 바라보는 위치에 따라 그 모습을 달리하면서 아름답고 신비하기까지 하다. 재미있는 사실은 베르틀로가 프랑수아 1세로부터 횡령 혐의를 받자 도주하여 망명 생활을 하던 중 사망하는 바람에 성은 완성되지 못하였다. 결국 프랑수아 1세의 근위대장인 앙뜨완느 라팽(Antoinne Raffin)이 성의 새로운 주인이 되었고, 1535년에 성이 완공되었다. 1791년 혁명 직전에 매물로 나온 성을 샤를드 비앙쿠르 후작이 인수하면서 다시 비앙쿠르(Biencourt) 가문으로 넘어가게 되었다.

19세기 내내 비앙쿠르 가문은 대대적인 복원 작업을 거쳐 현재의 모습으로 갖추게 하였다. 정원 또한 영국 스타일로 조경되었다. 샤를드 비앙쿠르는 이렇게 가꿔진 정원을 보며 '맛있는 영국 정원'이라 부르며 감탄했다. 1905년 상트르(Centre) 주가 성을 매입해 보존해 오다가 1914년 역사 기념물로 분류하였다.

원래 아제 르 리도는 뚜르와 시농을 연결하는 길목에 방어용 성곽으로 건설되었다. 1119년 악마의 아들이라고 불리던 기사 리도(Rideau)의 소유가 되면서 아제 르 리도라는 이름의 마을이 만들어졌다.

성의 역사 중에는 샤를 7세와 얽힌 일화가 있다. 샤를 7세가 아직 왕자였을 때 시농에서 뚜르로 가기 위해 말을 타고 지나가다가 이

성에 주둔해 있던 부르고뉴 수비대에게 머리가 크고 못생겼다고 놀림을 받는 모욕을 당하였다. 화가 난 샤를은 성과 마을을 공격하여 불태웠고, 이 과정에서 354명의 병사가 학살되었다. 그런 이유로 이 마을은 18세기까지 '불에 탄 아제(Azay-le-Brûlé)'라고 불렸다. 파괴된 성은 16세기 초에 새롭게 건축되었다.

아제 르 리도 성에서 가장 정교하고 훌륭한 부분은 안마당의 거대한 중앙 계단이다. 180도로 꺾어지며 외벽에는 프랑스 왕가를 상징하는 조각들로 장식되어 있다. 고전적인 디테일이 고딕 디자인으로 작동되는 프랑스 르네상스 디자인의 대표적인 예라고 할 수 있다.

성 내부는 태피스트리, 가구, 회화 작품, 공예품 등도 당시 모습 그대로 잘 보존되어 현재에 이르고 있다. 대연회장(La grande salle de bal)의 벽난로 위에는 프랑수아 1세의 상징인 살라맨더 장식이 보인다. 그리고 벽을 둘

프랑수아 1세를 상징하는 천장의 살라맨더

러싸고 있는 〈야곱 조상들의 복성〉, 〈솔로몬의 재판〉, 〈언약의 궤〉, 〈사바 여왕의 방문〉 등 16세기 플랑드르 스타일의 양탄자가 아름다움을 더해 준다.

3) 위세성, 동화 속의 아름다운 고성

위세성(Château d'Uséé)은 뚜르에서 서쪽으로 약 20km 떨어진 리니 위세(Rigny-Ussé) 마을의 산 능선에 자리 잡고 있다. 15세기 명문가인 뷔엘 가문이 건축한 이 성에서 800여 명의 왕후와 귀족들이 살던 아름

다운 성이다. 게다가 위세성은 소설가인 샤를르 뻬로(Charles Perrault)가
『잠자는 숲속의 미녀(La Belle au bois dormant)』를 쓰기 위해 영감을 받았
던 곳으로 유명하다. 18세기를 대표하는 작가이자 철학가인 볼테르
(Voltaire)도 이곳에 머물면서 앙리 4세에게 경의를 표하며 관용을 호소
하는 서사시 『앙리아드(La Henriade)』를 썼다.

이 자리에 있던 최초의 성은 11세기 초 바이킹 출신의 노르만 영주
인 겔댕 소뮈르(Gueldin Saumur)에 의해 앵드르 계곡을 조망할 수 있는
언덕에 요새의 기능으로 건설되었다. 두 번째 영주가 된 겔댕 2세는
1040년 나무로 된 요새를 허물고 석재를 이용한 견고한 요새로 다시
지었다. 그 후 1431년 위세의 새로운 영주가 된 장 브이 드 뷔엘(Jeann
V de Bueil)은 10년 후 전쟁으로 폐허가 된 요새를 허물고 호화롭고
견고한 성으로 재건하였다. 재건을 위한 공사로 큰 빚을 지게 되자

뷔엘의 아들은 1485년에 성을 샤를 8세의 궁전 고관이었던 자크 데스피네(Jacques d'Espinay)에게 팔았다. 이때 성의 예배당이 세워진다.

성은 15세기에서 17세기 동안 바뀌는 성주에 따라 증축이 이루어져, 성의 정면에서 바라보았을 때 왼쪽 건물은 15세기 고딕양식, 중앙 건물은 16세기 르네상스 양식을, 오른쪽 건물은 17세기 고전주의 양식의 영향을 받아 다양한 양식이 조화를 이루고 있다.

성의 내부에는 경비실과, 태피스트리로 장식된 살롱, 금고가 있는 오래된 부엌, 갤러리, 초상화 컬렉션이 있는 왕의 방으로 이루어져 있다.

앵드르강이 내려다보이는 긴 테라스는 보방(Vauban)에 의해 만들어졌다. 정원은 당대 최고 정원사인 르 노트르(André Le Nôtre)의 작품이다. 르 노트르는 베르사유 정원을 설계한 왕의 정원사이다. 르 노트르는 대칭과 기하학적 모양, 원근법을 사용하였고, 장식용 호수와 분수를 설치하였다. 위세성 내부의 장엄한 계단을 만든 이는 베르사유궁을 건축한 궁정 건축가 쥘 아르두앙 망사르(Jules Hardouin Mansart)이다.

19세기에 작가이자 정치가인 샤토브리앙(François-René Chateaubriand)은 레바논 성지에서 삼나무를 가져와 공원에 심는다.

1700년경 위세성의 주인은 발랑티네 가문의 루이 2세(Louis II de Valentinay)가 되었다. 루이 2세와 친분이 있던, 『신데렐라』, 『장화 신은 고양이』 등 유명한 동화를 쓴 작가 샤를 페로(Charles Perrault, 1628~1703)는 이곳의 경치에 매료되어 위세성을 자주 방문하였다. 페로는 그림같이 아름다운 이 성에서 영감을 얻어 공주의 생일에 초대받지 못한 요정의 저주에 걸려 100년 동안 잠을 자는 공주를 왕자가 찾아와서 공주에게 키스하자 마법에서 풀려나 결혼한다는 유명한 동화 『잠자는 숲속의 미녀』를 집필한다. 위세성의 꼭대기 층에는 잠자는 숲속의 미녀에 등장하는 인형의 모형이 전시되어 있다.

4) 앙제성, 앙주의 견고한 방어용 성채

앙제성(Château d'Angers)은 파리에서 남서쪽으로 약 300km 떨어진 앙제(Angers) 시의 중심에 있는 성이다. 웅장한 17개의 탑으로 길이가 약 500m에 이르는 규모로 프랑스에서 가장 큰 성 중 하나이다. 약 700년 동안 감옥으로 사용되었다.

　이 장소에 세워진 최초의 건축물은 전략적 위치의 중요성으로 3세기경 로마시대에 세워진 요새였다. 세월이 흘러 851년 앙주(Anjou) 공국의 관할이 되자 앙제(Angers)의 주교가 메인(Maine) 강변의 돌출 바위 능선에 목조 요새로 다시 건설하였다. 13세기 초에는 오늘날의 모습을 가진 강한 인상의 성벽이 만들어졌다.

　9세기경 앙제는 앙주(Anjou) 백작이 지배하고 있었으나, 12세기에는 이곳 앙주 출신의 잉글랜드 플랜태저넷 왕이 통치하는 영국 제국(L'Empire Plantagenêt)의 일부가 되었다. 그러나 1204년 프랑스 왕 필립 2세가 이 지역을 정복하고 프랑스의 영토로 편입하였다. 필립 2세는 약 20,000km²(약 6,000평)나 되는 규모의 성에 높이 40m에 달하는 17개 탑이 있는 견고하고 웅장한 성으로 개축하였다. 성벽의 두께 또한 3m에 이를 만큼 매우 두껍고 튼튼하여 18세기 말에 발생한 방데의 전쟁(Guerre de Vendée)에서 대규모의 포격을 받았으나 성벽은 허물어지지 않을 정도로 난공불락의 요새였다.

성으로 들어갈 수 있는 유일한 길은 유럽의 거의 모든 요새나 성이
그렇듯이 해자 위에 놓인 다리를 통해 들어갈 수 있다. 웅장하고 강렬
한 외관과는 달리 성의 내부는 아름답게 디자인된 예배당과 잘 꾸며
진 정원으로 친근하고 아기자기하다.

앙제성의 중요한 유물 중 하나는 '묵시록 태피스트리(Apocalypse
Tapestry)'라고 불리는 일련의 태피스트리이다. 앙주 공작 루이 1세
(Louis I, Duke of Anjou)가 1373년 화가 헤네킨 드 브뤼주(Hennequin de
Bruges)와 태피스트리 직공인 니꼴라 바타이유(Nicolas Bataille)에게 의
뢰하였다. 묵시록의 장면이 그려진 이 캔버스의 전체 길이는 144m이
며 높이는 5.5m이다. 거장들이 이 거대한 태피스트리를 만드는 데
5년 이상이 걸렸다. 침입자를 방지하기 위하여 성의 둘레에 깊이 파놓
은 해자에는 꽃과 수목으로 조경된 정원이 투박하고 강인한 성의 외

묵시록 태피스트리(1373)

벽과 어울린다.

5) 몽소로성, 루아르강의 전략적 요새

몽소로성(Château de Montsoreau)은 비엔느강과 루아르강이 교차하는 지점인 멘-에-루아르(Maine-et-Loire)주의 몽소로(Montsoreau)에 위치한다. 알렉상드르 뒤마(Alexandre Dumas)의 소설 『몽소로 부인(La Dame de Montsoreau)』에서 불후의 명성을 얻고 최근에 역사적인 기념물로 복원되었다. 이 성은 1862년 및 1930년에 프랑스 문화부에 의해 프랑스 건축유산으로 등재되었다.

한눈에 내려다보이는 강둑 바로 위에 세워진 성은 시농과 소뮈르 사이에 흐르는 강의 교통을 통제하기 위한 전략적인 요새였다. 몽소로는 루아르강과 비엔강(Vienne)이 만나는 곳이자 앙주(Anjou), 투렌(Touraine), 푸아투(Poitou) 세 방향으로 나아갈 수 있는 교차점에 있었기 때문에 예부터 중요한 군사 거점으로 생각되었다. 따라서 일찍부터 이곳에는 방어를 목적으로 하는 요새가 들어섰을 것으로 추정된다.

샤를 7세의 상급 추밀고문관인 장 드 샹베(Jean de Chambet)가 1455년 건립하였다. 몽소로성은 소뮈르성, 몽트뢰유-벨레성, 레오성, 시농성 등과 이웃하고 있다.

1151년경 영국 플랜태저넷 왕조의 헨리 2세가 아버지 조프레 5세(Geoffrey V)에게 앙주지방을 물려받으면서 몽소로성도 함께 상속받았다. 이후 성은 혼인과 상속, 백년전쟁 등의 이유로 몇 차례 주인이 바뀌다가 15세기에 장 드 샹베의 차지가 되었다. 그는 외교 임무를 띠고 이탈리아를 여러 차례 다녀온 경험이 있었기 때문에 당시 이탈리아에서 번성하던 르네상스 양식을 접할 기회가 많았고, 프랑스로 돌아온 뒤 요새였던 몽소로성을 르네상스 양식의 주거용 건축물로 재건축하였다. 1455년에 시작된 개축공사는 공사는 1470년경에야 끝난다.

16세기에는 장의 손자인 샤를 드 샹베(Charles de Chambes, 1549~1621)가 성의 새 주인이 되었다. 그와 부인 프랑수아 드 마리도르(Françoise de Maridor)는 19세기 프랑스의 유명 소설가 알렉상드르 뒤마(Alexandre Dumas, 1802~1870)의 작품 『몽소로 부인(La Dame de Monsoreau)』에 영감을 준 것으로 유명하다. 앙리 3세와 앙주 공작 사이의 궁정 암투를 배경으로 하는 이 소설에서 몽소로 백작부인은 남편 샤를을 두고 루이 드 뷔시 당부아즈(Louis de Bussy d'Amboise)와 사랑에 빠지는 것으로 나온다. 19세기에 몽소로성은 방치되어 창고로 쓰이기도 했으나 20세기 초 멘 에 루아르(Maine-et-Loire) 도위원회가 사들여 복구하여 현재는 대중들에게 공개하고 있다.

몽소로성은 중세 봉건시대의 건축양식과 새로 가미된 르네상스 양식이 절묘한 조화를 이루고 있는 건축물이다. 남색 지붕과 빛바랜 회색 벽돌의 조화가 특히 인상적이며, 위에서 내려다보았을 때 기다란 주 건물에 탑 몇 개가 붙어 있는 구조이다. 강을 바라보는 건물 면은 꼭대기 돌출부 장식을 제외하고는 형태가 비교적 단순하며, 주 건물 양쪽 끝에는 육중한 사각탑이 서 있다. 반대편 육지를 바라보는 면에는 나선형 계단을 가진 두 개의 아름다운 중세 탑이 붙어 있는데, 지붕이 없는 탑의 상단은 르네상스 시대에 새로 꾸며진 것이다.

성 내부는 각종 연회와 행사를 위해 깨끗하게 단장되어 있다. 또한 18개의 방에는 루아르강과 관련된 전시관을 운영하고 있는데, 음향과 빛, 영상 등이 환상적인 분위기를 자아낸다. 1862년 몽소로성은 그 오랜 역사적 가치와 시대를 반영한 뛰어난 건축미를 인정받아 프랑스 역사 기념물로 등재되었다.

참고문헌 및 지도 출처

알고가자 프랑스, http://algogaza.com/

프랑스 여행, https://www.youtube.com/user/algogaja

https://fr.wikipedia.org/wiki/

https://lrl.kr/LlS

https://www.chateaudusse.fr/

https://www.chateausully.fr/

https://lrl.kr/crpv

https://www.experienceloire.com/chinon-chateau.htm

http://www.chateau-angers.fr/en/

https://lrl.kr/bBnI

https://lrl.kr/d7pJ

https://lrl.kr/dHoO

https://lrl.kr/Lit

https://www.chateausully.fr/

https://www.vinci-closluce.com/en/place-presentation

https://just-go.tistory.com/178

https://www.my-loire-valley.com/chateau-royal-damboise/

https://lrl.kr/dHoM

https://lrl.kr/bbmP

https://lrl.kr/bbmQ

https://www.chambord.org/fr/

https://kr.france.fr/ko/val-de-loire/list/chateau-chambord

https://www.chateaudeblois.fr/

https://brunch.co.kr/@cielbleu/83

https://brunch.co.kr/@delius/11

미국의 문화유산에서 문명과 역사를 읽다

김혜진

다양한 인종과 민족이 어우러져 살아가고 있는 미국, 과연 그 시작은 어디서부터였을까? 미국의 원주민이었던 인디언(네이티브 어메리칸)의 삶, 그리고 현재의 미국, '미합중국(美合衆國, United States of America)'의 시작점을 들여다본다.

메사 버드 국립공원, 차코문화, 푸에블로 데 타오스

위의 세 곳은 인디언의 흔적을 엿볼 수 있는 곳으로 유네스코 문화유산으로 등재되어 있다. 선사시대부터 이어져 온 인디언의 삶의 양식을 오늘날까지 전통적인 형태를 유지하며 보여주고 있는 장소이다.

그리고 '미국 독립기념관'은 미합중국의 건국 선조들이 모여 토론하고, 독립선언문을 썼던 곳으로 영국의 지배로부터 미국의 독립을

선언한 곳이다. 미국 민주주의의 출발지라 할 수 있는 '독립기념관'은
미국 역사상 가장 중요한 곳이라 할 수 있다.

1. 메사 버드 국립공원

콜로라도(Colorado) 남서부 지역에 위치하고 있는 메사 버드 국립공
원(Mesa Verde National Park)은 1978년에 유네스코에 등재되었다.

1) 문명의 발견과 아나사지 인디언

(1) 문명의 발견

1888년 겨울, 두 명의 카우보이가 도망간 소를 찾기 위해 웨더릴(Wetherill)에 뛰어들었다. 그곳에 자신들이 도달할 수 없는 절벽에 3~4층 높이의 벽돌집이 있는 것을 발견하였고 이곳에서 유물을 파내어 팔기 시작했다. 이를 본 많은 고고학자들이 이곳으로 몰려오기 시작했다.

1891년 스웨덴 사람인 구스타프 노든숄드(Gustaf Nordenskiöld)가 이 카우보이들의 도움으로 유물을 유럽으로 반출했다. 미국 정부에서 이러한 사실을 뒤늦게 알게 되어 1906년 황급히 국립공원으로 공포하고 유적지를 보호하기 시작했다.

카우보이가 이곳을 발견한 것이 계기가 되어 묻혀 있었던 이곳은 빛을 보게 되고 훗날 메사 버드(또는 메사 베르데) 공원이 된다. 메사 버드는 해발고도 2,600m에 위치해 있으며 평평한 탁자 모양의 고원이며 스페인어로 '녹색 대지(大地)'라는 뜻을 가지고 있다.

메사 버드 국립공원은 푸에블로 인디언(Pueblo Indian)의 고고학적 유적지를 보호하고 있다. 이 공원은 1906년 의회와 시어도어 루즈벨트(Theodore Roosevelt)[1] 대통령에 의해 설립되었다. 6세기에서 12세기에 걸쳐 푸에블로 인디언들이 건설한 600여 채의 절벽 거주지(cliff

---

1) 시어도어 루즈벨트는 미국의 제26대(1901~1909) 대통령이다. 그는 테디 루즈벨트(Teddy Roosevelt)라는 별명을 가지고 있다. 루즈벨트는 1902년 곰 사냥에 나서는데 당시 상처 입은 곰을 사냥하지 않고 돌아온다. 이 소식을 들은 장난감 가게 주인이 자신의 가게에 전시해 둔 인형에 루즈벨트 대통령의 애칭인 '테디'를 붙인다. 이것이 '테디 베어'의 시초이다.

dwellings)[2]를 포함하여 가파른 협곡에 많은 유적지가 있으며 미국에서 가장 중요한 고고학적 유적지 중 하나라 할 수 있다. 약 4천여 채의 가옥이 유적지로 기록되어 있으며 100개가 넘는 방이 있는 절벽 거주지도 여전히 남아 있다.

(2) 아나사지(Anasazi) 인디언

550년경부터 1270년까지 이곳에 인디언 원주민이 살았다. 550년 아나사지(Anasazi)라는 인디언들이 이곳에 작은 왕국을 세워서 살기 시작했다. 이들은 절벽 위에 가옥을 지어서 생활하는 독특한 방식을 가지고 있었다.

아나사지 인디언은 메사 버드 지역의 최초 집단 거주자였으며 옥수수 농사를 짓고 사냥을 하며 살았다. 6세기부터 메사 버드의 중심부에 사는 인디언들은 옥수수, 콩, 호박 등을 재배했다. 옥수수와 콩은 이들에게 매우 중요한 영양 공급원이었으며 사냥에 대한 의존도를 감소시킬 수 있었다. 특히 이들의 식량 중 옥수수의 비중이 점점 커져서 농작물 수확에 성패에 따라 이들의 삶은 많은 영향을 받았다.

이들의 후예인 푸에블로 인디언들은 자신의 선조와 마찬가지로 농사를 지으며 살았다. 이후 다른 부족의 침입을 피하기 위해 협곡의 양쪽 절벽으로 이주하여 돌을 깎아 벽을 쌓고 절벽에 돌로 된 제방을 쌓으며 방어력이 좋은 절벽 거주를 시작했다. 메사 버드의 거주지는 돌로 만들어졌으며 창문은 남쪽을 향해 있었다. 공간의 배치가 U,

---

2) 절벽거주지란 절벽에 흙으로 벽돌을 쌓아 만든 다층 구조의 집들이다. 보통 한 곳에 수십 개에서 수백 개의 방이 밀집해 있는 촌락으로 절벽 주택을 지어 살았다.

E, L 모양으로 위치되었으며 마을의 규모는 점점 커졌다.

13세기 말, 1276년에서 1299년까지 24년간 이 일대는 극심한 가뭄이 발생하였고 끊임없는 부족 간의 전투로 이들은 삶의 터전을 포기해야 했으며 생존자들은 다른 지역으로 이주해 마을만 남게 되었다. 이곳의 유적들은 고도로 발전된 인디언 문명을 보여주며 이들의 생활상도 보여주고 있다.

이들이 남긴 가옥에서 볼 수 있듯이 건축 기술이 매우 뛰어났다. 모래와 자갈로 벽돌을 만들었으며 물과 진흙으로 풀을 만들어 벽돌집을 지었다. 고고학자들이 메사 버드 지역을 발굴했을 당시 이곳에는 저수지, 흰 바탕에 검은색의 토기, 그릇, 항아리 식기류와 손으로 직접 짠 면포가 발견될 정도로 사회문화가 수준급이었음을 보여주었다.

2) 주요 유적

현재 공원에 남아 있는 인디언의 건축 유산 중 가장 큰 곳은 절벽 궁전(Cliff Palace)이며, 이외에 스프루스 트리 하우스(Spruce Tree House), 스퀘어 타워 하우스(Square Tower House), 발코니 하우스(Balcony House) 등이 있다.

(1) 절벽 궁전

절벽 궁전은 약 11세기경 암벽을 따라 지어졌으며 여러 층으로 이루어져 있다. 200여 개의 방이 있어 수백 명이 거주할 수 있는 규모로 푸에블로 인디언들의 주요 거주지였다. 4층 구조에 벽이 매우 두껍고 계단이나 통로는 없는 구조이다. 거주자들은 필요할 경우 사다리를

꺼내어 사용했다.

절벽 궁전 입구에는 깊이 3m, 지름 7m의 원형 구조물인 키바(kiva)
가 23개가 있다. 키바는 일종의 예배당으로 조상을 향한 제사를 드리
는 제례 의식과 공동체의 회의가 이곳에서 이루어졌다. 성인 20여
명이 둘러앉을 수 있을 정도의 큰 구덩이 모양으로 중앙에 화덕이
있고 벽에 아궁이와 환기장치가 있다. 이곳은 종교적이며 정치적인
의식이 이루어지는 곳이라 여겨 남성들만 출입이 가능했다. 절벽 궁
전 외부에는 원형 지하실도 있어 부족 간 사교활동을 위해 사용되었
다. 당시의 건축 규모와 기법을 그대로 잘 보여주고 있다.

(2) 스프루스 트리 하우스

세 번째로 큰 절벽 주택인 스프루스 트리 하우스는 남서부 푸에블로족의 조상들에 의해 약 1211년에서 1278년 사이에 지어졌다. 삼나무로 만들어졌으며, 길이 203m, 폭 84m로 3층짜리 건물이다. 이곳에는 약 130개의 방과 8개의 키바 또는 예배소가 있으며, 가장 큰 폭은 216피트(66m), 가장 큰 깊이는 89피트(27m)에 이르는 천연 동굴 안에 지어졌다.

이 절벽 주거지는 1888년에 처음 발견되었는데, 두 명의 지역 목장업자가 길 잃은 소를 찾다가 우연히 발견하였다. 더글러스 프루이스(나중에 더글러스 파이어라고 불린다)라고 알려진 큰 나무가 주거지 정면에서 메사탑까지 자라는 것이 발견되었다. 발견 초기 남자들은 이 나무를 타고 오르고 내렸으나 이후 초기 탐험가에 의해 잘려나갔다.

1908년 스미스소니언 연구소의 제시 월터 퓨케스 박사는 무너진 벽과 지붕의 파편을 제거하고 남아 있는 벽을 보수했다. 이후 사람들이 방문할 수 있게 되었다.

오늘날, 공원에서 가장 잘 보존된 절벽 주거지 중 하나로 알려져 있다. 모든 고고학적 유적, 특히 스프루스 트리 하우스와 같은 건축물은 지속적인 평가와 정비가 필요하다. 동물과 곤충뿐만 아니라 강우, 동굴 폭포와 같은 자연적 요소들을 관찰할 수 있는 중요한 장소이다. 이곳은 매년 정기적으로 모니터링되고 있다.

(3) 스퀘어 타워 하우스

메사 버드에서 가장 높은 건축물로 푸에블로 인디언들이 1200년에서 1300년에 거주했던 주택지이다. 스퀘어 타워 하우스는 공원에서 가장 높은 형태의 구조로 메사 베르데의 가장 인상적인 절벽 주거지 중 하나라 할 수 있다.

　메사 탑 꼭대기를 방문한 방문객들은 전망대에서 멋진 경치를 볼 수 있다. 도보 여행자들은 투어 가이드가 안내하는 스퀘어 타워 하우스 내부를 관람할 수 있는 기회를 가진다.

(4) 발코니 하우스

　발코니 하우스는 가장 험한 절벽에 있어서 접근하기가 어려운 유적지이다. 발코니 하우스는 현재까지도 13세기 애리조나주와 뉴멕시코주의 푸에블로 인디언의 조상들이 키바와 광장을 잘 보존하고 있다. 많은 사람들이 이곳을 건축하고 거주하고 있는 사람들에게 경의를 표한다.
　발코니 하우스의 터널과 32피트 높이의 출입구 사다리는 메사 버드 공원을 미국에서 가장 모험적인 관광지 중 하나로 만든다.

발코니 하우스는 38개의 방과 2개의 키바가 있는 중규모의 마을이었고 30여 명까지 수용되었다. 근처에 자연적으로 발생하는 두 개의 우물이 있었다. 한 개는 동굴 안에, 한 개는 동굴 바로 아래에 있었다. 흥미롭게도, 우물의 지붕은 북동쪽을 향하고 있는데, 이것은 내부의 집들이 겨울 동안 태양으로부터 거의 온기를 받지 못했다는 것을 보여준다. 이는 이곳에 거주했던 사람들이 햇빛보다는 물을 구하고 저장하는데 더욱 중점을 두는 삶을 살았음을 추측할 수 있게 한다.

(5) 롱 하우스

웨더릴 메사에 위치한 절벽 주거지인 롱 하우스는 두 번째로 큰 가옥이다. 절벽 궁전에서 조금만 이동하면 롱 하우스가 있다. 절벽 궁전보다는 접근하기 쉬운 곳에 위치해 있으며 자연환경을 최대한 활용한 집이다.

1959년부터 1961년까지 웨더힐 메사 고고학 프로젝트의 일환으로 발굴되었다. 국립공원관리공단과 내셔널 지오그래픽 협회의 자금 지원을 받은 이 프로젝트는 1958년부터 1963년까지 웨더릴 메사에서 15개의 유적지를 발굴했다.

롱 하우스는 약 150개의 객실, 21개의 키바, 창고, 탑 그리고 중앙 광장으로 이루어져 있다. 150명에서 약 200명의 사람들이 함께 살았다. 그러나 일반적인 절벽 주거지와 달리 방이 밀집되어 있지 않다.

롱 하우스의 건축적 특징 중 일부는 웨더릴 메사 각지에서 사람들이 모여 무역을 하거나 공동체의 행사를 열었던 공공장소이기도 했음을 시사한다. 이 유적지의 중앙에 있는 광장은 대부분의 다른 마을보다 크며, 다른 메사 베르데 고고학 유적지에서는 자주 볼 수 없는 특징을 가지고 있다.

예로부터 푸에블로 사람들은 공동체를 중요하게 여겼으며 조상들을 향한 제례의식을 철저하게 지켰다. 롱 하우스의 객실과 키바의 수가 다른 곳보다 월등히 많고 공식적인 광장이 존재한다는 것이 이를 증명한다.

롱 하우스는 메사 베르데 국립공원의 서쪽 부분에 있는 '웨더릴 메사'에 위치해 있다. 롱 하우스는 가파르고 꼬불꼬불한 도로를 운전해야지만 갈 수 있다. 차량 길이는 25피트 이하로 제한된다. 그 길을 따라가다 보면 자연적 특징과 산불에 대한 정보가 담긴 표지판들이 있다. 길의 끝에서 공중화장실, 스낵바 등 방문객들을 위한 장소가 마련되어 있다.

웨더릴 메사로 출발하기 전 반드시 메사베르데 방문객 및 리서치 센터에서 두 시간 동안 롱 하우스를 관람할 수 있는 티켓을 구입해야 한다.

이 지역은 걷기와 자전거 여행을 염두해 두고 설계되었다. 웨더릴 메사의 대부분의 지역은 산책로로 이용이 가능하다. 약 5마일 정도의 구간이며 자전거 타기와 하이킹도 가능하다. 웨더릴 메사는 메사 베르데를 좀 더 편안하게 체험할 수 있도록 한다. 단, 롱하우스는 티켓을 구매하고 허가를 받아야만 관람이 가능하다.

(6) 메사 버드 태양 사원

메사 버드에 거주했던 푸에블로 인디언들은 천문을 관측하여 농사를 지었고 종교 의식을 계획하고 행했다. 건축물 또한 이를 고려해서 지어졌다. 메사 버드 태양사원은 푸에블로 인디언들이 의식을 치르기 위해 건축한 곳으로 D자 형의 모양으로 위치와 방향이 태양과 달의 주기를 이해해야지만 건축이 가능한 것이었다.

3) 현재의 메사 버드 국립공원

메사 버드 국립공원의 입구는 코테즈(Cortez) 지역으로부터 동쪽으로 약 14km, 콜로라도 주 맨코스에서 서쪽으로 약 11km 떨어진 160번 국도에 있다. 메사 버드 방문객 센터[3]는 공원 입구 부스에 있으며 이는 2012년 12월에 문을 열었다. 메사 버드 지역의 경우 연방 단독 관할 구역으로 모든 법의 집행, 응급 의료 서비스, 야생지/구조 소방업무 등 모든 것은 연방 법에 따라 이루어진다.

---

3) 방문객 센터에는 아나시지족이 사용하던 도기가 전시되어 있다.

공원에 입장할 수 있는 시간은 계절별로 상이하나 메사 버드의 절벽 주택 중 세 채는 일반인에게 1년 내내 공개되며 스프루스 트리 하우스도 날씨가 좋으면 1년 내내 문을 연다. 발코니 하우스, 롱 하우스, 클리프 팰리스는 메사 버드 국립공원의 공원 투어를 책임지는 파크 레인저(park ranger)의 안내가 필요하며 방문용 티켓을 반드시 구매해야 한다. 메사 버드 국립 공원은 하이킹 코스, 야영장, 숙박시설을 제공하기도 한다. 그러나 이 외의 다른 많은 주거지들은 현재 사람들이 거주하고 있으므로 관광객들에게는 개방하지 않는다.

2. 국립 차코문화역사공원

뉴멕시코(New Mexico)주에 위치하고 있는 국립 차코문화역사공원(Chaco Culture National Historical Park)은 1987년에 등재되었다.

1) 차코문화(Chaco Culture)의 시작

차코[4]는 독특한 건물, 특징적인 건축 양식으로 잘 알려져 있으며 차코문화만이 가지고 있는 독특한 고대 도시 종교의식의 중심지라 할 수 있다.

차코문화를 대표하는 국립 차코문화역사공원은 1907년 개관했으며 미국 뉴멕시코 북서부 외딴 협곡에 위치해 고도로 발달된 차코문화유산을 잘 보여주고 있는 곳이다. 900년부터 1150년까지 아나사지 인디언이 건설했다. 큰 흙 벽돌 건물들로 이루어져 있으며 1만 2000m²의 반 원형 구조이다. 75개의 외곽 마을들을 이어주는 도로가 방사형으로 뻗어 있다. 850년부터 1250년까지 고대 원주민의 문화 중심지이자 중요한 종교, 무역, 그리고 행정의 중심지였다. 역사적으로 차코문화의 번성은 고대 인디언 역사에서 찾아볼 수 없을 정도로 뛰어나 문화적으로 기념비적인 역할을 한다.

푸에블로 인디언들은 사암을 채집하고 먼 거리에서 목재를 운반했으며 19세기까지 북미에 지어진 큰 건물 중 15개를 지었다. 많은 차코의 건축물들은 태양과 달의 주기를 볼 수 있도록 만들어져 천문 관측이 용이했다.

푸에블로 인디언 수천 명이 살던 마을이었던 푸에블로 보니토(Pueblo Bonito)는 10세기경 지어진 집터로 규모가 매우 크고 완벽한 형태를 유지하여 잘 발굴되었다. 그러나 1130년부터 시작된 가뭄은 끝날 기미도 없이 계속 이어져서 1150년 대부분의 인디언들은 이곳을

---

4) 차코 협곡은 1823년 멕시코의 호세 안토니오 비즈카라가 이끄는 탐험대에 의해 처음 발견되었다.

버리고 다른 지역으로 이동을 하게 된다. 이 가뭄이 1180년까지 이어져 차코문화가 무너지는 원인이 되었다. 발견된 유적지는 2,000여 개가 넘었으나 그 중에서 발견된 유적지는 소수에 불과하다.

미국 남서부의 혹독한 환경을 극복하고 문화를 4세기 이상 문화를 이끌어온 차코인들의 업적을 생생히 볼 수 있다. 이 공원은 멕시코 북부의 고대 유적을 가장 많이 소장하고 있으며 미국에서 중요한 콜롬비아 이전의 문화 및 역사를 잘 보여주고 있다.

2) 차코문화의 유적

(1) 우나 비다(Una Vida)

우나 비다는 차코 협곡에 있는 고고학적 유적지이다. 사막과 같은 황야의 고원 지대에 위치해 있다. 800년경 푸에블로 보니토와 동시에 건축이 시작되었으며 푸에블로 인디언의 3대 가옥 중 하나이다. 최소 2층, 160개의 방으로 구성되어 있으며, 930년 이후에 대규모로 확장되었다.

우나 비다는 건물 자체의 수는 적으나 절벽을 거슬러 올라가면 인간의 형상, 태양표지, 기하학적 형태를 묘사한 암각화로 둘러싸여 있다. 19세기 중반 뉴멕시코 지역을 조사하던 미군에 의해 처음 발견되었고 멕시코와의 전쟁 이후 1950년대부터 1960년대에 일부만 발굴되었다.

우나 비다는 방문객 센터 앞 주차장에서 걸어갈 수 있을 정도로 가까운 거리에 있다.

(2) 킨 크렡소(Kin Kletso)

사암의 색이 노란색을 띠고 있어서 '노란집(Yellow House)'이라는 뜻을 지닌 킨 크렡소는 국립 차코문화역사공원에 위치한 푸에블로 인디언의 대저택이다. 1125년부터 1200년까지 북부산후안 분지에서 차코로 이주한 푸에블로인들이 1125년에서 1130년 사이에 건축했다. 이곳은 푸에블로 보니토에서 서쪽으로 0.5마일(0.8km) 떨어진 곳에 위치해 있으며 약 55개의 방, 4개의 키바 그리고 1개의 타워 키바로 이루어져 있다. 이곳을 발굴하는 과정에서 터키석이나 조개껍질로 만든 구슬이

발견되어 푸에블로 인디언들이 구슬 공예를 했던 흔적을 엿볼 수 있다.

(3) 푸에블로 알토(Pueblo Alto)

푸에블로 알토는 '높은 곳에 있는 마을'이라는 뜻을 지니고 있다. 국립 차코문화역사공원에 위치한 푸에블로 인디언의 대저택으로 차코 지역에서 가장 높은 곳에 있다.

단층으로 된 저택으로 89개의 방으로 구성되어 있으며 푸에블로 보니토에서 0.6마일(1km) 떨어진 차코 캐년의 중앙 부근에 있으며 1020년에서 1050년 사이에 건축되었다.

푸에블로 알토는 차코 지역의 꼭대기에서 북쪽으로 트인 시야를 확보할 수 있고 넓은 땅을 내려다볼 수 있다. 또한, 당시 만들어진 직선도로들이 푸에블로 알토로 모이고 있어 이곳이 교통의 요지였음을 알 수 있다.

푸에블로 알토로 올라가는 트레일(trail)이 있는데 킨 크렡소의 뒤편에서 시작하여 절벽 틈 사이로 올라간다. 왕복 3마일(약 5km)의 거리로

가는 도중에 푸에블로 보니토를 내려다볼 수 있는 지점도 있다.

(4) 푸에블로 보니토(Pueblo Bonito)

'아름다운 마을'이라는 뜻을 지닌 푸에블로 보니토는 국립 차코문화역사공원에서 가장 큰 유적지이다. 828년에서 1126년 사이에 푸에블로 인디언들에 의해 지어졌다.

푸에블로 보니토는 4층 구조의 건물로 800여 개의 방과 30여 개의 키바가 있다. 거주를 위한 용도의 방의 경우 대부분 1~2인이 거주하는 작은 크기였다. 현재의 아파트와 같은 구조로 벽에 난 창을 출입구로 하면서 복도나 문이 없는 형태이다.

남향으로 지어졌으며 춘분과 추분 때에 해 뜨는 지점과 해지는 지점을 연결한 선이 일치되도록 배치했다. 푸에블로 보니토는 종교 또

는 정치적 용도로 더 많이 사용되었다.

1920년대 접어들면서 제대로 된 발굴조사가 이루어졌다. 5년여의 발굴 기간 동안 철저하게 조사되고 6만여 점의 유물이 발견되어 뉴욕 박물관에 보관되어 있다. 푸에블로 보니토는 고고학적으로 유서 깊은 곳이라 할 수 있다.

1941년 1월, 근처의 바위가 무너지면서 협곡 벽의 일부와 많은 방이 부서져 현재는 건물의 일부 층만이 남아 있다.

3) 현재의 국립 차코문화역사공원

국립 차코문화역사공원(Chaco Culture National Historical Park)은 뉴멕시코 주 북서쪽에 위치하고 있으며 이는 앨버커키(Albuquerque)와 가깝다. 앨버커키에서 외곽도로로 운전하면 약 1시간 반 정도 걸린다.

메마른 황무지인 뉴멕시코 지역은 식물은 별로 없어 울퉁불퉁한 흙먼지길이 많다. 국립 차코문화역사공원으로 가는 길에 인디언보호구역을 볼 수 있다. 이 공원은 자동차, 자전거 또는 걸어서 구경할 수 있으며 4월에서 10월까지는 가이드 투어를 이용할 수 있다. 만약 공원에 방문할 기회가 있다면 미리 천문학에 대해 간단한 것은 공부를 하고 가는 것이 좋다. 국립 차코문화역사공원은 국제 밤하늘보호협회(International Dark-Sky Association)가 지정한 국제 밤하늘보호공원(International Dark-Sky Park)으로 별자리를 관측하기에 아주 좋은 장소이기 때문이다.

일몰 후, 공원에서 캠프파이어를 할 수 있고 밤하늘 프로그램에도 참여할 수 있다. 2022년 2월 낙석의 위험으로 인해 임시로 캠핑장은 폐쇄되었으나 현재 복구되어 일부 캠핑장은 이용이 가능하다.

3. 푸에블로 데 타오스

뉴멕시코(New Mexico)에 위치하고 있는 푸에블로 데 타오스(Pueblo de Taos)는 1992년에 등재되었다.

1) 미국의 가장 오래된 거주지, 푸에블로 데 타오스

타오스 푸에블로(Taos Pueblo)라 불리기도 하는 푸에블로 데 타오스는 미국 뉴멕시코주 타오스에서 북쪽으로 1.6km 떨어진 곳으로 애리조나, 뉴멕시코, 유타, 콜로라도의 경계 지역에 분포하고 있다.

리오그란데강의 협곡을 따라 위치하고 있으며 광활한 들판과 공존하는 곳이 바로 푸에블로 데 타오스이다. 푸에블로는 미국에서 가장 오래된 거주 지역 중 하나이며 유네스코 세계 문화유산으로 지정되어

있다. 푸에블로 데 타오스는 고대 푸에블로족이 살던 차코, 메사 버드와 같은 지역의 정착지와 비슷한 형태로 공동체를 유지해 왔다.

푸에블로 데 타오스는 극악무도한 백인들에게 탄압을 받았고 살육을 당했으나 스페인으로부터 점령당하기 이전 시대부터 있던 전통적 건축 양식을 잘 보존하고 있다. 푸에블로 데 타오스의 건축 양식은 이 지역에서만 볼 수 있는데 가장 두드러진 건축적 특징은 리오 푸에블로(Rio Pueblo) 양쪽에 지어진 적갈색 어도비(adobe)[5]의 다층 주거 단지이다. 또한 이곳은 주거용 건물과 의례용 건물이 결합되어 있는 특징도 지니고 있다.

푸에블로 데 타오스마을은 남과 북 두 그룹으로 이루어져 있다. 이곳의 건축물들은 햇빛에 말린 벽돌을 쌓아 겉면에 진흙을 칠했으며 지붕은 끈으로 동여매었다. 집의 크기는 각양각색으로 다양하며 일반적으로 4~5층의 높이로 지어졌으며 제사를 지내는 세 개의 방과 빵을 굽는 아궁이 등도 보존되고 있다.

담의 아랫부분은 보통 2피트, 윗부분은 1피트의 두께로 매년 마을 전체가 참여하는 의식으로 전체 담을 진흙으로 바른다. 각 주거지는 비교적 작아서 한층 위의 집들을 올라가려면 사다리를 타고 지붕의 구멍으로 가야 했다.

맨 꼭대기층과 바깥쪽에 위치하고 있는 집들이 주거용이었고 안쪽에 위치하고 있는 집들은 주로 곡식을 저장하는 데 사용되었다. 지붕은 삼나무 나무로 덮여 있었고 나무 위에는 몇 겹의 나뭇가지가 덮여

---

5) 어도비(adobe)는 모래, 찰흙, 물, 밀대나 풀 등의 물질로 만들어진 천연 건물용 재료이며 이를 틀에 부어 햇빛에 말린 붉은색 흙벽돌이 어도비 벽돌이다. 건축가들은 어도비 벽돌을 가지고 건물을 만든다. 이 지역은 비가 거의 오지 않기 때문에 비에 젖을 걱정이 없어 어도비 벽돌로 만든 집이 가능하다. 벽돌을 쌓아 올려 회반죽을 바른 건축양식은 페루의 북부 도시 트루히요 교외의 유적이 대표적이다.

있었고 그 위에는 두꺼운 진흙과 섞인 풀이 있었다.

푸에블로 데 타오스 건축물의 구조는 복잡하지만 주변의 기후 조건과 잘 어울린다. 벽난로, 바깥 대문, 다용도의 창호 등 유럽식 건축 양식을 활용했으며 전통 건축 양식과 이 지역 특유의 아메리카 선사시대 건축 양식이 조화를 이룬 대표적인 사례라 할 수 있다.

푸에블로 데 타오스는 외부의 침입을 막았던 인디언들의 상징적인 장소로 스페인의 식민지배에 대항하는 투쟁에서 매우 중요한 역할을 했다. 이곳은 뛰어난 건축 박물관이자 전통 인류 거주지의 뛰어난 예시를 보여준다. 17세기부터 문화 중심지로 출발한 푸에블로 데 타오스에서는 현재까지도 다양한 문화 행사가 이어지고 있으며 자신들의 문화를 지키고 있다

2) 타오스 사람들의 전통

(1) 죽음의 전통

푸에블로 데 타오스 사람들은 예의와 환대를 매우 중요시하여 낯선 사람들의 방문에도 절대 외면하지 않는다. 그러나, '영혼의 날'에는 그들의 가족들과 하루를 보내고 다른 외부인들과는 접촉하지 않는다.

푸에블로 데 타오스 족은 '영혼의 날'이나 누군가 장사된 날에만 묘지를 방문할 수 있는 전통을 가지고 있다.

(2) 남성과 여성의 관계

푸에블로 데 타오스의 문화적, 사회적 구조에서는 남성이 여성보다 우위에 있었으며 여성은 남성에게 종속되는 존재로 여겨졌다. 이러한 구조는 '키바'에서 제사를 지낼 수 있는 사람이 남성이었기에 여성은 신성한 공간에서 열리는 의식에 참여할 수 없었기 때문이다.

그러나 일부 '영적'인 활동에서 여성이 배제되었긴 하나 푸에블로 데 타오스 사회의 여성들은 경제적, 정치적, 사회적—특히 대인관계에 있어서—으로 상당한 영향력을 행사했다. 예를 들면, 독신 여성은 가정을 꾸려나갈 수 있었고 기혼 여성은 전통적으로 집안의 대소사를 해결했기에 재정적인 관리를 여성들이 할 수 있었다.

게다가, 여성들은 자신 주변의 남성들에게 영향력을 충분히 끼칠 수 있어서 비공식적인 의사 결정력을 가지고 있었다. 이러한 측면으로 인해 모계 사회였을지도 모른다는 추정이 있으며 민주적이며 평등한 관계를 어느 정도 유지했을 것이라는 추측이 있다.

(3) 종교

이 지역의 구성원들은 90% 이상이 가톨릭을 믿고 있다. 1540년경 이들을 식민지로 삼았던 스페인의 영향이 크다. 1619년 스페인은 인디언들을 문명화시켜 준다는 명목으로 산 제로니모 예배당(San Geronimo Chapel)을 지었고 가톨릭을 강요했다. 산 제로니모 예배당은 1680년에 한번 파괴되었다가 재건되었으나 1847년 미국-멕시코 전쟁 때 다시 파괴되었다.

현재의 성당은 1850년에 새로 지은 것이다. 이곳의 가톨릭은 고대 인디언들이 중요하다 여기던 타오스의 종교의식과 결합을 시킨 형태로 유지되고 있다. 즉, 타오스 인디언들의 관습을 유지하면서 접목되어진 가톨릭 종교라 할 수 있다.

3) 블루 레이크(Blue Lake)

블루 레이크는 푸에블로 데 타오스 사람들이 매우 신성하게 여기는 장소이다. 정부에게 강탈당한 적이 있으나 각고의 노력 끝에 1970년 연방 정부로부터 블루 레이크를 돌려받았다.

푸에블로 데 타오스 사람들은 자신들이 호수로부터 기원했다는 강한 믿음을 가지고 있었기에 이 신성한 블루 레이크의 반환을 가장 중요한 역사적 사건으로 여기고 있다.

4) 현재의 푸에블로 데 타오스

푸에블로 데 타오스의 보존을 위해 80만 달러 이상의 기금이 조성되어 있다. 이 기금은 푸에블로 데 타오스의 전통적인 건축물, 유지 보수 등과 건설자들의 교육을 위해 조성되었다.

11채의 주택은 거의 붕괴할 위기에 처해 있었는데 이를 대부분 재건축했으며 전통적인 건축 방식을 전수받을 교육생들을 모집하여 가르치고 있다. 이는 자연적이고 전통적 삶의 방식을 보존하고 문화적 전통을 지속시키기 위한 것이 주된 목적이라 할 수 있다. 대다수가 가톨릭 신자가 되었지만 여전히 전통적 의식이나 종교행사를 이어가고 있다. 백인과의 결혼을 기피하고 미국 문명에 동화(同化)되기를 꺼린다.

현재 푸에블로 데 타오스 지역을 방문하는 것은 어렵다. 코로나 19 방역 정책으로 인해 이후 공지가 있을 때까지 관람 불가이다. 지역 사회 주민들의 감염을 최소화하기 위한 조치이다. 아래는 보통의 관람 일정과 요금 그리고 주의사항이다.

월요일에서 토요일까지는 오전 8시부터 오후 4시 30분, 일요일은 8시 30분에서 4시 30분까지 관람이 가능하다. 가이드와 함께하는 투어는 오전 9시부터이며 대략 20분에서 30분 정도의 시간이 소요된다. 그러나 푸에블로족의 특별한 의식이 있는 경우는 관람이 불가능하다. 또한 늦은 겨울부터 초봄까지 약 10주간은 문을 열지 않는다. 10세 이하의 어린이는 무료입장이다. 사진을 찍는 경우는 반드시 개인 소장용으로만 가능하며 축제일의 경우는 사진을 찍어서는 안 된다.

푸에블로 데 타오스는 공동체가 거주하고 있으므로 방문시 유의해야 할 사항들이 있다.

1. "제한구역" 표지를 준수해야 한다. 이 지역은 주민들의 사생활과 토착 종교 행사 장소를 보호하기 위해 지정되었기 때문이다.

2. 업소라고 명기되어 있지 않은 문/호실 출입은 삼가야 한다. 일반인의 집들은 관람객들에게 공개되지 않으며 사생활을 보호해야 한다.

3. 허락 없이 거주민(부족원)의 사진을 찍어서는 안 된다.

4. 산 제로니모 예배당에서는 사진 촬영 금지되어 있다.

5. 묘지에는 옛 교회의 폐허도 있으므로 출입금지이며 어도비 벽이 이 지역을 둘러싸고 있는데 그것이 경계이다.

6. 유일한 식수원인 강6)에 들어가면 안 된다.

7. 문화와 전통을 유지하고 지켜야 하는 규칙이 있다.

타오스 인디언들이 자신의 전통과 문화를 계승하고 지역을 보존하고자 하는 의지가 보이는 부분이다.

푸에블로 인디언과 관련한 시를 한편 소개하고자 한다. 낸시 우드(Nancy C. Wood)의 「바람은 내게 춤추라 하네(Many winters: prose and poetry of the Pueblos)」라는 시이다. 저자 낸시 우드는 인디언 시인이라 불릴 정도로 인디언과 그들의 삶에 관심이 많았다.

그녀의 시에 등장하는 단어들도 자연과 하나가 되어 있다. 오랜 시간 동안 푸에블로 사람들과 함께 그들의 마을에서 머물면서 삶을 관찰했다. 푸에블로 인디언들의 자연적이고 전통을 지키며 살아가는 모습을 이 시에서 관찰할 수 있다.

다음은 「바람은 내게 춤추라 하네」의 일부이다.

수도 없이 많은 겨울을 난 살아왔다오.

---

6) 더운 여름이라 하더라도 강에 발을 담그면 안 된다. 상수도 시설이 안 되어 있어 타오스 인디언들이 식수를 얻을 수 있는 곳이 강뿐이기 때문이다.

첫눈이 대지를 덮어 주던 그때 이래로.
첫눈은 기나긴 여름과 벗삼아 놀다
피곤해진 대지를 살포시 덮어주었지

넌 물었지
죽은 이파리가 무슨 쓸모가 있냐고
난 네게 말해주었지
낙엽들은 메마른 땅에 자양을 준다고

넌 물었지.
추운 겨울은 왜 있는 거냐고
난 네게 말해주었지
새 이파리를 움트게 하려 함이라고

넌 물었지
왜 잎들은 그처럼 새파란 거냐고
난 네게 말해주었지
거기에는 생명이 충만하기 때문이라고

넌 물었지
왜 여름은 끝나야만 하는 거냐고
난 네게 말해주었지
잎들을 대지로 돌려주기 위함이라고

오늘은 죽기 좋은 날.

모든 생명체가 나와 조화를 이루고

모든 소리가 내 안에서 합창을 하고

모든 아름다움이 내 눈 속에 녹아들고

모든 사악함이 내게서 멀어졌으니

오늘은 죽기 좋은 날

나를 둘러싼 저 평화로운 땅

마침내 순환을 마친 저 들판

웃음이 가득한 나의 집

그리고 내 곁에 둘러앉은 자식들

그래 오늘이 아니면 언제 떠나가겠나

4. 독립기념관

펜실베이니아(Commonwealth of Pennsylvania)주, 필라델피아(Philadelphia)에 위치하고 있는 독립기념관(Independence Hall)은 1979년에 등재되었다.

1) 근대 민주주의의 출발지, 독립기념관(인디펜던스 홀)

미국의 100달러 지폐 뒷면에 있는 그림은 독립기념관(인디펜던스 홀, Independence Hall)이다. 독립기념관은 1732년에서 1753년 사이 필라델피아[7]에 건립되었으며 1776년 독립선언, 제2차 대륙회의(1775~1783)

---

7) 필라델피아는 미국을 대표하는 역사적 도시이다. 펜실베니아주의 최대 도시로 종교적인 자유를 위해 신대륙으로 건너온 사람들이 모여살던 곳이다.

집회 장소, 1787년 미합중국 헌법의 통과가 이곳에서 이루어졌다. 즉, 미국 독립선언서와 미국 헌법이 논의되고 채택된 곳으로 미합중국의 탄생이 이루어진 곳이다. 미국 역사에 있어서 자유 민주주의의 보편적 원칙을 공표한 곳이며 오늘날의 자유 민주주의를 상징하는 장소이다.

원래 이 건물은 펜실베니아 식민지 정부 청사였으나 영국에서 독립한 뒤 '독립기념관'으로 이름을 변경했다. 독립기념관 건물은 앤드류 해밀턴(Andrew Hamilton)이 설계, 건축하였으며 지상 41m 크기의 건물이다. 전형적인 영국의 건축 양식을 띠고 있다. 건물 남쪽 정면에는 시계탑이 설치되어 있으며 북쪽에는 '자유의 종'이 있다.

1776년 7월 4일 영국 식민지하에 있었던 북미 13개 주의 대표들은 이곳에서 토머스 제퍼슨(Thomas Jefferson)이 초안을 썼던 미국의 독립 선언서에 서명했다. 1787년 미합중국의 헌법도 이곳에서 제정되었다.

필라델피아가 미국의 수도였던 1790년부터 1800년까지 독립기념관에 미 의회가 있었다. 독립선언서와 미합중국의 헌법은 미국 역사에서 중요한 역할을 할 뿐만 아니라 세계 각국의 법률 제정에도 큰 영향을 끼쳤다.

(1) 콩그레스 홀

콩그레스 홀(Congress Hall)은 미국 최초의 연방의회이다. 초대 대통령인 조지 워싱턴이 2차 임기 선서를 했던 곳이다. 필라델피아의 체스트넛(Chestnut)과 6번가 사이에 있다. 미국 건국 초기 국회 의사당으로 사용되어졌으며 1층은 하원이 사용했고 2층은 상원이 사용했다. 현재의 '상원'과 '하원'의 어원이라 할 수 있다.

필라델피아가 수도였을 당시 버몬트, 켄터키, 테네시주를 받아들였고, 미국 헌법의 권리장전을 비준했으며, 조지 워싱턴과 존 아담스의 대통령 취임식이 이곳에서 열렸다.

20세기 이 건물은 복원되어 1796년의 모습을 되찾을 수 있었으며 현재 국립공원관리공단에 의해 관리된다. 일반인에게도 개방이 되며 건물 동쪽 편 인근 지역에 독립기념관이 있다. 콩그레스 홀을 방문 시 따로 예약할 필요는 없으나 한 시간에 한 번 다함께 입장할 수 있다.

(2) 자유의 종(Liberty Bell)

자유의 종은 미국 독립의 상징으로 아메리카의 13개 식민지(독립 당시 13개 주)기 영국으로부터의 독립을 선언했을 때 이 종을 울렸다. 1776년 7월 4일 종소리와 함께 '독립선언서'가 세상에 공개되었으며 1783년 4월 16일 다시 종을 울리며 미국이 독립전쟁에서 승리하였음을 선포하였다.

이후 미국의 최고 국경일인 독립기념일(7월 4일)마다 미국 독립을 상징하는 종소리가 울려 퍼졌다. 이 종은 1752년 펜실베니아 식민지 창립 50주년을 기념하여 영국 런던에서 주조되었다. 자유의 종에는 "온 나라의 국민에게 자유를 선언하노라(Proclaim Liberty throughout all the land unto all the inhabitants thereof)"는 성경 구절이 새겨져 있다.

자유의 종은 1751년 약 1m의 크기에 943kg이었다. 원래는 홀 중앙의 첨탑에 매달려 있었다. 10년간 같은 행사에서 지속적으로 종을 두드리자 균열이 조금씩 생겼다. 1846년 미국의 독립의 아버지이자 초대 대통령인 조지 워싱턴 생일에 실시한 타종식에서 톱니바퀴 모양의 커다란 균열이 생긴다.

자유의 종은 복원할 수 없을 정도로 균열이 심하여 이 종을 울리는 일이 없었다. 이 균열의 모양이 '밀로의 비너스상'에서 비너스의 팔이 부러진 것과 같아 보인다 하여 더 유명세를 탔다. 자유의 종은 독립선언 200주년이 되는 1976년 1월 1일 현재의 위치인 홀 앞쪽의 광장으로 옮겨졌고 유리 전시관에 보존되고 있다.

현재까지도 일반인들에게도 공개하고 있으며 많은 관광객들은 자유의 종을 관람하기 위해 이곳을 방문하고 있다. 현재는 코로나 19로 인해 제한된 곳이 많으며 미리 예약을 하면 개인적인 관람은 가능하다. 만약 학교나 단체로 관람을 원한다면 '가상 투어'로 이용이 가능하며 반드시 예약을 해야 한다.

2) 베스티 로스 하우스(Besty Ross House)

미국 성조기를 디자인한 베스티 로스의 집이다. 로스는 1774년 초대 대통령인 조지 워싱턴의 제안으로 성조기(Star-Spangled Banner)[8]를

---

8) 성조기(Star-Spangled Banner)는 미국의 국기이자 자유의 상징이며 '오랜 영광(Old Glory)'이라는 의미를 지니고 있다. 미국 국기는 1777년 영국 국기인 유니온 잭의 왼쪽 상단을 본떠서 만들어졌으며 파란 바탕에 13개의 식민지를 상징하는 흰색 별을 표시하면서 시작이 되었다. 성조기의 정식 명칭은 'Flag of the United States of America'이다. 성조기는 미국의 주가 늘어날 때 마다 별이 늘어났고 국경의 변화에 따라 문양의 변화도 있었다. 현재 성조기 문양은 하와이를 합병하고 난 1960년도부터 사용되고 있다. 국기에 그려진 50개의 별은 미합중국의 50개 주(州)를 나타내며 13개의 가로줄은 건국 당시 13개의 주를

만들었다. 근처 엘프리츠 얼리와 블래든 코트 오솔길은 18세기 미국 개국 초기의 흔적을 간직하고 있다.

미국 성조기를 바탕으로 프랜시스 스코트 키(Francis Scott Key)가 1814년 9월 '성조기여 영원하라'라는 국가를 만든다. 다음은 미국 국가의 1절 가사이다.

오, 그대 보이는가? 이른 새벽 여명 사이로

지난 밤 미광 속에서 우리가 자랑스럽게 환호했던

넓게 펼쳐진 띠와 빛나는 별들이 새겨진 저 깃발은

치열한 전투 중에도 멈추지 않으며

우리가 사수한 성벽 위에서 당당하게 나부끼고 있다.

대포의 붉은 폭음과 폭탄의 불꽃은 밤새 창공에서 터졌지만

이는 우리의 깃발이 아직도 저곳에서 여전히 펄럭이며 그 증거가 되고 있다.

뜻한다.

오, 성조기는 아직도 휘날리고 있는가? 자유의 땅과 용사들의 고향 위에서!

3) 독립기념관 방문

독립기념관 방문객 센터는 오전 9시부터 오후 5시까지 이용가능하며 최대 수용인원은 59명이다. 무료입장이며 특별히 입장권이 필요하지 않다. 선착순으로 관람이 가능하며, 투어는 매 시간 15분에 시작한다. 수용 가능 인원은 9명이다. 콩그레스 홀은 인디펜던스 홀과 동일하다. 자유의 종은 오전 9시부터 오후 5시까지 이용 가능하며 최대 수용인원은 20명이다.

베스티 로스 하우스는 독립기념관에서 그리 멀지않은 곳으로 필라델피아의 구시가지에 자리 잡고 있다. 매일 오전 10시에서 오후 5시까지 이용 가능하다. 베스티 로스 하우스의 경우 300년이 넘어 좁고 구불구불한 길이 많아 관람시 주의가 필요하다.

참고문헌

1. Mesa Verde National Park

공봉진·김혜진, 『G2 시대, 중국과 미국을 이끈 지도자들』, 경진출판, 2021.

낸시 우드 지음, 이종인 옮김, 『바람은 내게 춤추라 하네』, 알에이치코리아
　　(RHK), 2016.

"Mesa Verde National House", https://www.nps.gov/meve/index.htm

Sun, 13 June 71,1500 Hrs. Square Tower House, Mesa Verde N.P. Colo.
　　https://lrl.kr/Lf3 (검색일 2021.10.25)

"Square Tower House", https://lrl.kr/bBhS (검색일 2021.10.30)

2. Chaco Culture

https://www.nps.gov/chcu/index.htm

"Camping", https://lrl.kr/Lf5 (검색일 2022.02.01)

"Chaco Night Sky Program", https://lrl.kr/crjI (검색일 2021.12.23)

3. Pueblo de Taos

https://taospueblo.com

"어도비 진흙 건축의 타오스", https://lrl.kr/Lf7 (검색일 2021.11.12)

낸시 우드 지음, 이종인 옮김, 『바람은 내게 춤추라 하네: 자연과 공생하며
　　살아가는 궁극의 자유』, 알에이치코리아(RHK), 2016.

"Pueblo de Taos", https://lrl.kr/cRkE (검색일 2022.01.18)

"Taos Pueblo: World Heritage Site", https://lrl.kr/dhlz (검색일 2021.12.15)

4. Independence Hall

"Visiting Independence Hall", https://lrl.kr/bBhY (검색일 2021.10.28)

"Independence Hall Birthplace of both the Declaration of Independence and the Constitution", https://lrl.kr/crjN (검색일 2021.12.01)

"Liberty Bell Visitor Guide for Groups", https://lrl.kr/crjO (검색일 2021.12.12)

"Statement on the Coronavirus Disease 2019 (COVID-19)", https://lrl.kr/Lgd (검색일 2021.10.28)

"국가" https://lrl.kr/Lge (검색일 2021.10.02)

"Operating Hours & Seasons", https://lrl.kr/bBh3 (검색일 2022.01.21)

"Location & Hours", https://lrl.kr/Lgg (검색일 2022.01.21)

태국의 찬란한 불교 사원의 역사공원

한선경

1. 쑤코타이 역사공원을 걷다

1) 쑤코타이 역사의 시작과 번영

쑤코타이는 태국의 젖줄인 짜오프라야 강의 지류인 욤(yom)강 지류에 평평한 곳에 위치해 있다. 12세기 초 중국 원난성에서 온 사람들이 크메르 왕국의 북부 지역인 이 지역에 정착하였다. 타이족으로 알려진 이들은 작은 공동체를 자체적으로 조직했다. 타이 왕자는 크메르 여성과 결혼한 다음 중앙 권력에 대항해 반란을 일으켜 쑤코타이 왕국을 건설하였다. 쑤코타이는 크메르 제국에 세워진 지방도시로 13세기에 크메르 왕국에서 독립하여 타이 최초의 통일된 독립국가인 쑤코타이 왕국을 건설하게 되었다.

쑤코타이의 역사의 시작은 정확하게 명확히 기록이 되어 있지 않으나 전해지는 기록에 따르면 씨인트라팃왕(1238~1279) 시대부터로 본다. 쑤코타이 왕조는 1238년부터 1438년까지 약 200년의 짧은 기간 동안 존속한 태국 최초의 왕국이자 수도이다. 현재 쑤코타이는 태국을 대표하는 역사 도시 중 하나로 방콕에서 북쪽으로 370km 떨어져 있고 쑤코타이 주의 도청 소재지이다. 도시를 둘러싸는 해자는 욤강의 물을 끌어와 건기를 대비해 물을 저장하거나 방어형 도시 구획 용도로 사용되었다.

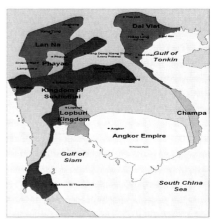

옛 쑤코타이 왕조의 영토

쑤코타이 왕국의 절정기는 3대 왕인 람캄행 대왕(1279~1298) 시대로 이 시기에 쑤코타이는 문명의 발상지가 된다. 람캄행 대왕은 영토 확장과 불교를 도입하여 국가의 기반을 닦았다. 북쪽으로 라오스, 서쪽으로 안다만 해, 남쪽으로 말레이 반도까지 영역을 넓혀 현재와 비슷한 영토로까지 확장하였다. 스리랑카에서 테라와다(Theravada, 상좌부 불교, 소승 불교, 부처의 계율을 원칙대로 고수) 불교를 도입하였고 직접 출가를 하는 등 스스로 불교 교리를 엄격히 따르며 불교 정착에 힘을 실었다. 그리고 중국에서 도공을 데리고 와 태국의 도자기 발달에도 기여했다.

2) 역사공원의 시작은 태국의 불교 사원

태국의 불교 사원은 왓(Wat)이라고 한다. 왓은 쩨디(불탑, chedi), 우보쏫, 위한, 몬돕, 불전으로 구성되는데 구성과 개수는 사원마다 다르게 조성되면서 규모와 웅장함이 달라진다. 소승불교의 나라인 태국의 경우에는 '위한'은 대웅전 성격의 주불전과 승려의 수계식 및 참회식, 기도와 명상이 이루어지는 포살당인 우보쏫이 있다. 우보쏫과 위한은 형태와 크기가 비슷한데 우보쏫은 벽이 높고 직사각형의 건물로 지붕이 급격히 경사졌으며 지붕의 양 끝이 위로 치켜 올라가 있는 모습이 특징적이다.

우보쏫 내부에는 불상과 조각상들이 있고 불교와 힌두교의 우주론 관련 벽화가 그려져 있다. 우보쏫과 위한은 물을 마주보는 위치에 자리잡고 있는데 이는 부처가 보리수 밑에서 득도했을 때 강을 마주했기 때문이다. 위한에는 주요 불상이 안치되어 있고 평신도의 참배나 법회가 열리는 곳이다. 위한은 우보쏫보다 규모가 큰 경우가 많다. 우보쏫은 승려들의 공간인 만큼 특별한 지위가 부여된다. 원칙적으로 평신도들에게는 출입이 허락되지 않는 공간이다. 우보쏫 주위에는 룩미닛이라는 둥근 돌 9개를 우보쏫 주변 땅속에 묻는데 룩미닛을 묻은 자리 위에는 보리수 잎사귀 모양의 돌인 바이쎄마 8개를 세운다. 이 바이쎄마는 해당 건물이 우보쏫임을 표시해 주며 평신도의 출입이 제한되는 신성한 영역임을 알려 주는 역할을 한다.

쩨디는 불탑으로 부처의 성스러운 유물을 보관하는 건축물로 승려, 귀족, 불심이 돈독한 재가신도들의 재를 보관하기도 한다. 크메르 형태의 태국 쩨디를 쁘랑(prang)이라고 부른다.

3) 황금기에 빛나는 쑤코타이의 건축물, 불교 사원

쑤코타이 왕조는 200년 동안 수많은 빛나는 건축물과 예술 작품을 이룩하며 태국 문명의 황금기라고 보기도 한다. 특히 쑤코타이의 불교 건축물과 예술 작품은 태국 최초의 작품이자 전통으로 이어져 내려 오고있다.

태국의 유네스코 유산은 쑤코타이 역사공원 안팎에 있는 화려하고 웅장한 불교 사원에서부터 시작된다. 그러나 쑤코타이 왕조 문명와 불교 문화 유산은 1767년 버마군에 의해 대부분이 소실되고 유적들의 흔적만 남아 있고 그 흔적을 바탕으로 불전과 불탑의 형태, 규모, 사원의 용도와 규모 등을 짐작할 수 있을 뿐이다.

쑤코타이 불교 사원은 크메르 양식이 배경이 되었다. 크메르 사원에 불전을 증축하여 불교 사원으로서의 형태를 갖추면서 쑤코타이 양식을 수립하였다. 사원은 라테라이트(적색 풍화토, 홍토, laterite) 블록이나 벽돌로 짓고 스투코(회반죽, stucco)로 마감을 장식하였다. 지붕의 재료는 나무로 추정되며 아유타야 왕조의 사원에도 동일하게 나타난다. 쑤코타이 내 사원은 주위를 둘러서 판 못, 해자가 조성되어 있다. 해자에 비친 사원의 모습이 쑤코타이 문화의 아름다움을 대표한다.

쑤코타이 사원은 동향을 향한다. 동향은 인도에서 길조의 방향으로 동북아시아의 불교사원이 남향을 향하는 것과 다르다. 쑤코타이 불교 사원의 중심에는 주불전이던 위한이 위치하였으나 14세기경부터 우보쏫이 건립되면서 사원 배치에서 중요한 위치를 차지하게 된다.

쑤코타이 불탑은 초기에는 크메르 형태의 쁘랑이 나타나지만 쑤코타이 후대로 갈수록 중심 불탑은 스리랑카의 전통에 따라 둥글거나 종 모양인 쩨디 형태의 불탑이 일반적인 형태로 자리 잡는다. 특히

쑤코타이 때는 연꽃 봉오리형 불탑이 등장하면서 태국 불탑의 범주를
확장시켰다.

(좌) 쑤코타이 시대 연꽃 모양 양식
(중) 스리랑카 영향을 받은 쑤코타이 시대 양식
(우) 스리랑카 영향을 받은 아유타야 시대 양식

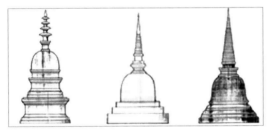

(좌) 인도 초기, (중) 스리랑카 스타일, (우) 씨위차이 시대
시대별 쓰투빠 양식의 변형

쑤코타이의 몬돕은 불탑을 대신하
는 것이다. 공통적으로 전체가 벽돌을
쌓은 정사각형이다. 몬돕의 위치는 사
원의 중심 불탑 또는 위한 주변에 자
리하고 있으며 입불상이 안치되어 경
우가 대다수인데 미얀마 몬돕에서 영
향을 받은 것으로 보인다.

쑤코타이 왕조 사원의 몬돕은 건축

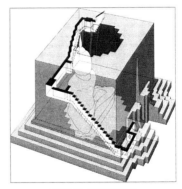

쑤코타이 몬돕(왓씨춤)

적으로 크메르에서 영향을 받은 아치 형태로 신성한 성물을 모시는 공간인 동시에 작은 불전의 역할을 수행한다.

쑤코타이 양식의 불상(13~14세기)은 계란형의 얼굴형, 아치형 눈썹, 길고 가는 코, 은은한 미소를 머금은 입, 윤곽을 살린 물결 모양의 곡선으로 귀가 길게 늘어져 있다. 머리는 모양은 화염 모양의 머리, 두개골 형태의 융기가 솟아 있고 작고 곱슬한 머리카락을 표현한 돌기들이 많으며 넓은 어깨에 비해 허리가 가늘다. 말기로 가면 둥근 얼굴, 비대한 몸집, 같은 크기의 네 손가락으로 형태가 변한다.

불상은 눈에 띄는 두 가지 특징이 있다. 좌불상의 경우, 왼손은 주먹을 쥐어 배꼽 위에 대고 한 손은 펴서 땅으로 드리우면서 손바닥을 안으로 향하는 자세로 연꽃잎이 조각된 불단에 가부좌 자세로 앉아 있다. 입불상의 경우, 한쪽 발은 앞으로 내딛고 오른손은 가슴 가까이로 들어올린 채로 걷는 형상을 하는데 우리에게는 '걷고 있는 부처(Walking Buddha)라고 알려져 있다. 태국 예술부사이트(www.finearts.go.

(좌) 쑤코타이 양식의 불상, (중) 쑤코타이 양식의 좌불상, (우) 워킹 부다

쑤코타이 시대 불상

th)에서 쑤코타이 불상을 입체영상으로 실감나게 관람할 수 있다.

2. 태국 문명의 출발점, 쑤코타이 역사공원으로 한 걸음

1) 쑤코타이 역사공원은 어디에 있지?

쑤코타이 시기에 사원은 약 100여 개로 쑤코타이, 씨싼차날라이, 깜펭펫 지역에 집중되어 있다. 사원 양식은 12~15세기의 사원 양식으로 당시 인도, 크메르, 미얀마 문화가 융합되어 쑤코타이 양식으로 발전하였다.

순수 쑤코타이 양식은 씨싼차날라이 지역에 소재해 있는 왓 창롬, 왓카오 쑤완씨리 등을 꼽을 수 있다. 크메르 양식을 일부 모방하였으나 쑤코타이 특유의 워킹 부다상이 나타나 불전을 다양화한 점에서 수코타이 양식의 대표라 할 만하다.

쑤코타이 역사공원은 방콕에서 447km 떨어져 있다. 쑤코타이는 뉴 쑤코타이와 올드 쑤코타이로 나뉜다. 뉴 쑤코타이는 주거 지역이며 역사공원인 올드 쑤코타이에서 약 13km 떨어져 있다. 쑤코타이 역사공원은 올드 쑤코타이에 위치하며 쑤코타이 왕국의 수도였던 구시가지 지역을 공원으로 만들었다.

역사공원은 부분적으로 제조된 유적을 포함해 45km²에 달하는데 넓이 1,300m, 길이 1,800m의 직사각형 구조로 3겹의 성벽을 쌓아 만들었다. 공원 성벽 내에 21개의 역사유적과 4개의 연못이 있고 5km 이내에 70여 개의 유적지가 더 있다.

성벽의 사면 중간에는 문과 방어를 위한 탑이 건설되어 있다. 성벽

쑤코타이 역사공원

을 기준으로 유적은 성벽 내부의 중앙 유적군과 성 밖으로 동부, 서부, 남부 그리고 북부 유적군으로 나누며 광범위하게 흩어져 있다. 쑤코타이 역사공원은 1961년에 보호구역으로 지정되었고 1976년에 복원 계획이 수립되어 1988년 7월에 공식 개장하였다. 입장료는 별도로 받고 있다.

2) 물가에 비친 고요한 아름다움, 왓마하탓

쑤코타이 역사공원에서 중요한 역사의 흔적을 남긴 사원은 왓마하탓이다. 왓마하탓은 '석가모니의 유물을 봉안한 불교 사원'으로 '위대한 유물을 봉안한 사원'이라는 뜻으로 부처의 머리카락과 목뼈를 봉안한 사원이다. 왓마하탓은 쑤코타이 도시 중심에 위치하여 쑤코타이

왓마하탓 전경

왕조 사원 전체에서 가장 큰 규모를 자랑한다. 벽돌담의 길이가 206m, 폭이 200m로 해자로 둘러싸여 있어 쑤코타이 역사공원의 중앙 유적군의 입구에서 가운데 부분까지 차지할 정도다.

왓마하탓은 쑤코타이에서 유일하게 정방형으로 구획되었고 다양한 형태의 불탑과 불전이 조성되어 쑤코타이 시대의 최고 절정기에 지어진 쑤코타이 예술의 집합체로 볼 수 있다. 이 사원은 쑤코타이가 멸망할 때까지 개축을 이어나

갔다. 3대 왕인 람캄행 대왕 시대에 만들어졌다고 알려져 있으나 리타이 왕 시절(1347~1368)까지 오랫동안 증축하여 완성되었다고 한다.

200여 개의 불탑, 10개의 위한, 5개의 연못, 4개의 쁘랑, 그

사원 내 주요 중앙 불탑

물에 비친 왓마하탓

외 다수의 불탑과 불전이 있었으나 지금은 기둥과 몇 개의 불상만이
남아 있고 성곽과 해자도 무너져 일부
만 남아 있다. 사리탑 중 메인 사리탑
은 연꽃 새싹 모양을 하고 있는데 이
는 대표적인 쑤코타이 건축 양식이다.

연꽃 봉오리형 불탑은 사원의 중심
에 위치하고 한 개의 연꽃 봉오리형
불탑과 8개의 불탑이 위치해 있다. 연
꽃 봉오리형 불탑이 사원의 중심에 위
치한 곳은 쑤코타이 유적사원 내 왓마
하탓과 왓쩨디쳇타오에만 있다.

쑤코타이 불탑의 형태에 대해 분명

왓마하탓 중앙에 위치한 봉오리형 불탑

탑돌이 의식이 새겨진 부조

한 유래는 알 수 없으나 불교의 영향으로 연꽃 봉오리 모양을 따른
것이거나 스리랑카 형태를 변형, 또는 쑤코타이인이 독자적으로 개발
한 것이라고 추정된다. 크메르의 영향도 있으나 결국 다양한 모든
형태가 나타난다. 왓마하탓의 연꽃 봉오리형 불탑은 홍토로 제작되어
스투코가 덮여 있다. 탑군의 양쪽으로 몬돕이 있는데 입불상을 모시
고 있고 지붕이 없이 벽돌로 정방형으로 조성되어 있다.

　기단부는 매우 큰 이중기단으로 계단이 전면에 있고 탑 기단부에
있는 승려들의 탑돌이 의식을 생동감 있게 묘사한 부조가 둘러져 있
다. 쩨디의 모서리에 4개의 불탑이 있으며 전면부에는 4개의 쁘랑이
있다. 쁘랑의 전면은 스투코로 덮인 장식으로 현재 일부가 남아 있다.

왓마하탓의 현재 모습 왓마하탓의 발굴 당시 상태

왓마하탓의 현재 몬돕 왓마하탓 발굴 당시 몬돕 상태

왓마하탓의 발굴 당시 원시 상태

3. 씨싼차날라이 역사공원으로 또 한 걸음

1) 씨싼차날라이 역사공원은 어디에 있지?

씨싼차나라이 역사공원은 면적이 약 720ha 해자로 둘러싸여 있다. 1990년 11월에 개장하여 1991년에 쑤코타이 역사공원, 깜펭펫 역사공원과 더불어 세계문화유산으로 등록되었다.

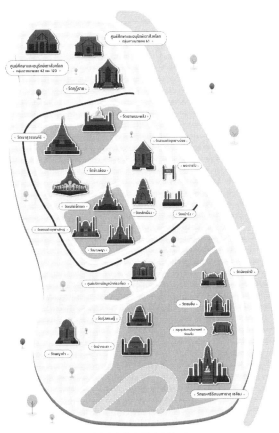

씨싼차날라이 역사공원 지도

씨싼차날라이 지역은 12세기 크메르 왕조의 영향을 받아 발전하였고 13세기 람캄행 대왕의 통치 아래 있었다. 씨쌋차나라이는 광활한 평지와 숲으로 욤강을 끼고 위치해 쑤코타이 왕조의 제2의 도시로 왕조 건립 이후 계획된 도시이다. 씨싼차날라이 지역은 해자가 전체 도시를 둘러싼 형태로 각 공간 구역을 나누고 직사각형의 도시 계획으로 하테라이트 벽이 둘러져 건설되었다. 이 지역은 쑤코타이 시기에 도자기 생산으로 유명하며 욤강을 통한 물자 유통이 쑤코타이를 발전시키는 원동력이 되었다.

2) 모습을 드러낸 거대한 코끼리 사원, 왓창럼

왓창럼은 씨싼차날라이 고대 도시의 중심 지역에 위치한 거대한 사원이다. '창럼'은 '코끼리가 에워싸다'는 뜻으로 람캄행 대왕이 부처

왓창럼 전경

의 성물에 경의를 표하고 다시 매장했음을 남기기 위해 불탑을 세운 것으로 1828년에 지어진 것으로 추정된다.

　왓창럼은 쩨디형 불탑에서 나타나는 특징적인 형식이 잘 드러나는 불교 사원이다. 중요 불탑이 종 모양의 원형 탑으로 독창적인 기단부와 스리랑카의 종모양 탑신이 합쳐진 건축물이다. 불탑(스투파) 기단부는 두 층의 높은 기단 위에 팔각 베이스가 있으며 그 위에 큰 종형 몸체와 네 개의 링으로 구성되었다.

발굴 당시 상태(위)
현재 상태 (아래)

발굴 당시 상태(위)
현재 상태 (아래)

입구에서 계단을 올라가면 평평하고 널찍한 기단이 나오는데 탑 공양을 위해 오른쪽으로 돌면서 걷도록 건설되었다. 평두에 남아 있는 라테라이트 기둥들은 평두를 휘둘러 지붕을 받치기 위해 만든 것으로 보인다. 상부 기단 아치형 감실에는 악마를 항복시킨 좌불상 20두가 안치되어 있다. 몬양식 사원 건축의 영향을 받았다.

쩨디형 불탑의 기단은 높고 사각형이며 기단 전면에 코끼리상이 둘러져 조성되어 있다. 코끼리 조각은 각 면의 기단과 모서리에 있으며 총 39개다. 39개의 코끼리상은 스투코로 덮여 전체 기단을 둘러싸고 있으며 8개는 동쪽에, 서쪽과 북쪽 그리고 남쪽에는 각각 9개가 위치해 있다. 입구 쪽 코끼리는 몸집이 조금 더 크고 목, 넓적다리, 발목에 장식이 있다.

왓창럼의 코끼리상은 몸체가 기단부에 나와 바로 서 있는 형상으로 실제 코끼리보다 크기가 크다는 특징이 있다. 또 다른 특징으로 상륜

코끼리상이 둘러싸인 왓창럼 전경

부 꼭대기에 워킹 부다가 한 방향으로 줄이어 표현되어 있다.

쑤코타이 역사공원 성곽 밖 동쪽에 같은 이름의 왓창럼이 한 곳 더 있는데 쑤코타이 가상역사공원으로 접속하면 둥근 형태의 좀 더 소박한 느낌을 주는 왓창럼을 구경할 수 있다.

4. 아유타야 역사공원을 걷다

1) 아유타야 역사의 시작과 번영

아유타야는 롭부리 강, 빠싹 강, 짜오프라야 강 에워싸여 있는 섬과 같은 지형에 위치해 있다. 아유타야 왕국은 1350년 라마티버디 1세 우텅왕이 아유타야를 도읍으로 정하면서 시작된다.

아유타야는 산스크리트어 '아요타야(ayodhaya)' 지명에서 온 것으로 아유타야 왕은 절대군주로 신격화된다. 국왕의 공식 칭호는 힌두교와 불교의 영향을 받아 '라마(rama-), 프라(phra-)를 왕의 이름 앞에 붙인다.

국왕의 임무는 힌두교의 전통에 따라 신의 화신으로서 백성을 돕고 보호하며 부처의 가르침에 따라 사찰과 불상을 조성하는 것이었다. 이를 실천하기 위해 왕들은 400년 동안 사원 375곳, 왕궁 3곳을 건설하며 후대에 남길 찬란한 문화 유적을 만들었다. 아유타

불력 2226년 프랑스인이 기록한 아유타야 나라이왕 시대 초기 지도

왓차이왓타나람 전경

야 역사 유적지는 사원과 왕궁 그리고 그 속에서 발굴된 많은 유물을 포함한다. 따라서 왕궁과 사원은 권력의 중심이 되고 문명의 중심이 되었다.

아유타야[1)는 강에 둘러싸인 까닭에 적의 외침을 막기가 수월했고 강을 이용해서 무역의 중심지로서의 많은 이점을 누릴 수 있었다. 찰기 없는 쌀의 빠른 성장력은 아유타야를 곡창 지대로 만들어 더 풍요롭게 해 주며 쌀수출까지도 가능케 하였다. 반면 지대가 낮은

---

1) 아유타야 역사공원은 역사적으로 2010년도에 큰 물난리를 겪었고 최근까지도 역사상 유래없는 대홍수를 겪었다. 태국 정부는 2017년도부터 아유타야 물길을 따라 왓차이왓타 나람, 왓탐마랏, 포르투갈인 마을, 뺌팻 지역에 홍수 예방시설을 설치하고 방재 물자를 배치 완료하였다. 왓차이왓타나람의 경우 2.2m 높이의 철제 방수막을 설치하여 물이 범람해 들어오는 것을 막는 방재 시설을 완료하였다.

탓에 홍수로 인해 큰 피해를 보기도 하였다.

2) 미소를 머금은 아유타야 불상

초기 아유타야의 예술은 우텅(12~15세기)의 것을 모방했으나 15세기 뜨라이록까낫 왕이 즉위한 후 쑤코타이의 영향력이 나타나기 시작했으며 이후에 아유타야 고유의 양식이 나타나기 시작했다. 그러나 17~18세기 태국이 캄보디아를 정복한 후에는 크메르 양식이 도입되었다.

아유타야의 불상의 특징은 타원형 또는 사각형 얼굴, 화염 모양의 머리, 이마에는 줄이 있고 왕관을 쓰고 있는 것이다.

태국 국립박물관의 입체영상을 통해 아유타야 후기 불상을 감상할 수 있는데 미소를 머금

국립박물관 내 와불상 관람 QR 코드

은 채 왕관을 쓰고 화려하고 섬세한 조각으로 표현된 가사를 두른 불상을 볼 수 있다. 다양한 불상 외에도 많은 유물들을 360도 회전시켜 입체적으로 즐길 수 있고 특정 부위를 확대해서 살펴볼 수도 있다.

3) 아유타야 역사공원, 위대한 역사 사원으로 들어가다

역사 도시 아유타야는 방콕에서 북쪽으로 64km 떨어져 위치해 있으며 현재 아유타야 도의 도청 소재지이다. 더불어 태국의 2번째 왕국의 이름이기도 하다. 아유타야 역사공원 내 20여 개의 주요 사원은

아유타야 역사공원 지도

아유타야의 불교 문화와 독특한 불탑 형태를 자랑하고 있다.

(1) 왓프라씨싼펫

왓프라씨싼펫은 아유타야 내 현존하는 가장 큰 사원이다. 왕이 국가의 주요 불교 행사를 거행하던 왕실 사원 유적으로 아유타야 건축 양식의 전형을 보여주는 불탑이 있다. 왓프라씨싼펫은 성 안에 자리해 있다.

이곳은 원래 프라라마티버티 1세가 거주 목적으로 지어 100년 가량 왕실의 거주공간으로 사용되었다. 이후 프라버롬 뜨라이록까낫왕이 1448년에 롭부리 강 근처에 새 왕궁을 지으면서 승려가 살지 않는

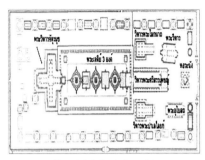

왓프라씨싼펫 전체 조감도　　　　　　　　　VR로 본 왓프라씨싼펫

왕실 사원의 역할을 하게 되었다.

사원의 전체적인 구조는 동서 양쪽으로 불당이 있고 3개의 불탑 사이에도 불당이 있다. 양쪽으로 많은 불탑과 법당들이 번갈아가며 사원 전체를 둘러싸고 있다. 눈에 띄는 것은 3개의 둥근 탑으로 역대 왕들의 유해를 모신 탑이다.

첫 번째 쩨디는 동쪽에 위치하는 것으로 프라라마티버디 2세의 선왕인 프라버롬 뜨라이록까낫왕의 유골을 안치하였다. 가운데 두 번째 쩨디는 프라버롬라차 3세의 유골이, 세 번째 쩨디는 프라버롬라차티랏 2세의 유골이 안치되어 있다. 버마와 전쟁을 치르면서 다 타버리고 이 세 개의 쩨디만 온전한 모습으로 남아 왕실 사원의 위상을 보여준다.

현재 왓프라씨싼펫 모습　　　　　　　그래픽으로 복원시킨 왓프라씨싼펫

프라버롬라마티버디 2세가 16m 높이의 불상 씨싼펫차야다얀을 동으로 조성한 후 171kg의 황금을 녹여 입히고 두 번째 불탑 안에 안치시켰다. 그러나 1767년 버마군이 불을 질러 금을 녹여 가져가고 일부만 남아 있던 것을 피분 쏭크람 시대 때 복원 작업을 거쳐서 지금의 상태로 남아 있게 된 것이다.

버마와의 전쟁으로 씨싼펫차야다얀 불상과 왕궁, 사원, 유물들이 소실되어 왓프라씨싼펫 주변에는 무너진 건물 잔해, 목과 팔이 잘려나간 불상들이 곳곳에 눈에 띈다.

훼손된 씨싼펫차야다얀 불상

복원된 씨싼펫차야다얀 불상

훼손된 남은 유물 잔해

훼손된 남은 유물 잔해

왓프라씨싼펫은 방콕의 왕실 사원인 에메랄드 사원의 모델이 될 정도로 위엄과 부흥을 재현한 중요한 사원이다.

(2) 왓프라마하탓

왓프라마하탓은 왓마하탓, 왓프라마하탓, 또는 왓프라씨랏따나마하탓으로 불린다. 마하탓의 의미는 '불사리탑, 불사리탑이 있는 사원'의 뜻으로 아유타야 역사공원에 위치한 것 외에도 전국적으로 몇 곳이 더 존재한다. 아유타야 왓프라마하탓 내부에서 불사리 66조각과 금장식이 발견되었는데 불사리는 현재 짜오쌈프라야 국립박물관에 안치되어 있다.

왓프라마하탓 사원은 아유타야에서 아주 중요한 사원이다. 왓프라마하탓은 아유타야의 중심에 위치해 있고 아유타야의 여러 왕실 행사를 치른 곳이다. 부처의 유골이 안치되어 있고 마을이나 도시에서 수행을 하는 카마와씨 종단의 법왕이 기거하던 곳이기 때문에 영험한 사원이라고 믿어 왔기 때문이다.

왓프라마하탓은 아유타야 도시가 생성되면서 만들어진 사원이다. 아유타야 초기 프라버롬라차티버디 1세(쿤루앙파응우아)가 짓기 시작

아유타야 내 유적지 위치

3D로 구현된 왓프라마하탓 전경

해서 1세가 승하한 후 프라라메쑤언 왕 때 완공된 것으로 보인다. 200개의 불탑과 18개의 법당 규모를 가진 엄청난 규모의 사원이었다.

왓프라마하탓 내부에서 관심을 끄는 점은 중앙 불당이 사원의 앞쪽에 위치해 있다는 점이다. 불당의 내부 기단 아래에서 5개의 작은 도자기, 금박으로 도드라지게 장식한 불상, 여러 동물 모형들이 발견되었다.

왓프라마하탓은 동서로 길게 뻗어 있는데 주 쁘랑이 있으면 사방에 보조탑이 같은 기단 위에 위치한다. 자료에 따르면 왓프라마하탓의 쁘랑 주단은 아주 큰 단이었다.

회랑의 불상은 대부분 사암을 조각해서 만든 것인데 불상의 머리와 몸통, 하체를 따로 조각한 후에 조립한 것이다. 사암으로 만든 석불상은 아유타야에 흔하지 않는데 그 이유는 아유타야는 저지대 평야로 산이 없기 때문으로 당시 크메르에서 돌을 옮겨와 조각한 것으로 보인다.

아유타야 초기에 건설된 쁘랑은 크메르 쁘랑의 영향을 받았다. 쁘랑의 아래층은 홍토로 만들었고 새로 복원한 윗부분은 스투파를 발라 벽돌로 작업한 것이다. 안타깝게도 쏨뎃프라짜오쏭탐 시대에 쁘랑의 꼭대기에서부터 반 정도까지 허물어지면서 난간 층만 남은 것이다.

왓마하탓이 무너지기 전 모습

현재의 왓마하탓 모습

훼손된 불상들

좌불상 부처 테두리 장식 벽화

쏨뎃프라짜오쁘라쌋텅이 보수하면서 처음보다 높게 올리면서 50m 높이로 건설하였다. 왓마하탓에는 가장 큰 쁘랑이 있었고 아름답게 건설된 사원이었다.

1956년 예술부에서 발굴 작업을 시작하자 중요한 불상과 금, 루비. 크리스탈로 만든 고대 장식품들이 다수 발견되었고 2m를 더 깊이 파고 들어가자 토기와 금박이 나왔다. 내부의 불탑은 주석, 은, 합금, 흑목, 자단목, 석류석, 그리고 금으로 7겹으로 겹쳐져 조성되었다.

중간 크기의 쁘랑 내부에는 불타전(부처의 일생) 중 하나를 표현한 좌불상 부처의 테두리 장식 벽화가 발견되었다.

또 관심을 가질 만한 것은 8각형 불탑이다. 이 불탑은 네 층이 계단식으로 되어 있고 8각형으로 꼭대기 층은 작은 크기의 불탑으로 조성되었다. 이러한 형태의 째디는 낯선 형태로 아유타야에서 유일하게 볼 수 있다. 1층에서 3층까지는 아치형으로 스투파로

8각형 불탑

탑 모양으로 빚은 듯한 흔적이 남아 있다. 4층의 각 면에는 쁘랑 모형이 있고 꼭대기는 작은 크기의 쁘랑이 있다. 아치와 아치 사이에는 하늘신 모양으로 장식을 해 두었다. 이 불탑은 각 층을 이어 천당으로까지 연결시켜 준다는 의미를 가졌다. 현재까지 이 불탑의 역사는 알려지지 않았다.

왓프라마하탓이 유명한 이유는 동쪽 불당의 아래쪽 보리수 뿌리가 휘감은 부처의 두상 때문이다. 추측하건대 부처의 두상은 버마의 침입으로 떨어진 것으로 떨어진 후 근처에 있던 보리수나무가 자라면서 나무뿌리가 머리를 에워싼 것으로 보인다.

보리수 뿌리에 휘감긴 부처 두상

부처의 머리는 아유타야 중기 예술로 보이며 불상의 몸체는 소실되었다. 보리수 뿌리는 작은 법당 쪽을 덮고 있는데 이 보리수 나무뿌리가 불당을 지탱해 주고 있어 예술부는 나무를 벨 수 없다고 한다.

(3) 쑤리요타이 프라 쩨디

쑤리요타이 불탑은 15대왕 짝끄라팟왕의 왕비인 쑤리요타이의 유해를 안치하고 추모하기 위해 조성한 불탑이다. 쑤리요타이 불탑은 강가에 위치한 씨쑤리요타이 공원 안에 위치하며 공원 내에는 사당과 황금빛 불탑이 있다.

쑤리요타이는 1548년 미얀마 왕의 선공에 맞서서 전사한 왕비의

쑤리요타이 황금불탑

이름이다. 용맹한 쑤리요타이의 이야기는 "쑤리요타이 기념불탑"에
잘 나와 있다.

쑤리요타이는 아유타야 짝끄라팟 왕의 왕비였다. 짝끄라팟 왕 재위
7개월이 되자 버마의 부렝닝 왕이 부대를 이끌고 쑤코타이를 정벌하
려고 쳐들어 왔다. 짝끄라팟왕
은 왕자와 코끼리를 이끌고 전
장에 나가 버마 부렝닝 왕과 치
열한 코끼리 전투를 벌였다.

왕비 쑤리요타이는 전장에
나간 짝끄라팟왕과 왕자가 걱
정되어 군복으로 남장을 하고
전장으로 향했다. 왕이 이끄는

당시 코끼리 부대 전쟁 모습

부대가 버마왕이 이끄는 군대와 맞서자 짝끄라팟은 도망가야 했고 쑤리요타이는 버마 왕을 막기 위해 돌진하였다. 결국 쑤리요타이는 버마왕의 창에 맞아 죽음을 맞이하게 되었다.

창을 들고 있는 쑤리요타이 왕비 초상화

전쟁 후, 짝끄라팟왕은 왕비의 장례를 성대하게 치르고 통치 기간 동안 왕실 연보에 실린 좋은 장소를 찾던 중 큰 불탑이 발견된 왓쏩싸완을 찾게 되었다. 짝끄라팟왕은 쑤리오타이의 주검을 왕실 공원 왓쏩싸완에 안치시키도록 명하고 이 큰 불탑을 "쩨디 프라씨 쑤리요타이"라 불렀다.

이 왓쏩싸완은 현재 왓쑤안루앙쏩싸완이라고 불린다. 왓쑤안루앙쏩싸완은 아유타야의 다른 사원과 달리 불탑과 불당으로만 조성된 사원이다. 이 불탑 안에서 금으로 만든 상자와 유리 부처상 등 유물이 발견되었는데 현재 짜오싼프라국립박물관에 보관되어 있다. 이 불탑은 같은 형태의 불탑 중 가장 오래된 것이며 아유타야의 특별한 건축물이라고 볼 수 있다.

쑤리요타이 기념비 동상은 버마와의 전쟁을 배경으로 당시 출전했던 쑤리요타이 왕비와 코끼리 부대를 형상화해 놓아 당시 코끼리 부대의 모습을 알게 해 주며 용맹과 비장함도 느낄 수 있다. 기념비 앞에는 태국인을 대표하는 남녀노소 동상을 전면에 배치해 놓고 쑤리요타이 왕

쑤리요타이 기념비 동상

비에 대한 존경심을 표하는 자세를 취하고 있다.

(4) 아유타야 유적지를 지나는 고속철

아유타야 고속철 역사 모습

아유타야 역사 모습

유네스코 본부는 태국 예술부에 아유타야 유네스코 유산과 자연훼손에 우려를 표명하고 대책 마련을 촉구하였다. 방콕-넝카이 간 고속철도는 건설 1구간 방콕-나컨라차씨마 건설 과정 중 아유타야 역 주변을 통과하게 된다.

문제는 큰 규모의 고속철 역사 건설과 관련하여 아유타야 유적지에 미칠 피해에 대한 방안 마련 대책 미비로 원래 기차역과 유네스코 유적지에 안전 조치를 취할 것을 요구했다.

5. 이제는 VR 역사박물관(Virtual Historical Park) 속으로

태국 예술부는 전국의 국립박물관을 디지털로 즐길 수 있도록 디지털 박물관으로 만들어 놓았다. 박물관 홈페이지를 통해 국립박물관에 소장된 다양한 유적을 편리하고 생생하게 관람할 수 있다.

온라인 박물관에는 실물 전시물과 소장품을 비디오, Ebook, 입체 안내 지도로 만들어 놓아 주요 관광 지역과 유물을 편리하고 다양하게 즐길 수 있도록 준비해 놓았다.

특히 주요 유적지는 드론과 헬리콥터를 클릭하면 관람객이 원하는 시선으로 현장을 비추어 주기도 하고 유물 등은 360도 회전(Virtual Model 360, Virtual Museum)보기가 가능하다. 아유타야 지역에는 짜오쌈

아유타야 짜오쌈프라야 박물관 홈페이지

짜오쌈프라야 디지털 박물관

프라야 온라인 박물관과 짠까쎔 온라인 박물관이 있다.

짜오쌈프라야 디지털 박물관 전시물은 48개로 불상은 크메르 양식의 불상과 아유타야 양식의 불상을 볼 수 있다. 그 외 중국 예술을 감상할 수 있는 그릇, 불력 12~16세기 도기류, 쑤코타이 불상, 예술품과 도기류, 아유타야 때 들어온 서양인의 모습을 형상화한 인형도 눈길을 끈다. 높이가 높은 모자를 쓰고 개와 함께 서 있는 서양인의 모습을 통해 아유타야 시대에 서구와의 교류가 있었다는 것을 보여준다. 주요 사원 내부에서 발견된 금으로 만든 장신구, 1m 사리 유골함, 귀중품 등을 보관하는 물고기 모양의 곽 등 다양한 유물을 감상할 수 있다.

Virtual Museum을 클릭하면 박물관에 직접 들어가서 관람하는 것과 같은 화면이 펼쳐진다. 전시관별로 세부 전시물을 클릭할 수도 있고 360도 회전 관람하거나 스팟포인트를 클릭하면 그 장소가 바로 눈앞에 나타나서 시공간을 초월해 자유롭게 아유타야 유적을 관람할 수 있다.

서양 인형

크메르 양식 불상

물고기 모양 곽

최근에는 WebXR 또는 WebVR 기술을 통해 쑤코타이의 왓씨춤과 아유타야의 왓랏차부라나를 VR(Virtual Reality)체험을 즐길 수 있다.

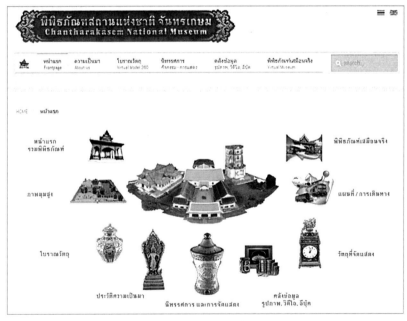
아유타야 짠까쎔 박물관 홈페이지

참고문헌

김소영(2017), 「태국 수코타이왕조 불교사원의 구성형식 고찰」, 전남대학교 석사논문.

김홍구(1999), 『태국학 입문』, 부산외국어대학교 출판부.

김홍구(2016), 『태국문화의 즐거움: 한 권으로 읽는 태국문화의 진수』, 스토리하우스.

노장서(2009), 「태국의 왕도건축 연구: 방콕을 중심으로」, 『한국태국학회논총』 16(1), 한국태국학회.

쑤팟뜨라 쑤팝(2010), 『태국 사회와 문화』, 부산외국어대학교 출판부.

정환승(2019), 『Thailand: 황톳길 위에서 미소를 만나다』, 한국외국어대학교 출판부 지식출한원.

정환승(2021), 『태국 들여다보기』, 한국외국어대학교 출판부 지식출한원.

정환승·박경은·옹지인·이채문(2018), 『인도차이나 반도의 맹주, 아유타야』 (글로컬문화관광지식사전 태국편2), 한국외국어대학교 출판부

한국태국학회(1998), 『태국의 이해』, 한국외국어대학교 출판부.

https://lrl.kr/b1f7 Museum Thailand

https://lrl.kr/d7kC 쑤코타이몬돕(왓씨춤)

https://lrl.kr/dHjG 아유타야 왕조 옛 영토

https://lrl.kr/b1f5 시대별 쓰투빠 변형

https://lrl.kr/dhiQ 태국 예술부

https://lrl.kr/d7kF 올드 쑤코타이 평면도

https://lrl.kr/cRhY 쑤코타이 가상박물관

https://lrl.kr/Ldt 타일랜드 뮤지엄

https://lrl.kr/bbeo 쑤코타이 가상 역사공원(왓창럼)

https://lrl.kr/bbep 프랑스인이 기록한 아유타야 지도

https://lrl.kr/Ldw 아유타야 가상역사박물관 불상 QR

https://lrl.kr/b1gf 아유타야 역사공원 방재시설

https://lrl.kr/bBfm 아유타야 역사공원 방재시설(2)

https://lrl.kr/bbet 아유타야 왓왓타나람 홍수

https://lrl.kr/LdA 아유타야 가상역사공원

https://lrl.kr/crhd 쑤리요 타이 초상화

https://lrl.kr/bBfq 쑤리요타이 와 미얀마와의 전쟁 그림

https://lrl.kr/crhf 쑤리요타이불탑

https://lrl.kr/dHjY 태국관광청

https://lrl.kr/crhh 아유타야 새 역사 건립 뉴스

https://lrl.kr/d7kV 아유타야 왓씨춤 VR

https://lrl.kr/b1gq 아유타야 왓프라씨싼펫 VR

KBS여행 걸어서 세계 속으로 '사라진 황금왕국 아유타야'
　　(역사기행 2007.02.11. 방송)

KBS여행 걸어서 세계 속으로 '세계문화유산 탐험 28편_황금빛의 위대한 미
　　소, 태국 수코타이&아유타야'(유튜브 최초 공개 2020.4.29.)

인도의 역사와 문화가 담긴 문화유산

강민효

1. 고대문명의 국가! 인도

인도(印度, India)는 세계에서 중국 다음으로 인구가 많은 국가(2022년 통계청 자료: 인구 약 14억 6백만 명, 세계 2위)로서 미래 성장 가능성이 높고 소비시장의 크기는 가히 상상을 초월한다. 이러한 점에서 한국은 인도의 문화를 정확히 인지하고 분석할 필요가 있다. 왜냐하면 이러한 지식을 갖추는 것은 한국의 국제 통상 및 국제 협력에 있어 지극히 중요한 일이기 때문이다. 또한 인문학적인 관점에서 인도를 이해하는 것은 인더스 문명(Indus (valley) civilization)으로 시작된 인류 문명의 역사적 사실과 문화를 깨닫는 매우 의미 있는 일이다.

오랜 역사 속에서 한국은 인도와 교역을 해 왔다. 한국의 대(對)인도 수출액은 119억불로서 수출국 중 7위를 기록할 정도로 한국제품은 인도시장에 상당히 큰 규모의 금액으로 수출된다.[1] 그러므로 한국과 교역량이 크게 높은 국가로서 인도의 문화유산과 그것에 관련된 역사를 제대로 이해하는 것이 필요하며 그들에게 배울 수 있는 부분을 깨닫는 것이 필요하다고 본다.

인도의 유형문화유산을 알고 그들의 심연에 있는 정신세계를 심도 있게 파악함으로써 향후 인도와의 문화 교류, 비즈니스 및 관광 상품 개발에 있어 우리에게 유익할 것으로 보이며, 순수하게 인류문명과 역사의 폭을 넓힌다는 측면에서 인도의 오랜 역사적인 문화유산에 대한 소개는 큰 의미를 가진다.

인도의 많은 유형문화유산은 국제기구인 유네스코(UNESCO, United Nations Educational, Scientific and Cultural Organization)에 등록되어 있을 정도로 인류 문명사(文明史)에 중요한 부분이며 이를 통해 인도의 역사와 문화를 더 깊게 이해할 수 있다. 또한 유형문화유산에 연관된 인물과 역사를 간략하게 서술함으로써 독자들에게 유익한 정보를 제공할 것이다.

인도의 타지마할과 아잔타 석굴에 대해서 알아보기 전에, 인도인과 인도문화를 살펴본다. 그런 뒤 타지마할과 아잔타 석굴을 살펴보고, 디지털 전시의 방식을 소개한다.

---

1) 한국무역협회, K-stat, 수출통계(2022년 자료 참조).

2. 인도 사회와 문화! 들여다보기

1) 카스트제도(Caste system)

인도 문화를 이해하는 데 있어 가장 먼저 알아야 하는 것은 카스트제도일 것이다. 카스트제도가 전 인도 문화를 좌지우지하고 있다고 해도 과언이 아니다. 현재 한국 사람들에게는 너무 낯설고 이해가 잘 되지 않는 사회적 체계이기에 인도에 대해 정확히 인식하기 위해 인도의 사회체계로서 카스트제도를 이해하는 것은 무엇보다 중요하다.

인도의 카스트제도는 4가지 신분 구조로 나눠진다. 그 첫 번째는 '브라만(Brahman)'이다. 인도의 신화(神話)에 의하면 사성계급(四姓階級) 중 브라만은 브라흐만 신(神)의 머리에 해당한다. 브라만에 해당하는 힌두교 사제 계급들은 일반적으로 흰색 옷을 즐겨 입는다. 최근의 흰색 꾸르따(white Kurta) 파자마를 입고 있는 사람들은 현대의 인도 정치인으로 인식되고 있지만, 사실은 흰색 꾸르따 파자마는 자인교 및 힌두교 사제 계급의 옷 색깔이다.

두 번째 계급은 '크샤트리아(Kshatriya)', 즉 왕과 무사계급인데 인도의 신화에서 사성계급 중 양팔에 해당한다. 브라만과 함께 인도 국가를 이끌어 가는 지도자 집단에 해당한다. 정치적 권위가 있는 군인 또는 정치인으로서 브라만 성직자를 대신하여 지식을 전달하는 영적 지도자가 되기도 한다. 근본적으로 크샤트리아는 브라만교의 성전(聖典)인 네 가지 베다(Veda) 중에 하나인 「리그베다(Rigveda)」에 기록된 '푸르샤 찬가'에서 유래하였다고 보는데 우주를 창조한 절대자인 푸르샤(또는 브라흐만)의 양 팔에서 나왔다고 해석한다. 따라서 인도 성전인 바가바드기타에 따르면 크샤트리아는 '지략, 관대함, 영웅다움, 힘,

지도력' 등의 자질이 있다고 본다. 크샤트리아의 주요한 인물로는 석가족의 왕자였던 불타, 인도 마우리아족의 아소카왕, 「바가바드기타」에 등장하는 아르주나, 서사시인 「라마야나(Ramayana)」의 주인공인 라마 등이 있다. 추가적으로 크샤트리아를 상징하는 색깔은 붉은색으로 힘, 정열, 용기를 나타낸다.

세 번째 계급은 바이샤(Vaisya) 계급이다. 사업가 계층으로서 브라마흐 신의 복부에서 나왔다고 여겨진다. 그래서 흔히 음식과 부에 해당하기에 경영, 물질을 다루는 계급으로 생각하기 쉽다. 하지만 근원적인 의미에서 바이샤는 '비사야'에 왔다고 보는 것이 타당하다. '비사야'는 전문지식이라는 의미인데 여기에서 지식은 중독성이 있다고 인식한다. 그러므로 전문지식을 가진 사람은 전문적인 지식을 가지고 사회적인 영향력을 행사한다는 것이다. 의사, 변호사, 경영자 등이 모두 전문지식을 가진 사람으로서 바이샤 계급이라고 사회적으로 인식되고 있다. 추가적으로 바이샤를 대표하는 색깔로서는 노란색으로 비슈누 신을 상징하기도 하고 사업에서는 '물품의 품질'을 상징하기도 한다.

문화적 배경에서 바이샤들은 사업에서 이윤을 최대한 내는 것을 목적으로 하며 사업(business)이 신으로부터 부여된 종교적 임무 즉, 다르마(dharma)로 여긴다. 이들에게는 이윤을 최대한 남기는 것이 자신들에게 종교적, 가문적(家門的), 개인적 목표로 삼는다. 여기에서 자칫 바이샤의 이 같은 이윤을 중요시하는 행위로 인해 그들을 비(非)신앙적인 그룹으로 여기기 쉽다. 하지만 이들의 생각은 전통적 브라만과 매우 비슷하고 금식, 헌물, 헌신 등을 철저히 지키려고 한다. 물질에서 철저히 이윤을 남기는 것이 자신들의 신앙에서 가장 가치 있는 종교, 윤리적 기준이다. 마치 이슬람인들이 경전인 꾸란(Koran, 코란)을 철저히 지키는 것과 같다. 이들에게 인생의 목적은 바로 '돈을 버는 것'인 것이다.

인도 산업계의 영향을 미치고 있는 계급은 바이샤가 주를 이루고 있다. 릴라이언스 그룹의 암바니(Ambani), 비를라(Birla), 미탈(Mittal), 모디(Modi) 등 많은 기업주는 인도 업계를 대표하는 인물이다.

네 번째, 카스트제도의 가장 낮은 계급으로서 수드라(Sudra) 계급이 있다. 이들의 인구 비중은 인도 전체 인구의 50~60%에 해당하기에 상당히 높다. 인도의 노동계급에 해당하며 하인, 청소부 등의 육체노동을 하여 브라만, 크샤트리아, 바이샤를 헌신하며 복종하는 계급이다. 힌두교의 중요한 법전인 『바가바드기타』에서는 수드라 계급을 다른 사람을 위해 봉사하고 섬겨야 한다고 되어 있으며 대다수 국민들이 여기에 속한다.

실제적으로 『바가바드기타』는 인도인에게 정신적 지침서에 해당하며 힌두교의 기본법전이며 인류의 중요한 고전(古典)이다. 기원후 8세기경 베단타[2] 학자인 샹카라 이후 마드바, 발라바, 라마누자 등 다수의 비슈누파 철학자, 사상가들이 논평을 남겼으며 현대에 진입하면서 오로빈도 고시, 마하트마 간디 등 여러 사상가들이 집필을 남겼다.

인도의 카스트제도는 인도인의 생활양식과 생각을 지배하는 제도라고 본다. 왜냐하면 인생의 목적이 자신의 속한 카스트 그룹의 소명과 생활방식에 맞춰야 한다고 생각한다. 예를 들면 브라만은 성직자 계급으로 힌두교 사상으로 국가 지도자로서 살아야 한다고 보며 크샤

---

2) 베단타(Vedanta): 베다의 근본적인 뜻인 아란야카와 우파니샤드의 철학적, 밀교적인 가르침을 연구하는 힌두교의 정통 육파철학 중 하나이다. 베단타는 원래 "베다(veda)－안타(anta)"로서 '베다 찬가에 더해진 부록' 또는 '베다의 끝'의 의미이다. 다른 측면에서는 베다의 목적 또는 최종 도달지를 함축의 의미로 해석되기도 한다.

트리아 또한 자신의 전문적 지식으로 국가를 이끌어야 한다고 생각한다. 또한 바이샤는 이윤을 극대화하는 것이 단순한 경제적 관념을 넘어 신앙의 수준에서 사명감으로 몰입한다. 마지막으로 수드라에 해당하는 인도인은 자신이 육체적 노동으로 섬겨야 하는 희생정신을 가지고 살기 때문이다.

아래의 그림은 카스트제도를 정리한 것으로서 아리아인과 선주민 (先住民)으로 크게 나눠서 아리안인 브라만, 크샤트리아, 바이샤는 각각 제사의식거행, 정치와 군사를 담당하고 납세의 의무를 진다. 하지만 선주민의 수드라 그룹은 인구의 절반 정도에 해당하며 일반적으로 육체노동을 담당하며 종교적으로 희생해야 하는 피정복민, 노예로 살아가고 있다.

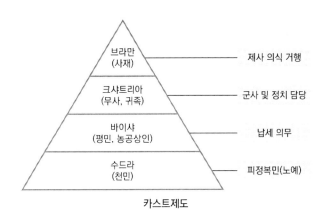

카스트제도

2) 인도의 종교

(1) 힌두교(Hinduism)

인도의 가장 보편적인 종교는 힌두교이다. 이들은 소를 숭상하여 절대 소를 함부로 하지 않는다. 인도의 최고 산업으로서 농업에서 가장 소중한 동물인 소를 신이 허락한 영험한 동물로 생각하는 것이다. 그래서 절대 소고기를 먹지 않는다. 인도를 잘 알지 못하는 대중들이 가끔 실수하는 부분이 이런 종교적, 문화적 성격을 제대로 이해하지 못하기 때문에 발생한다.

힌두교는 고대로부터 생겨난 브라만교가 민간 신앙과 융합하여 생겨난 종교로 본다. 그 기원은 기원전 2500년경 인더스 문명에서 발원했다고 해석하며 아리아인의 침입으로 브라만교가 퍼져나가서 인더스강을 중심으로 민간 신앙과 결합하여 범인도(凡印度) 종교로 생겨나게 되었다. 힌두교는 인도교(印度教)로 보고 있으며 인도인의 사상과

브라만교의 창조주(the Creator of the universe)

생활방식에 깊게 자리 잡고 있다. 이 종교는 유형문화유산(Tangible cultural heritage, 有形文化遺産)의 형성에 있어 큰 영향을 미쳤으며 무형문화유산(Intangible cultural heritage, 無形文化遺産)이 형성되는 데 있어 필수 불가결의 관계에 있다.

(2) 이슬람교(Islamism)

8세기 무렵부터 이슬람 세력은 인도에 대한 침입을 본격화한다. 이 시기에 이들은 인도의 북서쪽 신드(Sindh)지방3)을 차지하게 된다.

10세기 말부터 이슬람 세력은 인도에 대해 더 강력한 침입

타지마할에서 절하는 인도 무슬림들

을 하게 되는데 마침내 12세기에는 터키계 이슬람 세력은 인도 북부 지역인 델리 지역에 술탄왕조를 건립하게 되어 이슬람 건물양식들을 건축하기에 이른다. 16세기에는 무굴제국이 나타나 본격적인 인도 지배를 시작하게 된다. 이 시기에 많은 유형문화유산이 건설되는데, 타지마할, 후마윤, 아그라 포트 등이 대표적인 건물이다. 그러므로 자연스럽게 이슬람 문화양식이 힌두교 양식과 혼합되어 인도의 유형 문화유산이 형성된다.

현재 인도의 이슬람교도는 실제적으로 약 2억 명으로 세계 2위의

---

3) 신드지방은 현재 파키스탄(Pakistan)이 차지하고 있으며, 인도의 라자스탄주와 인접해 있다. 대표적인 도시는 항구도시인 카라치가 있다. 파키스탄에서 가장 발전된 도시로서 문화, 무역 및 상업이 매우 활성화된 도시이다.

이슬람 국가이다. 하지만 여전히 인도에서 가장 대중화된 종교는 당연히 힌두교로서 전체 인구의 약 80%를 차지하고 있다.

(3) 시크교(Sikhism)

시크교도(Sikhs)는 인도에서 대략 3천만 명에 이른다. 시크교는 힌두교와 이슬람교가 합쳐진 종교로서 힌두교의 카스트제도 폐지, 여성차별 폐지 등의 폐해를 개혁하고자 하는 종교라고 볼 수 있다.

창시자는 구루 나나크(Guru Nanak)인데 아버지는 수드라, 어머니는 브라만으로 태어난 사생아로 추정하고 있으며 이슬람의 한 직공에게 입양되어 길러졌다고 전해 내려온다. 그는 인더스강 부근에서 신으로부터 영감을 받아 힌두교와 이슬람교를 혼합한 종교를 창시하게 된다. 특히 힌두교의 카스트제도를 반대하는 것으로 유명하며 펀자브 지역에서 발생한 신흥종교이다.

이들은 카스트제도 안에서 낮은 신분의 사람들과 함께 동석해서는 안 된다고 하는 차별적인 사회문화를 개혁하기 위해 구루 카 랑가르(Guru Ka Langar)의 공동체 식당을 열어 신분과 관계없이 모두 함께 식사하자고 하는 운동을 펼쳤다. 여기서 펀자브어로 랑가르(Langar)는 부엌이며 구루는 종교적 지도자를 의미한다. 이들은 신 앞에서 모든 인간은 평등하다고 주장한다.

시크교의 뿌리는 힌두교의 박티운동(Bhakti movement)으로 거슬러 올라간다. 박티운동도 힌두교의 폐해를 지적하면서 인간은 신 앞에서 모두 평등하다고 하면서 카스트제도의 악습을 없애고자 노력하였으나 실제적인 행동에서 치밀하지 못해 실패하였다. 하지만 이러한 정신은 시크교로 이어지게 되고 구루 나나크에 의해 새로운 종교가 만

카리 바올리 거리(Khari Baoli street)

들어진 것이다.

　시크교도들은 정직하고 직선적인 성향이 강하다. 또한 경제적인 관념에서 상당히 집착하는 경향이 있어 경제적 영향력이 인도 경제에서 1~2위를 다툴 정도로 높다. 전(全) 인도에서 가장 큰 도매시장은 찬드니 촉(Chandni Chowk)인데 이곳에서 카리 바올리 거리(Khari Baoli street)를 보면 수많은 견과류와 향신료 가게들이 즐비하다. 이 가게의 대부분이 시크교도들의 것이다. 또한 카드라 거리(Khatra street)는 의류가 넘쳐나는데 이 가게들도 모두 시크교도들의 소유라는 점이 놀랍다. 인도 내 델리의 콜택시 중 80% 이상과 카시미리 게이트(Kashmiri Gate) 주변의 자동차 부품 가게들도 시크교도들이 소유하는 경우가 많다.

3) 인도 문화

(1) 가부장 문화(Patriarchal culture)

인도는 기본적으로 가부장(家父長) 중심의 사회이다. 가정에서 아버지는 중요한 결정을 홀로 결정하는 경향이 강하다. 가부장의 역할은 중요한 결정을 하고 내부적 조정을 하는 것이다. 아직 소도시는 주로 농촌으로 연결이 되어 있어 대가족을 이루는 경우가 많고 아직은 핵가족의 수는 적다. 도시의 인구는 전체의 34%에 불과하여 아직은 농촌 인구가 훨씬 크다는 것이다(2020년 세계은행 발표 자료 참조).

가족 안에서 가부장적 역할을 하는 가장은 기업이나 공적 기관 내 업무적 성향으로 투영되는 데 중요한 결정을 최고 경영자에게 더욱 미루는 경향이 크며 책임을 지는 것을 꺼려한다. 이러한 성향을 이해하는 것이 한국이 인도와의 국제교류 및 국제통상을 함에 있어 기억해야 하는 부분이다. 따라서 중요한 의사결정에 있어 최고경영자 또는 상급관리자와의 확실한 계약을 하는 것이 필요하다.

(2) 운명주의(Fatalism)

인도 사회 전반에 흐르고 있는 사고 중에서 운명주의적 사고가 지배하고 있는 것을 알아야 한다. 인도사람들은 농사가 잘 되지 않아 흉년이 된 것은 신이 허락하지 않았기 때문으로 여긴다. 다시 말해서 흉년의 원인을 개선하기 위해 관개시설을 보수하든지 홍수예방을 위해 인간의 노력과 성찰에 앞서 신이 흉년을 계획하였기 때문이라고 인식한다. 회사 내 승진이 되지 않은 것이 자신의 노력이 부족했다고 생각하기보다는 오히려 신이 승진을 불허했다고 해석한다. 이처럼 인도인들은 자신에게 일어나는 일들에 대해 이미 운명적으로 결정되어 있다고 쉽게 인식하는 경향이 있어 중요한 일들에 앞서 철저한 대비를 위해 적어도 더 많은 준비를 하지 않고 발생하는 일들에 대해 운명적으로 받아 들인다.

(3) 신분제도(Status system)

인도사회에서 카스트제도는 신분에 따라 업무와 일상이 분업화되게 한다. 태어날 때부터 인도 사람들은 자신의 위치를 타고 나며 자신의 업무는 정해져 있다고 생각한다. 그러므로 브라만으로 태어난 인도 사람은 회사 내 또는 학교 내 청소가 되어야 하는 곳에서 자신이 청소하기보다는 이것을 할 수 있는 수드라 신분의 사람들을 찾아 그 일을 시키는 것이다. 이러한 생각과 사상은 전체 인도문화를 장악하고 있으며 혁파되어야 하는 사상으로 대중들에게도 여겨진다. 하지만 그 뿌리와 역사가 너무 깊어 단순한 운동으로는 개혁되기가 어렵다.

기원전 5세기경 고타마 싯다르타는 크샤트리아 계급으로서 일반 대중을 구성하고 있는 수드라 계급의 고통과 가난을 겪는 모습을 통해 생로병사를 깨달아 불교를 창시하고 모든 세속적 권력과 지위를 포기하고 수행과 명상으로 이러한 고통을 극복할 수 있다고 믿었다. 또한 모든 인간은 평등하다고 하는 사상을 설파하여 많은 대중을 설득하게 되고 불교의 영향은 인도 전역에 이르게 된다. 기원전 2세기의 아소카왕이 가장 폭넓게 불교를 주변 국가인 남아시아와 동아시아에 전파하였다. 기원후 5~6세기의 굽타왕조에서 불교는 가장 융성하게 되었고 인류 역사상 위대한 아잔타 석굴은 이때 완성된 것으로 보고 있다. 하지만 7세기에서 12세기에 불교의 영향력은 급격하게 쇠락하게 되어 인간 평등의 종교는 인도에서 설 자리를 잃게 된다.

또한 시크교도는 인도에서 힌두교와 이슬람교의 사상을 융합하여 신 앞에서 모든 인간은 평등하다고 하는 사상을 전 인도에 설파하였다. 이로써 펀자브 지역에서는 시크교도가 많이 늘어났다. 하지만 인도에서는 이러한 운동과 종교 활동은 전체 인도 문화를 변화하기에는 역부족이었으며 오히려 시크교도들은 탄압을 받게 되었다. 이러한 운동의 실패로 인해 인도인에게는 기존 힌두교 사상이 더욱 깊게 내려앉게 되고 카스트제도는 인도의 모든 영역에서 사상과 문화를 지배하고 있다.

(4) 사회주의적 국가(Socialist country)

인도에서 불교가 쇠락한 데는 굽타왕조(the Gupta dynasty)의 몰락과 함께 한 가지 이유가 더 있다. 기원후 8세기경에 샹카라 차리아 운동 (Shankara Charya movement)은 인도에서 불교가 더 이상 영향력을 발휘하지 못하게 만들었다. 이 시기에 샹카라 차리아는 남인도 브라만 계급이었다. 그는 불교가 융성하고 힌두교가 쇠락하는 이유를 힌두교의 순수성을 잃은 것과 브라만의 횡포라고 하였다. 또한 그는 '기관 또는 대학'을 의미하는 마타(Matha)를 통해 힌두교의 순수성 회복과 브라만 계급의 각성 운동을 성공리에 하게 되어 힌두교는 다시 대중(大衆)의 종교로 서게 되었고 불교의 영향력은 급격히 줄어들게 되었다. 'Matha'는 산스크리트어로서 힌두교의 '수도원'을 의미하기도 한다. 이것은 힌두 사회운동의 시작이 되었다.

근대 사회에 와서 이러한 힌두 사회운동의 사상은 비베카난다, 네루, 암베드카르 등에 영향을 미쳤다고 본다. 영국으로부터 인도가 해방된 후(1947년) 초대수상인 네루는 인도가 사회주의 국가가 되어야 한다고 주장하였으며 모든 국민들은 계급이 없이 기회가 공평하게 제공되어야 한다고 하였다. 인도의 헌법전문에는 '인도는 사회주의 공화국'으로 되어 있다.

인도의 벵갈루루(Bengaluru)에는 1935년 설립되어 오랜 역사를 자랑하는 바니빌라스 병원(Vanivilas hospital)은 국영의료원이며 주로 여성과 아동을 치료하는 병원이다.

AIIMS(All India Institute of Medical Sciencesm, 인도 의과학연구소 연합)는 인도인들과 외국인들에게도 거의 무료로 의료서비스를 제공한다. 그 비용은 미국 병원의 진료비에 비하여 1%에 불과할 정도로 저렴한 가격으로 의료서비스를 제공하고 있으며 인도사설병원 진료비의 대략 10% 정도이다. 또한 공무원의 경우 인도 최고의 고용 보장과 신분

바니빌라스 병원

보장이 된다. 이러한 이유로 인도인들은 직업으로서 공무원을 가장 선호한다. 이런 여러 가지 내용을 포괄적으로 종합해 볼 때, 인도가 사회주의적 국가로서 성향을 가지고 있다고 보아야 할 것이다.

AIIMS(All India Institute of Medical Sciences)

3. 타지마할, 인류 최고 걸작품

인도인과 세계인의 사랑은 당연 타지마할(The Taj Mahal)이라 할 것이다. 그 예술적 가치는 시대를 초월하여 최고의 가치를 나타내고 있음이 분명하다. 인도의 수도인 뉴델리로부터 100km 정도 떨어져 있는 아그라 지방의 남쪽인 자무나강(Jamuna river)의 근처에 위치한 타지마할은 역사적으로 유서가 매우 깊다.

궁전 형식의 타지마할은 무굴 제국(Mughal dynasty)의 황제였던 샤 자한이 지극히 사랑했던 왕비인 뭄타즈 마할(Mumtaz Mahal, 이후에는 Taj Mahal)을 추모하여 만든 건축물이다. 1983년 세계 유네스코에 세계 문화유산으로 지정되었다. 타지마할에서 타지(Taj)는 이슬람어로 '왕관'이며 마할(Mahal)은 '궁전'을 의미한다. 건축물의 외형에서 둥근 돔(dome) 형태의 지붕이 왕권시대를 상징하는 왕관처럼 보였기 때문이라고 여겨진다.

무굴 제국의 샤 자한(Shah Jahan) 왕은 특별히 데칸 지방 원정 시 동행했던 사랑하던 왕후인 뭄타즈 마할은 원정 후 14번째 아이를 해

타지마할(Taj Mahal)

산하게 되는데, 그 과정에서 병세가 악화되어 불행히도 1629년 사망하게 된다. 결혼생활 18년을 통해 샤 자한왕은 그녀의 사랑스러움을 잊지 못해 영원히 간직하고 싶어 타지마할을 건축하기 위해 무굴 제국의 건축가는 물론 이란의 이사 칸(Isa Khan)을 초청하였고 이태리 베니스 출신의 제로니모 베로네오(Geronimo Veroneo)와 프랑스 보르도 출신의 오스틴 보르독스(Austin De Bordeaux)를 해외 전문기술진으로 고용하였다. 기능공 2만 명이 동원되어 22년간 대공사를 통해 1653년에 완성된 건축물이다.

최고의 대리석과 붉은 사암은 인도 현지에서 수급 되었지만 타지마할 내외부의 장식품인 보석과 준보석들은 이집트, 중국, 터키, 티베트에서 수입되었다. 이러한 이유로 타지마할의 건축비는 국가 재정에 큰 영향을 줄 정도로 거액이었고 이런 결과로 샤 자한은 이 궁전을 건축한 후 그 책임을 물어 왕좌의 자리를 내 놓아야 했다.

　너무 가중한 세금의 징수로 인도 서민들의 강한 반발로 자신의 막내 아들(아우랑제브, Aurangzeb)로부터 유배를 당해 아그라 요새(Agra Fort)에 위치한 무삼만 버즈 탑에 갇혀 죽게 되었는데, 쓸쓸히 죽을 때까지 이 탑에서 자신의 사랑하던 여인이 묻힌 곳인 타지마할을 2km 떨어진 곳에서 바라봐야 했다.

　무삼만 버즈탑(Musamman Burj)은 샤 자한 왕이 말년까지 갇혔던 비운의 상징이다. 무삼마 버즈탑에서 타지마할이 잘 보인다. 하지만 그가 죽은 후에 자신이 사랑하던 뭄타즈 마할이 묻혔던 관 옆에 나란히 묻히게 되어 사후에 재회하게 되었다. 후세 사람들에 의해 이러한 러브 스토리가 아직도 전해 내려오고 있다. 따라서 우리는 위와 같은 유형문화유산에 서려 있는 이야기를 통해 한층 깊이 있는 역사와 진

무삼만 버즈탑(Musamman Burj)

면목을 깨닫게 된다.

샤 자한 왕과 타지마할이 묻힌 타지마할 묘 건물은 무굴제국의 묘
건물 건축양식의 절정이라고 할 수 있으며 이슬람 건축양식과 힌두
건축양식의 절묘한 조합으로 이루어져 있다. 왜냐하면 둥근 돔(이슬람
양식)과 미나 레트 기둥(꾸란 구절 기재)은 전형적으로 이슬람 양식으로
축조되었고, 건물 상단의 스투파(Stupa)와 벽면의 연꽃무늬 장식은 힌
두의 양식을 나타내고 있기 때문이다.

오른쪽 사진은 샤 자한 왕과
타지마할의 실제 모습을 보여
주고 있다. 선남선녀의 형상을
가진 두 사람의 아름다운 사랑
을 그림으로나마 느껴볼 수 있
다. 그림 속에는 두 사람 모두
꽃을 가지고 꽃향기를 맡고 있

(좌) 샤 자한, (우) 뭄타즈 마할
샤 쟈한과 뭄타즈 마할

다. 그 꽃향기를 알기는 어렵지만 그들의 애틋한 사랑을 간접적으로
느끼기에는 충분하다. 이처럼 그들이 서로 사랑했던 감정은 건축물과
예술작품에도 남아 있다.

타지마할 건축물의 기본 용도는 죽은 사람의 무덤을 보관하고 그의
영혼을 달래고 기리기 위한 것이지만 타지마할은 한마디로 '세계에서
가장 아름답고 웅장한 사랑의 탑'이라고 할 것이다. 왜냐하면 샤 자한
의 아내인 왕비 뭄타즈 마할의 죽음을 진심으로 애도하면서 지었기
때문이다. 타지마할은 1632년부터 1653년까지 20년 이상의 오랜 세월
에 걸쳐 완성하게 되는데 이러한 장기간의 건축 기간만 보더라도 황
제가 얼마나 자신의 왕비를 사랑했는지를 미루어 짐작해 볼 수 있다.

타지마할은 일반적으로 백색 대리석으로 지어진 묘지 건축물이 전

부라고 생각하지만 사실은 긴 직사각형 모양의 땅 위에 여러 건축물과 정원으로 구성되어 있으며, 길이는 약 가로 300m, 세로 580m로 구성된 건축물로 보는 것이 타당하다. 가장 남쪽부분에는 정문인 남문이 있고 남문을 지나서 가로와 세로가 300m의 정원이 펼쳐진다. 아름다운 정원을 지나면 가장 북쪽 부분은 우리에게 가장 잘 알려진 흰색 돔 모양의 건축물인 무덤건물과 더불어 이슬람 사원인 '모스크(Mosque)' 건물이 자리 잡고 있다.

여기에서 타지마할의 지하에 있는 묘실을 따라 들어가면 샤 자한 왕과 타지마할의 묘가 나란히 놓여 있으며 촛불이 비추고 있다. 백대리석으로 만들어진 관들의 겉면에는 청색, 홍색 및 녹색의 옥돌로 장식이 되어 있어 영원한 사랑을 나타내고 있다. 각각의 조형과 비례의 아름다움과 정교함은 지금도 인도인은 금, 보석을 사랑하고 결혼식에서 과도할 정도로 금과 각종 보석을 선물하여 영원한 사랑을 맹세하는 것이 그들의 문화가 된 것이 아닐까 생각한다. 타지마할의 섬세한 조형감과 정교한 비례성은 지금도 세계문화유산으로 인정되고 있다.

벽돌과 벽돌 사이와 대리석을 건물 외벽에 부착할 때 물과 석회 그리고 흙을 일정한 배합으로 썩어 화학 작용을 통해 천연 접착제를 발명하여 사용했다고 한다. 17세기의 인도 건축물을 대표하는 타지마할은 그야말로 친환경 공법으로 쌓아 올린 인류의 거작(巨作)이라고

타지마할 내부 양식

할 것이다.

타지마할의 중요한 특징 중에서 힌두교와 이슬람 건축양식을 혼합 적용하고 있는데 이러한 특징을 본다면 첫 번째, 건축물의 정 중앙을 중심으로 좌우를 완벽한 대칭으로 설계하여 정확한 비례미를 강조하였다는 것이다. 두 번째, 건물을 에워싸고 있는 4개의 탑은 이슬람의 유일신인 알라신을 받들고 있으며, 이슬람교의 창시자인 무함마드의 고향인 메카(Mecca)로 향하고 있다는 점이다. 세 번째, 백색 대리석의 표면에 준보석으로 꾸란의 내용을 섬세하게 새겨 놓았다는 점에서 이슬람 양식이 잘 반영되어 있다. 하지만 힌두교 양식도 일부 혼합 적용되어 건설되었는데, 그 예로서 건축물 상단의 스투파와 벽면의 연꽃 모양 장식은 이러한 특징을 잘 보여준다.

타지마할은 담장으로 둘러싸인 정원 가장 깊숙한 곳에 위치하고 있으며 외곽 담장에는 4개의 문이 있고 3개는 가짜 문이다. 정문은 붉은 사암으로 만들어졌으며 중앙수로를 중앙에 두고 뒤편 능묘와 마주하고 있다. 능묘는 높이가 약 5.5m인 기단위에 한 변이 약 95m인 사각형의 중앙집중식으로 중앙에 58m의 대형 돔을 올려놓았다. 사실 기단의 사방에는 4개의 첨탑이 33m 높이 세워져 있는데 수직으로 세워진 것처럼 보이지만 사실은 붕괴가 발생할 가능성에 대비하여 아주 미세하게 바깥쪽으로 향해 있다. 건축가들의 섬세한 건축 기술에 다시 한 번 놀라움을 금치 못한다.

타지마할의 정원은 직사각형 모양으로 사분된 수로와 정원, 중앙의 일자형 수로의 중앙 지점에 있는 백색 대리석의 연꽃수조가 있다. 이 수면위에 비친 타지마할의 경관은 마치 샤 자한과 뭄타즈 마할의 사랑을 건축가가 순박하게 그리려는 의도는 아닐까 한다. 이러한 세밀하면서 아름다움을 간직한 세계적 걸작품은 세계문화유산이 되기에 충분하다고 생각된다. 또한 인도의 최전성기라고 할 수 있는 16~17세기 무굴제국의 이슬람교 문화[4]와 인도의 힌두교 문화가 혼합된 예술품은 역사적인 의미에서도 가치가 상당히 크다.

4. 아잔타(Ajanta) 석굴

인도의 데칸 고원에서 마하라슈트라주(州)의 중북부에 위치한 아우랑가바드의 아잔타라는 마을에 기괴한 절벽이 펼쳐지는데 석굴이 신비롭게 조성되어 있다. 아잔타 동굴은 기원전 2세기에서 기원후 7세기경까지에 걸쳐 조성된 것으로 보고 있다.

아잔타 석굴에는 29개의 동굴이 있다. 각각의 석굴은 깊이가 약 수십 미터 깊이로 파여져 있으며 가장 깊은 석굴은 30m 정도로 되어 있다. 석굴의 조성방법은 아직도 미스터리로 남아 있는데 외부에서 파고 들어가면서 조각하여 만들었음에 틀림이 없다. 하지만 어떤 방법으로 그렇게 깊이 조각할 수 있었는지 아무도 정확하게 방법을 제시하지 못하고 있다. 인도에는 이러한 석굴이 1,200여 개가 인도 전역에 산재해 있다.

아잔타 석굴은 사용 목적에 따라 나눠볼 수 있는데, 크게 사원과 수련장으로 구분이 가능하다. 사원은 차이트야(Chaitya)로 불리며 승리들의 수련장은 비하라(Vihara)로 명칭이 되어 있다. 29개의 석굴 중

---

4) 마이클 우드(Michael Wood)의 『인도이야기』(2018)에 의하면 인도는 세계에 두 번째로 큰 이슬람 국가이다. 인도아대륙 전체의 이슬람 신도를 합하면 전 세계 이슬람교도의 절반이 된다고 한다. 인도는 다원주의와 다양성을 문화 속에 깊이 함축하고 있으며 세계적인 종교를 4개나 탄생시킬 정도로 유서가 깊고 풍요로운 전통을 소유하고 있다.

아잔타 석굴 외부 전경

사원은 9, 10, 19, 26, 29번 석굴이며 나머지 석굴(24개)은 승려들의 수련장이다.

사원으로 조성된 석굴에는 두 줄의 거대한 기둥이 줄지어 서 있고 그 안쪽에는 스투파(Stupa)[5]나 불상(Statue of the Buddha)이 세워져 있다. 더불어 비하라(Vihara)는 참선 공간과 대중들에게 설법을 했던 공간으로 보이며 승려들이 숙박이 가능하도록 돌침대도 있다.

아잔타 석굴은 BC 2세기부터 AD 7세기까지 걸쳐 형성된 것으로 추정되고 있다. 연대기로 볼 때 전기 석굴군(前期 石窟群)과 후기 석굴군(後期 石窟群)으로 구분이 가능하다. 전기 석굴군은 BC 2세기부터

---

5) 스투파(Stupa): 옛날에는 석가모니뿐만 아니라 고덕의 비구의 스투파가 세워 지기도 하였고 유골 대신에 경전, 경문 등을 넣어둔 곳으로 예배의 대상으로서 석가모니의 표상으로서 해석되기도 하였다. 『한국사전연구사』(1998) 참조.

BC 1세기까지 기간으로 보고 있으며, 후기 석굴군은 AD 5세기부터 AD 7세기까지로 추측하고 있다.

　전기 석굴군의 특징은 불상이나 조각상이 없고 수행(修行)과 학문(學文) 중심의 공간으로 사용된 것으로 추정하고 있다. 왜냐하면 이 시기의 인도 불교는 부파불교(部派佛敎)의 영향으로 수행과 학문을 중심으로 하는 불교 교파를 형성하고 있었기 때문이다. 이러한 이유로 전기 석굴에는 불상이나 조각상들이 전혀 없다는 것이 특징이다.

　후기 석굴군은 5세기부터 대승불교의 성행으로 다시 석굴이 형성되기 시작하였는데 스투파(Stupa)의 전면에는 큰 불상(佛像)이 세워지게 되고 벽면에는 조각상들이 많이 배치되었다. 또한 석굴의 벽면에는 불전(佛傳)을 주제로 한 수많은 불화(佛畵)들이 그려지게 되었다.

　1세기부터 4세기까지는 불교의 급격한 쇠락을 겪게 되어 이 기간에는 석굴이 석굴 건설에 공백기가 생기는데 이는 사타바하나 왕조가

아잔타 석굴 내부

멸망하게 되어 석굴의 개굴이 중단되었기 때문으로 보고 있다. 아래의 사진은 석굴군 안의 불상과 내부 벽을 촬영한 것으로 간접적으로 섬세하고 아름다운 조형물을 감상할 수 있다.

후기 석굴군에서 발견된 조각상과 그림들은 인도 회화 역사상 가장 훌륭한 걸작으로 손꼽히게 된다. 이로 인해 1983년 유네스코는 아잔타 석굴을 세계문화유산으로 지정하여 오늘에 이르고 있다.

당시의 인도인들은 인도의 구석지고 외딴 곳에 석굴을 조성하였는데, 이와 관련하여, 역사 전문가들은 석가모니의 평소 생활양식과 설파에 영향을 받았을 것으로 추정한다. 석가모니가 석굴에서 명상과 고난의 수행 등을 했다는 것에서 일반 불교신자들이 이것을 참고하여 은신처와 같은 석굴에서 참선을 원했기 때문일 것이다. 이들은 석굴이 수행과 명상을 함에 있어서 가장 이상적이고 적합한 장소로 여겼을 것으로 추측된다.

아잔타 석굴은 AD 8세기 이후에 자취를 감추고 마는데, 이 시기에 불교가 원천적으로 급격히 쇠퇴하였다. 불교가 탄생한 국가는 인도였고 주변의 여러 국가에 종교를 활발하게 전달하였지만 불교의 원조 국가인 인도 불교는 아이러니하게도 쇠퇴하기 시작하였다. 불교가 쇠락의 길을 가면서 아잔타 석굴도 1100여 년 동안 인기척이 없어지게 되어 밀림 숲으로 덮여가게 되었다. 인류의 위대한 유산은 이렇게 묻힐 뻔하였다. 하지만 인도 남부 지역 마드라스에 주둔하고 있던 영국의 젊은 장교인 존 스미스는 1819년에 아잔타 석굴을 우연히 발견하게 된다. 이로써 아잔타 석굴은 세상에 다시 빛을 보게 되었다.

이 시기에 영국은 인도를 지배하고 있었는데, 존 스미스는 아잔타 석굴 주위의 호랑이 사냥에 나갔다가 신비로운 석굴을 발견하게 되었다. 그 일이 있은 후 약 20년 후인 1839년부터 정밀 조사결과가 시작되어 이곳 일대의 대대적인 유물 발굴을 통해 아잔타 석굴의 신비로운 광경이 일반인들에게 공개되었다.

아잔타 석굴을 방문한 관광객들은 아름다운 광경에도 크게 놀라게 되지만, 추가적으로 아쉬운 마음을 가지게 되는데 이는 아잔타 석굴의 조각상과 회화의 관리상태가 좋지 않다는 점에 있다. 그리고 인류의 위대한 유산 중 하나인 아잔타 석굴의 훼손 정도가 심하다는 것을 느끼게 된다. 발견되기 전에 쌓여 있는 먼지가 세계적인 문화재의 보호제(保護劑) 역할을 하게 되면서 보존이 상대적으로 잘 되어 있었다. 하지만 일반 공개를 위해 먼지를 다 제거하고 나서 문화재가 심하게 색이 변하게 되고 조각들은 부식의 정도가 심할 정도였다. 인도 정부에서 많은 노력을 강구(講究)하고 있지만 인류의 걸작품에 대한 보존을 위해 노력하는 것은 전 세계 구성원들이 지혜와 힘을 모아야 할 것으로 보인다.

5. 라지 가트(Raj Ghat)

인도의 근대기에 대표적인 인물은 단연코 마하트마 간디(Mahatma Gandhi)이다. 간디의 근대 인도에 미친 영향은 가히 절대적이다. 그를 빼고 인도의 근대사를 논하는 것은 어불성설(語不成說)이 아닐까 한다. 간디는 인도 근대기의 대표적인 지식인이며 법률가로 잘 알려져 있다.

간디는 인도의 부유한 집안에서 태어나 우수한 교육을 받은 인물이다. 또한 그 당시 영국으로 법률 공부를 위해 유학을 가서 영국에서 변호사 자격을 취득한다. 영국의 피지배민족으로서 대단한 일이 아닐 수 없었다.

간디가 잠든 곳, 라지 가트

간디는 법률가로서 그 시작을 남아프리카공화국에서 하게 된다. 그곳에서 인종차별에 대항하여 인도인들을 대변하는 법률가로서 '사티아그라하(Satyagraha, 진리 추구(or 파악))'를 구상하게 되고 저항운동의 이념적 바탕을 마련하게 된다. 이것으로서 그는 진리탐구를 위한 사회운동에 눈을 뜨게 된다.

간디는 남아프리카공화국에서 성공적인 비폭력저항 사회운동을 통해 사회변화에 대해 새로운 인식을 갖게 되었다. 이러한 소문은 인도 전역에 널리 퍼지게 되고 마침내 많은 대중의 환영으로 고국(故國)인 인도로 귀국하였다. 이후 간디는 비폭력저항운동을 전개하면서 그 당시 영국 정부를 대신하는 거대한 다국적 기업인 동인도회사(East India Company)와 싸우게 되었다.

간디는 1920~1922년 종파를 초월한 킬라파트(Khilafat) 운동으로 영국 정부에 비협력운동을 선도하였고, 많은 인도인의 마음을 사로잡았다. 이 당시 영국 정부는 거의 마비상태가 되

마하트마 간디

었다. 또한 간디는 인도인들의 경제적 독립을 위해 물레를 직접 돌려 의류와 섬유를 생산하는 운동을 전국 단위로 전개함으로써 인도인들의 경제적인 독립운동을 비폭력저항운동으로 전개하였다. 소금을 인도인들이 직접 생산하기 위해 1930~1931년에 걸쳐 1차 시민불복종운동으로 유명한 소금행진운동을 전개한다. 또한 그것을 통해 대중들은 간디를 정신적 지도자로 생각하게 된다.

하지만 영국은 종교적인 이유로 힌두교는 인도로, 이슬람교는 파키

소금행진운동

스탄으로 분리하여 독립시킬 것을 계획하게 되는데 이에 간디는 격렬하게 반대하게 된다. 하지만 1948년 1월 30일 극우파 힌두교도의 한 청년에 의해 암살당하게 되고 라지고트(Raj Ghat)에 묻히게 된다.

간디의 마지막 한 마디는 '오 신이시여(Hai Ram)'였다. 간디는 이곳에 묻히게 되고 지금도 인도인의 마음속에 영원한 불꽃으로 살아있다. 그러므로 라지고트는 간디가 잠든 곳으로 근대사의 아픔과 희망이 공존하는 장소이기도 하다. 푸른 잔디 위 대리석에는 간디의 마지막 말이 남겨져 있다.

간디는 인도와 파키스탄이 분리되어 독립되는 것을 막기 위해 죽을 때까지 노력했다. 대중에게 인도는 분리되어서는 안 되며 하나의 국가가 되어야 한다는 것을 죽기 전까지 설파하였으며 파키스탄으로 가서 설득을 하겠다는 뜻을 굽히지 않았다. 이 사실은 당시 극우파 힌두교도들에게는 상당한 불만을 가져 오고야 말았다. 그래서 불행하게도 극우파의 청년에 의해 비참하게 죽음을 맞이하게 되었다.

이로 인해 인도와 파키스탄은 현재까지도 반목(反目)과 대립(對立)을 이어오고 있다. 이와 같이 인도는 근대기에 민족사의 아픔을 겪게 되었고 라지고트는 그러한 위대한 사상가인 간디의 죽음을 애도하고자 마련된 장소이다.

6. 디지털 시대, 온라인으로 여행하다

COVID-19의 세계적 전염병 대유행으로 인도의 유형문화유산을 방문하기가 어려워졌다. 이는 세계적으로 유명한 인류의 유산을 눈으로 직접 보는 것은 당분간 불가능하다는 것을 의미한다. 하지만 이러

India Culture

한 상황을 극복하기 위해 각 국가마다 디지털 기술을 이용한 웹사이트 박물관을 선보이고 있다.

인도는 웹사이트(https://www.indiaculture.nic.in/virtual-museums)를 통해 각종 유형문화유산의 역사와 유형문화유산을 사진, 동영상 등의 디지털콘텐츠로 제공하여 자세하게 소개하고 있다. 공개되는 언어로는 인도어, 영어 및 프랑스어 정도이다. 한국어로는 소개되지 않아 아쉬움이 많이 남지만 코로나로 인해 방문하지 못하는 아쉬움을 다소나마 달랠 수 있어 다행이다.

또한 인터넷 사이트 https://nmvirtual.in에서도 다양한 유형문화유산을 확인할 수 있다. 아래의 인터넷 사이트는 National museum의 각종 전시물(회화, 조각품, 전통 공예품 등)에 대해 최첨단 VR(Virtual Reality) 방법을 통해 생생한 동영상으로 접할 수 있다.

National Museum, Indian Museum, National Gallery of Modern Art 등의 다양한 장소를 한 눈에 관람할 수 있다. 이는 국가 차원에서

National museum

인도 문화를 소개하기 위해 많은 노력과 비용을 투자하고 있음을 의
미한다. 이러한 기술의 발전을 통한 디지털 전시는 대중들이 위대한
인류 문화를 손쉽게 접할 수 있는 기회를 제공하는 것이기에 매우
바람직한 일이다.

더욱이 'https://www.indianheritage.gov.sg/en'에서는 'Indian Heritage

Indian heritage

Centre'로 안내해 준다. 이곳에서는 인터넷으로 각종 인도 문화와 문화유산과 관련된 이야기를 중심으로 확인 가능하다. 그러므로 여러 인도 문화, 인도 유형문화유산 및 기타 전시물에 대해 스토리텔링 방식으로 소개하기 때문에 매우 흥미롭다.

인도의 유형문화유산은 한 국가에 속하는 제한적 문화가 아니라 서남아시아 및 인류 전체의 유산으로 보는 것이 합당할 것이다. 이들의 눈부신 문화적 업적인 유형문화유산은 인류가 함께 관심을 가지고 보호해야 하는 문화유산이라고 본다. 이런 점에서 디지털 기술과 문화 체험이 동시에 이루어지는 디지털 온라인 체험은 중요한 의미가 있다고 본다.

흥미로운 사실은 위의 사이트에서 무형문화유산에 대한 부분도 확인 가능하다는 것이다. 인도는 인류가 최초로 문명의 꽃을 피운 인더스 문명이 발생한 곳으로 수많은 무형문화도 발전한 곳이다.

참고문헌

Mike Wood(2018), 『인도이야기』, 살림.

김기훈(2017), 『간디』, 여래.

김도영(2009), 『인도인과 인도문화』, 산지니.

김동훈·박영란(2010), 『건축, 그 천년의 이야기』, 삼양미디어.

김종원(2017), 『인도, 라디크 문화유적 답사기』, 여행마인드(주).

김후영(2020), 『언젠가 한번쯤 유네스코 세계문화유산』, 상상출판.

오석근(2020), 『그냥 한번쯤은 인도』, 글로벌마인드지엠(주).

원형진(2009), 『인도, 인도인 이야기』, 매일경제신문사.

이주형·남동신(2020), 『동아시아 구법승과 인도의 불교유적』, 사회평론.

이혁진(2020), 『세계문화유산의 이해』, 새로미

차창룡(2007), 『인도 신화 기행』, 북하우스.

최호순(2019), 『건축가와 동행하는 오감으로 만나는 세계문화유산』, (주)갑
    우문화사.

허경희(2018), 『인문학으로 떠나는 인도여행』, 인문산책.

Bindloss, Joseph(2019), *(Lonely planet) India*, Carlton.

Keay, John(2000), *India: a history*, New York, NY: Grove press.

Madhukar Kumar Bhagat(2020), *Indian Heritage, Art and Culture (Preliminary
    & Main)*, 2nd edition, Gk Publications.

Sieunarine, Anudevi Androneth(2008), *Cultural embossing: The layering of East
    Indian identity revealed through the visions and voices, of three Trinidadian visual
    artists of East Indian heritage*, Teachers College, Columbia University.

Stafford, Paul., Fleming, Tom(2019), *India*, 12th edition, APA publication.

중국 충칭(重慶)의 세계문화유산과 전설

최선진

1. 중국의 세계문화유산과 관광명소

1) UNESCO 세계유산

중국은 역사가 길고 대륙이 큰 만큼 많은 수의 문화유적을 보유하고 있으며, 세계적으로 유명한 관광자원이 풍부한 곳이다. 중국은 1985년 12월 12일 UNESCO 협약에 가입했고, 1999년 10월 29일 세계유산위원회로 선출되었다. UNESCO 세계유산목록(世界遺産名錄)에 등재된 중국의 유산은 총 56개이다.

그 중 "세계문화유산 33개, 세계문화경관유적(世界文化景觀遺産) 5개, 문화와 자연 복합유산(世界文化與自然双重遺産) 4개, 세계자연유산(世界自然遺産) 14개"로 구분된다(2021년 기준). 지금까지 세계유산 보유 국가

부동의 1위를 지켜온 이탈리아와 2020년에는 55개로 공동 1위를 차지했지만, 2021년 제44차 총회에서 중국은 "찬저우: 송·원 시기 중국의 세계해양무역센터(泉州: 宋元中國的世界海洋商貿中心)"를 UNESCO에 등재하여 총 56개가 세계유산으로 선정되었고, 이탈리아는 3개를 더 등재하여 총 58개가 되었다. 이로써 중국은 국가별 세계유산 수 세계 2위에 해당한다.

중국의 세계유산 분포도를 보면 비교적 동쪽 지역에 문화유산이 많이 등재된 것을 알 수 있으며, 성급(省級) 행정구역[1] 중 헤이룽지앙, 하이난, 상하이, 홍콩 4곳을 제외한 29곳에 최소 1개의 세계유산이 분포되어 있다. 특히 중국 역사에서 역사의 중심이 되었던 고도(古都)[2] 지역에는 역사와 관련된 곳뿐만 아니라 중국의 사대기서의 무대가 되는 명소들이 많은 만큼 세계유산이 많이 속해 있다.

성급 단위 세계유산 개수를 모두 합하면 56개가 훨씬 넘는 100개이

---

1) 성급(省級) 단위 세계유산 개수

지명		개수	지명		개수
베이징	北京	7	안휘이	安徽	3
허난	河南	6	산시	陝西	3
쓰촨	四川	6	간쑤	甘肅	3
후베이	湖北	5	신장	新疆	3
윈난	雲南	5	톈진	天津	2
푸젠	福建	5	네이멍구	內蒙古	2
허베이	河北	4	지린	吉林	2
산시	山西	4	광둥	广東	2
랴오닝	遼寧	4	광시	广西	2
장쑤	江蘇	4	충칭	重慶	2
저장	浙江	4	티베트	西藏	2
장시	江西	4	칭하이	青海	2
산둥	山東	4	닝샤	寧夏	1
후난	湖南	4	마카오	澳門	1
구이저우	貴州	4			*개수순

2) 중국의 10대고도(十大古都)는 2016년 10월 "중국고도학연구정상토론(中國古都學研究高峰論壇)"에서 발표한 "카이펑(開封), 뤄양(洛陽), 난징(南京), 다퉁(大同), 베이징(北京), 시안(西安), 청두(成都), 안양(安陽), 정저우(鄭州), 항저우(杭州)"이다.

다. 이는 중국의 유산이 한 지역에 국한된 것이 아니라 중국 곳곳에 분포3)되어 있기 때문에 중복되어 나타난 숫자이다. 예를 들어 "고대 고구려 왕국의 수도와 무덤군(高句麗王城、王陵及貴族墓葬)은 랴오닝과 지린 2개 지역에 유적지가 모두 존재한다.

UNESCO 세계유산의 경우 한국뿐만 아니라 전 세계적으로 그 유산의 가치가 인정된 곳이기 때문에 이미 많은 사람이 이곳을 방문하였고, 이와 관련된 문화와 역사에 관한 연구도 지속해서 이루어지고 있다.

2) 국가급 관광명소

중국에는 관광의 품질에 따라 중국 문화관광부(文化和旅游部)에서 명승지와 관광지를 5등급으로 구분한다. 2018년 3월 중국은 국가관광국(國家旅游局)과 문화부(文化部)를 합쳐 문화관광부(文化和旅游部)를 설립했다. 중국 내 세계유산은 모두 5A급 관광명소에 속하지만, 세계유산과 중국 국가등급의 선정 세부항목은 다르다.

중국 내 평가 기준은 크게 서비스품질과 환경품질(服務質量與環境質量, 950점 이상 5A), 관광품질(景觀質量評分, 90점 이상 5A), 관광객 의견평가(游客意見評分, 90점 이상 5A) 3가지로 나눈다. 각 항목에서 일정 점수 이상을 받아야 최고등급인 "국가 5A급 관광명소(國家5A級旅游景區)"로 인정을 받을 수 있다. 우리나라 호텔을 무궁화로 등급을 나누듯이 중국에서는

---

3) 유네스코에 등재된 문화유산 중복 지역은 "만리장성(長城) 17곳, 대운하(大運河) 8곳, 중국 단하(中國丹霞) 6곳, 명·청의 황릉(明清皇家陵寢) 5곳, 실크로드(絲綢之路: 長安−天山廊道 的路网) 4곳, 중국남방 카르스트(中國南方略斯) 4곳, 토사유적(土司遺址) 3곳, 고대 고구려 왕국의 수도와 무덤군(高句麗王城、王陵及貴族墓葬) 2곳, 명·청의 고궁(北京及瀋陽的明清 皇家宮殿) 2곳, 무이산(武夷山) 2곳, 청하이 가가서리(青海可可西里) 2곳"이다.

중국 국가급 관광명소 로고

알파벳 A로 등급을 나눈다. 가장 높은 AAAAA(5A)부터 A등급까지
있다. 중국에는 306개의 5A급 관광명소[4]가 있다(2021기준).

국가급 관광명소의 로고는 간쑤성 우웨이(武威)에서 출토된 한나라

---

4) 성급(省級) 단위 5A급 관광명소

지명		개수	지명		개수
장쑤	江蘇	25	산시	山西	9
저장	浙江	19	광시	廣西	8
신장	新疆	16	베이징	北京	8
광둥	廣東	15	구이저우	貴州	8
쓰촨	四川	15	지린	吉林	7
허난	河南	14	헤이룽장	黑龍江	6
후베이	湖北	13	하이난	海南	6
산둥	山東	13	랴오닝	遼寧	6
장시	江西	13	네이멍구	內蒙古	6
안후이	安徽	12	간쑤	甘肅	6
산시	陝西	11	티베트	西藏	5
허베이	河北	11	칭하이	靑海	4
후난	湖南	11	닝샤	寧夏	4
충칭	重慶	10	상하이	上海	4
푸젠	福建	10	톈진	天津	2
윈난	雲南	9			*개수순

의 동분마(銅奔馬: 동으로 만든 달리는 말) "마다페이옌(馬答飛燕: 날고 있는 제비를 밟고 달리는 말)"의 이름으로 불리고 있으며, 상부·중부·하부 세 부분으로 구분된다. "마다페이옌"의 상부는 말이 멋지게 지구 위에 발을 내딛는 모습으로 중국 관광업의 활발함과 밝은 전망을 상징하며, 중국 관광업이 이미 세계에 우뚝 섰음을 나타낸다. 중부는 구리를 도금하여 만든 지구 모양으로 관광업은 대외 개방의 선도 산업이며, 중국의 관광도시가 전 세계를 향해 국제화 목표를 이룰 수 있어야 한다는 것을 나타낸다. 하부는 중국을 대표하는 만리장성으로 중국 관광업 역사의 원대함과 도시 관광이 중국 관광업에 매우 중요한 위치를 차지하고 있다는 것을 나타낸다.

3) 중국인이 즐겨 찾는 관광도시

중국의 관광산업은 50억~60억에 다다를 정도로 빠르게 발전하고 있으며 여행 관광객 규모가 가장 큰 나라이다. 현재 중국에서 가장 인기 있는 10대 여행 도시(十大旅游城市)5)를 보면 중국의 4대 직할시에 속하는 충칭, 상하이, 베이징, 톈진이 모두 상위 5위권 안에 속하는 것을 알 수 있다.

특히, 상하이의 경우 세계유산으로 등재된 유적이 없는데도 상위권에 속해 있다. 또한, 충칭의 경우 세계문화유산이 2개밖에 등재되지

---

5) 중국 10대 여행 도시(中國十大旅游城市, 2021)

순위	지명		순위	지명	
1	충칭	重慶	6	청두	成都
2	상하이	上海	7	톈진	天津
3	베이징	北京	8	광저우	廣州
4	우한	武漢	9	구이양	貴陽
5	시안	西安	10	항저우	杭州

않았는데도 불구하고 가장 많은 중국인이 여행지로 즐겨 찾는 곳이다. 한국 사람에게는 비교적 거리가 멀고 낯선 충칭과 이곳의 문화유산으로 등재된 2명소에 관해 소개하고자 한다.

충칭 내 세계문화유산 위치

충칭은 중국 서부 지역에 있는 유일한 직할시이며, 세계에서 가장 큰 산성(山城)이다. 인구는 약 3,000만 명으로 세계에서 2번째로 중국 내에서는 가장 인구가 많은 곳(2021)이기 때문에 충칭에 가면 밀집된 인구를 실감할 수 있다.

충칭의 행정구역 약칭은 유(渝)로 인근에 흐르는 자링강(嘉陵江)의 고대 이름인 유수(渝州)에서 따왔다. 충칭은 산과 물 등이 조화를 이루는 빼어난 자연경관과 함께 인문 관광명소가 300여 곳이나 있는데, 그 중 대족석각(大足石刻)과 중국 남방 카르스트(中國南方略斯特)[6]가 세계유산으로 등재되어 있다.

---

6) UNESCO 세계문화유산에 등재된 중국 남방 카르스트
   2007년 1기 등재: 구이저우 리보(荔波), 윈난 스린(石林), 충칭 우룽(武隆)
   2014년 2기 등재: 광시 구이린(桂林), 환장(環江), 구이저우 스빙(施秉), 충칭 진포샨(金佛山).
   *구이저우와 충칭에 등재된 유산은 확장의 개념으로 문화유산 수는 증가하지 않음.

2. 불교예술의 결정체: 대족석각(大足石刻)

1) 대족석각의 가치

중국에는 "북에는 돈황이 있고, 남에는 대족이 있다."는 말이 있을 정도로 대족석각은 조각 예술의 보고로 인정받고 있다. 즉 둔황 석굴이 북쪽의 석각 예술을 대표하고, 대족석각이 남쪽 석각 예술을 대표한다는 것이다.

충칭 시내에서 조금 멀리 떨어져 있는 대족현은 당(唐) 건원(乾元)년에 설립되어 약 1240년 이상의 역사를 지니고 있으며, "대풍대족(大豊大足)"이라는 뜻에서 '대족'이라 이름 지었고, 석각의 고장으로 불린다. 이곳에는 석굴 76곳, 석각 조각이 6만여 개가 현 전체 100여 곳에 분포하고 있어서 '석각지향(石刻之鄕)'이라는 명성을 가지고 있다.

고대 인도에서 유래한 석굴 예술은 3세기 이후 중국 북방에서 조각의 절정을 이루었으나 8세기 중엽에 이르러 쇠퇴의 길을 걸었다. 장강 유역에 있는 대족현의 마애조각은 9세기 말에서 13세기 중엽까지 중국 석굴예술사의 절정을 이루며 400여 년 동안 그 명성을 이어왔다. 하지만 이 이후의 중국 석굴 예술이 정체되어 다른 곳에서 새로운

대형 석굴을 만들지 못했기 때문에 대족석각은 중국 후기 석굴 예술의 걸작으로 대표된다.

"보정산(寶頂山), 북산(北山), 남산(南山), 석문산(石門山), 석적산(石篆山)"을 오산(五山)이라 부르는데 이 오산의 마애(摩崖)조각으로 대표되는 대족석각은 중국 석굴 예술의 중요한 구성요소이며, 세계 석굴 예술 중 가장 웅장하고 화려하다는 평가를 받고 있다.

대족석각은 1999년 12월 1일 세계문화유산에 등재되었다. 그 이유는 첫째, 대족석각은 천재적인 예술작품으로 예술·역사·과학적 가치가 매우 높다. 둘째, 9~13세기까지의 대승불교 석불이 바위벽에 조각되어 있는데 대부분 불교와 관련된 조각이지만 도교, 유교와 관련된 타 종교 관련 석각도 새겨져 있어서 당시 중국 사회의 철학사상과 풍토를 반영하고 있다. 셋째, 대족석각의 조형예술과 종교 철학이 후세에 큰 영향을 끼쳤다. 이와 같은 이유로 대족석각은 세계문화유산으로 등재되었다.

2) 호법신(護法神)

호법신은 불국(佛國)을 보호하고, 절의 존엄성을 수호하는 신이다. 중국 불교사원의 전통 구조에 따르면 입구에는 수호신을 조각하여 절의 삼엄함과 사악함이 스며들지 않음을 보여줘야 한다.

일반적으로 절은 사대천왕, 8대 금강 등이 절의 입구에 있는데 보정산 대불은 특이하게 9개의 호법신이 입구를 지키고 있다. 정중앙의 조각상은 석가모니불의 화신으로 직접 천룡팔부를 이끌어 절을 지키고 있다.

호법신은 각각 갑옷을 입고, 생김새가 영악하고 용맹하며, 기세가

높다. 불교에서 말하는 인간이 수행 도중 주관적이고 객관적인 세계에서 많은 방해를 받게 되는데 이를 '모장(魔障)'이라 한다. 호법신의 역할은 중생들이 모장의 방해를 물리치고 빨리 각성해서 마음을 가다듬어 수련에 전념할 수 있도록 돕는 것이다.

호법신 좌우 양쪽 끝에 각각 3개의 동물 머리를 한 사람의 조각이 있는데 이를 '육통대신(六通大神)'이라 부르는데 육통대신의 법력은 6계에 이른다. 호법신 아래에는 '토끼, 양, 돼지, 개, 원숭이' 등 12지신을 새겨 24시간 자리를 지키는 기능을 하고 있다.

3) 석가열반성적도(釋迦涅槃圣迹圖)

석가열반성적도는 대족석각을 대표하는 가장 유명한 작품으로, 높이 7m, 길이가 무려 31.6m에 달하며, 중국 남쪽에서 가장 큰 와불상이다.

頭枕北方, 足指南方, 面向西方, 後背東方, 右脅而臥

—『대반열반경(大般涅盤經)』

이 조각은 "머리는 북쪽으로 눕고, 다리는 남쪽으로 향하고, 얼굴은 서쪽을 향하고, 배후는 동쪽을 향하여, 우측을 향해 누운" 모습으로 열반한 부처님의 모습과 전설 속 열반의 모습을 똑같이 재현한 것이다.

부처님은 여든 살이 넘어서 자신이 인간 세상에 있는 날이 얼마 안 되는 것을 알고 있었다. 그래서 여러 제자는 슬픔에 잠겼고, 백성들은 비탄에 잠겼다. 제자 가엽(迦葉)이 먼 곳에서 와서 머리를 맞대어 방도를 찾고자 했지만, 부처님은 모든 사람에게 마지막 발자취를 남기고 떠나고자 했다. 부처님이 이곳을 떠날 때, 그의 어머니인 마야(摩耶) 부인이 여러 선녀를 거느리고 와서 그를 맞이하여 하늘 위로 오를 것이라 했다. 백성들이 애도하면서 부처님을 따라가려 하자 부처님은 법력으로 땅을 가로질렀다. 그러자 큰 강이 용솟음치면서 백성들을

막았는데, 부처님이 떠나고 난 뒤 그 주변이 모두 고요해졌다.

전설의 내용과 같이 석가열반성적도의 아래는 부처님이 열반하실 당시 제자들이 늘어서서 경배하는 모습을 그대로 나타냈고, 천장에는 부처님의 영정을 맞이하려는 선녀들의 모습을 볼 수 있다. 그리고 석가열반성적도 앞 물결 모양의 도량은 부처님이 열반에 들자 제자들이 너무 슬퍼서 자신을 따라오지 못하게 손으로 금을 그어 경계를 표식한 것을 나타내기도 하며, 석가모니가 인도에서 중국으로 불교를 가져오는 과정을 상징하는 구곡황하(九曲黃河)를 나타내기도 한다.

즉, 석가열반성적도는 이제는 볼 수 없는 부처님에 대한 제자들의 비통함과 예불로 부처님을 배웅하고, 부처님의 어머니가 선녀를 거느리고 마중 나온 이야기를 나타낸 것으로 그 기세가 웅장하고 숙연하며, 열반이 또 다른 이상 경지에 이르는 불교 교리임을 부각하게 해준다.

4) 구룡욕태자도(九龍浴太子圖)

구룡욕태자도는 높이 6.5m, 너비 4.5m로 욕조에 태자가 앉아 있고, 태자 머리 위에 아홉 마리의 용들이 빙빙 돌며 가운데 용이 샘물을

토하는 조각으로 이는 석가모니의 탄생과 관련된 설화를 형상화한 것이다.

불경에서 석가모니의 어머니인 마야 부인은 40세까지 아들이 없었다고 한다. 어느 날 마야 부인의 꿈에서 아기가 코끼리를 타고 그녀의 오른쪽 겨드랑이에 들어오는 꿈을 꾼 뒤 임신을 했다.

고대 인도 풍습에 임신 10개월이 되면 산모는 친정으로 가서 출산한다. 마야 부인이 친정으로 가는 길에 꽃이 예뻐 꺾으려고 오른팔을 들자 오른쪽 겨드랑이에서 석가모니가 태어났다. 석가모니가 땅에 떨어지자마자 온 땅에 향기가 퍼졌고, 스스로 일어서서 걸음을 걸었다. 그리고 왼손은 하늘을, 오른손을 땅을 가리키며 "천상천하, 유아독존(天上天下, 唯我獨尊)"이라고 말했다. 그 순간 하늘에서 아홉 용이 날아와 연기를 뿜어대며 계곡물 속으로 사라졌다. 이를 기이하게 여긴 마야 부인은 계곡으로 가서 석가모니를 씻겼다. 석가모니의 탄생 설화는 오랫동안 회자되고 있으며 불교미술에 자주 사용되고 있다.

3. 대족석각에 새겨진 전설

1) 천수관음(千手觀音)

전설에 따르면 보정산의 천수관음 보살은 생전에 '묘선(妙善)'이라 불렸다. 그녀의 아버지 묘장(妙王)왕이 괴기한 병에 걸려 상황이 매우 위급해서 친자녀의 손과 눈을 먹어야만 치료할 수 있다고 했다.

묘선의 언니 2명은 모두 자신의 손과 눈을 주기 싫어했고, 심성이 착한 묘선이 아버지 목숨을 위해 눈과 손을 잘라내서 아버지께 드렸다.

아버지는 묘선의 눈과 손으로 목숨을 구했고, 묘선은 덕을 행했기 때문에 보살이 되었는데, 몸이 비상하게 바뀌어 천 개의 손과 눈을 가지게 되었다. 이는 천 개의 손은 방법이 무한하고, 천 개의 눈은 지혜가 끝이 없다는 뜻이다. 전서에 따르면 보정산의 천수관음은 1,007개의 손을 가지고 있는데, 예부터 지금까지 그 누구도 정확한 숫자를 알고 있지는 않다고 한다.

2) 진무대제감(眞武大帝龕)

진무(眞武)는 원래 현무(玄武)라고 불렸는데, 중국 고대 신화에서 북방의 신을 말한다. 남산의 현무 제왕은 발에 거북이와 뱀이 있는데, 여행객 대부분은 이 조각상을 볼 때 이것이 무엇을 의미하는지 잘 모른다.

玄武謂龜蛇, 位在北方, 故曰玄, 身有鱗甲, 故曰武.

—『초사·원유보주(楚辭·遠游補注)』

"현무는 거북뱀이며, 북방에 위치하니, 현(玄)이라 하고, 몸에 비늘이 있으니, 무(武)라 한다."라고 기록되어 있다. 현무는 청룡, 백호,

주작과 함께 사신(四神)이라 불
리는데 현무가 거북뱀이 된 전
설이 있다.

현무의 스승은 흉악하고 태
도가 무지막지하다. 하루는 현
무가 탁발하러 갔다가 동굴로
돌아왔는데, 그의 스승은 현무
가 밖에서 계율을 어기고 고기를 먹었다고(훈식: 葷食) 우겼다. 현무는
아니라고 계속해서 해명했지만, 그의 스승은 현무를 믿지 않고 오히
려 거짓말은 한다고 욕했다.

현무는 이러한 억울함을 참지 못하고 자신의 결백을 위해 스스로
자신의 배를 갈라서 창자와 위를 꺼내어 스승에게 보여주었다. 그리
고 이를 동굴 밖으로 던지면서 "나는 이제 창자가 없어서 음식을 먹을
수 없다. 이제 나를 믿어주시겠습니까?"라고 말했다. 스승은 매우 놀
라며 그가 고기를 먹지 않은 것을 명백히 알게 되었지만, 끝까지 제자
에게 자신의 잘못을 인정하지 않고, 오히려 화를 내면서 현무를 몰아
냈다. 몇 년 후, 현무의 창자와 위는 각각 도를 수행하여 위는 거북이
장군으로 변했고, 창자는 뱀 장군이 되어 함께 스승을 무찔러서 현무
의 원한을 풀었다.

스승은 거북이와 뱀 장군을 이길 수 없었기 때문에 어쩔 수 없이
현무에게 가서 자신의 잘못을 인정했다. 현무는 거북이와 뱀 장군을
자신의 몸에 부착하여 법력이 세졌고, 스승은 이때부터 다시는 주관
적인 판단을 내리지 않았다고 한다.

3) 대족석각 속의 송자낭랑(送子娘娘)

송자낭랑은 '아들을 얻게 해주는 여신'이란 의미이지만, 전생에서는 아이들을 먹는 요괴(鬼子母)였다. 석가모니는 그녀를 제압하기 위해 그가 다른 아이를 잡아먹을 때 그녀가 데리고 있는 500명의 아이 중 한 명을 숨겼다. 그녀가 돌아와서 아이 한 명이 사라진 것을 발견하고 마음이 아파서 대성통곡했다.

석가모니는 이 상황을 이용해서 처지를 바꾸어 다른 사람의 마음을 헤아릴 수 있게 교육했다. 500명의 아이가 있는데 단지 1명을 잃었는데 이렇게 비통하면, 매일 네가 잡아먹는 아이의 부모는 어떻게 견디겠느냐? 석가모니의 가르침은 그녀를 고통에서 깨어나게 했고, 이 이후로 그녀는 개과천선하여 다시는 아이를 먹지 않았고, 천하의 모든 어린이를 보호했다.

송자낭랑(送子娘娘)

사람들은 "악한 사람도 자신의 잘못을 회개하면 착한 사람이 될 수 있다."는 그녀의 정신을 본받아 '송자전(送子殿)'을 만들었다. 송자전 송자낭랑의 머리는 풍관으로 장식하고, 오색비단의 귀한 옷을 걸치고 온몸을 리본으로 두른 채 앉아 있는 모습으로 형상화하여 그녀를 존경했다.

4) 북탑(北塔)

북탑은 '다보탑', '보은탑'이라고도 불리며, 팔각형 전탑으로 각 단에 벽돌을 쌓고 노반을 쌓은 탑이다. 북탑을 지은 지 이미 800여 년이 지났지만, 여전히 탑의 기세가 웅장하며 이와 관련된 이야기가 전해져 내려오고 있다.

송나라 시대 풍즙(馮楫)은 유년 시절 일찍 아버지를 여의고, 어머니와는 헤어지게 되었다. 성년이 되어 문학 관련 관직을 두루 거치면서 어머니를 찾고자 수차례 노력했으나 찾지 못했다. 그가 나이 오십이 넘어 길을 가다가 우연히 두 눈을 잃은 노인 한 명을 만났는데, 이 노인이 풍즙을 보고 매우 슬퍼하면서 울었다. 이에 그 이유를 물어보니 노인이 그의 어머니라 하였다.

풍즙은 믿지 못했지만, 어머니는 풍즙이 본래 쌍둥이로 태어났지만, 등이 붙어 태어나 둘을 칼로 갈라내면서 한 명은 죽고, 한 명은 등에 칼자국이 있다고 했다. 이를 듣고 풍즙은 이 노인이 자신의 어머니임을 인정하였다. 이후, 어머니의 눈을 낫게 하려고 명의를 불러 치료하고, 부처님께 정성으로 기도드려 결국 어머니의 눈을 뜨게 했다. 풍즙은 부처님의 은혜에 보답하기 위해 탑을 세웠고, 이 탑 이름을 '보은탑(報恩塔)'이라 지었다.

5) 게임으로 들어간 대족석각

중국에서 개발한 액션 RPG(Role-Playing Games) 게임인 〈검은 신화 오공(Black Myth: Wokong, 黑神話悟空)〉은 손오공의 모험과 관련된 게임

게임 〈천수관음(千手觀音)〉

〈천수관음(千手觀音)〉

게임 〈지옥열반(地獄變相)〉 　　　　　〈지옥열반(地獄變相)〉

게임 〈서방정토변(西方淨土變)〉 　　　　　〈서방정토변(西方淨土變)〉

으로 높은 수준의 그래픽과 흥미로운 스토리로 많은 관심을 받고 있다. 특히 이 게임은 실사를 3차원으로 재구성하는 방식으로 게임을 모델링했기 때문에 실제 장소를 찾는 재미도 있다.

4. 대자연의 신비: 중국 남방 카르스트 충칭 우룽

중국 남방 카르스트(中國南方喀斯特, South China Karst)는 2007년 6월 27일 세계문화유산으로 등재되었다. 그 중 충칭 우룽에 해당하는 카르스트[7]는 천하제일 동굴인 부용동(芙蓉洞), 세계 최대의 관주식(串珠式: 구슬 꿰미식) 천생교군(天生橋群)인 천생삼교(天生三橋), 세계적으로

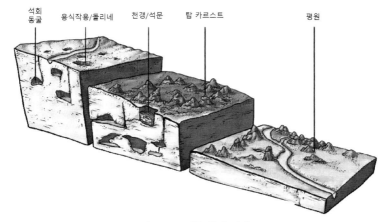

석회
동굴   용식작용/돌리네   천갱/석문   탑 카르스트   평원

카르스트 지형 형성 과정

희귀한 침식형 천갱인 후평천갱(后坪天坑)으로 구분되며 이 3곳의 입
체적인 카르스트지형은 경관이 매우 뛰어나며 그 가치가 매우 높다.

카르스트는 독일어 karst이며, 물에 녹기 쉬운 암석이 빗물이나 지
하수 등의 자연현상에 의해서 용식 되어 생성되는 지형으로 물과 시
간이 만들어내는 대자연의 신비다.

---

7) 중국 충칭의 문화 관광지 분류
　중국 남방 카르스트 충칭 우룽: 부용동(芙蓉洞), 천생삼교(天生三橋), 후평천갱(后坪天坑)
　우룽 카르스트 관광지(武隆喀斯特旅游區): 부용동, 천생삼교, 선녀산(仙女山)
　우룽 국가지질공원(武隆國家地質公園): 부용동석회동군(芙蓉洞溶洞群), 천생삼교, 중석원
　　천갱(中石院天坑), 천성수정군(天星竪井群)

1) 부용동(芙蓉洞)

(1) 부용동의 가치

부용동은 1993년 5월 부용강 주변에 사는 마을주민들에 의해 발견되었다. 그 후 1년간의 개발을 통해 1994년 5월 관광객들에게 공개되었으며, 이 이후에도 해마다 부용동의 관광자원을 잇따라 개발하고 있다.

부용동의 전체 길이는 2,700m로 전 세계적으로 발견된 동굴 중 가장 큰 세로형 우물 집단을 보유하고 있고, 동굴의 퇴적작용을 잘 갖추고 있다. 또한, 보완 형태가 매우 완벽하며 깨끗한 것으로 알려져 있다.

부용동은 대형 석회암 동굴로 아주 오래된 한무계 백운질 회암에서 발달되었으며, 미국의 매머드 동굴, 프랑스의 라스코 동굴과 함께 '세계 3대 동굴'로 손꼽힌다. 내부 모습은 거대한 지하 은하수계가 별처럼 사방에 흩어져 있는 것과 같고, 부용동 내 대소동(大消洞)은 중국 내 발견된 동굴 중 가장 깊은 동굴에 속할 가능성이 크다.

부용동 내부 모습

중국의 유명 동굴학자는 부용동을 "알록달록한 지하예술궁전, 동굴과학박물관"이라 칭하였고, 관광객들은 "천하제일의 동굴이다."라고 평가했다. 이처럼 부용동은 지하세계에서 가장 아름다운 곳으로 정평이 나 있는 곳이다. 이뿐만 아니라 10여 년 동안 영국, 미국, 캐나다 등 20여 개국의 과학자들이 오랫동안 부용동을 탐험하고 관측한 결과 부용동은 동굴 자체로 대형 관광자원이며, 지질학·광물학 등 여러 과학 분야에서도 연구 가치가 높은 곳임을 확인했다.

(2) 부용동과 관련된 전설

운귀고원(雲貴高原)의 지맥인 대로산(大婁山) 북쪽의 대설산에는 부용동이라는 동굴이 있었다고 전해진다. 먼 옛날 이곳은 물바다였고 부용동은 바다의 눈으로 작은 용이 살았다는 전설이 있다. 이 용은 항상 풍파를 일으켜 주변 마을 사람들을 해쳤기 때문에, 사람들이 하오광(郝廣)이라는 청년 궁수 천재를 불렀다. 하오광은 사흘 밤낮으로 33개의 화살을 해안에 쏘아 용을 쫓아냈다.

그러다가 얼마 후 또 늑대 무리가 부용동을 점령해서 산 밑에 사는 마을 사람들을 내쫓는다는 소식을 듣고 하오광은 마을로 돌아와 늑대와 싸움 끝에 늑대를 몰아냈다. 이 싸움 중에 하오광은 산의 어느 돌 위에 부용(연꽃) 모양의 자국을 남겼다. 이때부터 이 돌을 '부용석'이라 불렀고, 이 산을 '부용산'이라 부르면서 이곳의 동굴 또한 '부용동'이라 부르게 되었다.

2) 천생삼교(天生三橋)

(1) 천생삼교의 돌다리(천갱)

천생삼교는 대자연에 의해 가운데가 뚫려 다리처럼 보이는 구멍이 3개가 만들어진 돌다리군을 말하며, 구멍을 뜻하는 갱(坑)이라는 표현도 쓴다. 천생삼교는 모두 300m가 넘으며 용이 승천하는 것에 비유해서 '천룡교(天龍橋), 청룡교(靑龍橋), 흑룡교(黑龍橋)'로 이름이 지어졌다. 석회암이 녹으면서 자연적으로 생긴 모양으로 자연경관이 매우 빼어나 이곳을 찾는 관광객들이 많다.

천생삼교의 〈트렌스포머4〉 로봇 모형

영화 〈황후화〉 촬영 장면

천생삼교로 가는 엘리베이터   천룡교

특히, 이곳이 할리우드 영화 〈트랜스포머4〉와 중국 영화 〈황후화(满城尽带黄金甲)〉의 촬영지라는 소문이 퍼지면서 더욱 유명해졌다. 천생삼교를 둘러보면 곳곳에서 트랜스포머 로봇 모형을 볼 수 있다.

천룡교는 높이 235m, 두께 150m, 폭 147m로 절벽에 있는 엘리베이터를 타고 내려오면서 경관을 조망할 수 있다. 천룡교를 지나면 천복관역(天福官驛)이라는 곳을 볼 수 있는데, 이곳은 619년부터(당나라) 역참으로 사용되었던 건물이다. 이곳에서 중국의 유명 감독인 장예모가 〈황후화〉를 촬영했다.

청룡교는 높이 281m, 두께 168m, 폭 124m로 천생삼교 중 높이가 가장 높고 크며, 날아가는 푸른 용을 닮아서 "청룡"이라 불린다. 또 다리의 구멍 모양이 독수리 머리를 닮았다고 해서 신의 독수리라고도 불린다.

청룡교 신의 독수리

흑룡교 고릴라 바위

흑룡교는 높이 223m, 두께 107m, 폭 193m로 검은 용이 사는 다리라 불린다. 이곳은 이름에 걸맞게 빛이 들지 않아 다른 다리와 비교해서 매우 어둡다. 그리고 멀리서 보면 구멍이 고릴라와 비슷하게 생겨서 고릴라 바위라고도 불린다.

(2) 천생삼교와 관련된 전설

본래 이곳은 광활한 숲으로 꽃과 풀들이 무성하여 험한 절벽과 협곡이 없었다. 이곳에는 한(漢), 묘(苗), 토가(土家), 흘로(仡佬)족들이 거주하면서 행복한 날을 보냈다. 그러던 어느 날 동해 용왕(蔡帝)이 이곳을 지나가다가 경관에 반하여 그의 세 딸을 이곳으로 보내기로 하여 하늘의 병사와 장군들이 용등(龍燈)을 타고 꽃가마 세 대를 들고 호수로 내려왔다.

이튿날 하늘은 유난히 밝은데, 갑자기 호수에서 연기가 피어오르더니, 무지개다리가 나타나면서 세 선녀가 춤을 추면서 산 쪽 동굴로 갔고, 여기서 행복하게 생활하기 시작했다. 어느 해 이곳이 가뭄으로

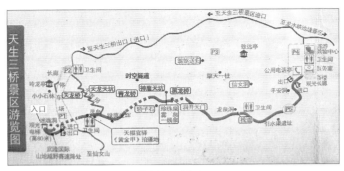

천생삼교 관광지도

수확을 하지 못하자 마을 청년인 주탄장(朱炭匠)이 울고 있는 것을 선녀가 보고, 안타깝게 여겨 "아버지께 비를 내리라고 하면 된다."라고 말하고 사라졌는데, 그 뒤 정말로 비가 내렸다.

어느 날, 주탄장이 숲에 나무를 하러 가서 선녀들을 다시 만났는데, 그 중 용왕의 첫째 딸이 주탄장이 마음에 들어 선녀들의 동굴로 자주 데려가 함께 놀았다.

이후, 주탄장도 세 딸을 자기 집으로 데리고 갔고, 고향 사람들은 그녀들의 미모 칭찬을 아끼지 않았다. 이 소식을 들은 마을의 한 사내가 세 딸을 차지하려고 했지만, 그렇게 하지 못해서 선녀들이 산으로 올라갈 수 없게 요괴와 신선이 가장 두려워한다는 오동나무 기름을 고죽(苦竹)에 발라 연못 주변에 던졌다.

이 이후로 선녀들은 산으로 올라가지 못했는데, 어느 날 새벽 갑자기 천둥과 번개가 치고 비바람이 불더니 굉음과 함께 산이 무너지고 땅이 갈라지면서 큰 홍수가 났다. 홍수에서 세 마리의 용이 나와 마을 주변을 날아다녔고, 선녀들은 용이 나온 홍수를 통해 동해로 헤엄쳐 탈출했고, 용이 지나간 자리에는 3개의 구멍이 생겼다.

그리고 마을 사람들은 다시 보지 못할 선녀들을 그리워하면서 천룡교와 청룡교 사이에 있는 천갱(天坑: 구멍)의 이름을 '채제당(蔡帝堂)'이라 하였고, 선녀가 목욕했던 곳의 이름을 '용천동(龍泉洞)'이라 하였다. 그리고 선녀가 살았던 동굴의 이름을 '선녀동(仙女洞)'이라 하였다. 세 명의 선녀가 올 때 세 대의 꽃가마와 꽃가마를 메던 사람은 큰 바위가 되어 영원히 남게 되었는데, 하나는 청룡교의 다릿목에, 하나는 선녀동 앞, 다른 하나는 용보당에 남게 되었다.

영화 〈트랜스포머4〉 속 천생삼교

(3) 천생삼교와 관련된 이야기

영화 〈트랜스포머4〉에서 옵티머스 프라임 군단과 공룡 로봇이 전투를 벌이는 장면을 우룽 카이스트에서 촬영했다. 촬영 당시 우룽구는 세계문화유산과 우룽을 홍보하기 위하여 영화 제작사에 약 480만 위안(한화 8억원)을 지원하여 영화에 '우룽'이라는 글자가 나올 것을 계약했다.

하지만 실제 영화에서는 홍콩 장면 다음으로 우룽 장면이 나와서 많은 사람이 천생삼교를 홍콩으로 착각하도록 했다. 이와 관련해서 우룽은 영화 제작사를 상대로 손해배상을 청구하였는데, 소송을 계기로 우룽이 전 세계적으로 주목받기 시작하면서 관광객들이 모여 소송을 취하했다.

3) 후평천갱(后坪天坑)

(1) 후평천갱의 5개 천갱

후평천갱은 중국 남방 카르스트 세계자연유산의 중요한 구성요소로 중국뿐만 아니라 전 세계에서 유일하게 발견된 지표수 침식형 카르스트지형이며, 오르도비스계(Ordovician System) 석회암에서 형성되어 과학적인 가치가 매우 높고, 매우 희귀한 지질학적 유적이다.

후평천갱은 15만m²의 범위에 '천구천갱(箐口天坑), 우비동천갱(牛鼻洞天坑), 석왕동천갱(石王洞天坑), 다라감천갱(打鑼凼天坑), 천평묘천갱(天平廟天坑)' 5개의 천갱으로 이루어져 있으며, 천갱의 큰 크기에 맞게 지하 하천과 다층 동굴이 발달되어 있다. 천갱에는 '이왕동(二王洞),

삼왕동(三王洞), 마만동(麻湾洞), 석림, 석주' 등이 있으며 천갱 내의 모든 지질학적으로 형성된 지형들이 UNESCO 세계문화유산에 속한다.

천구천갱(篝口天坑)은 대표적인 침식형 천갱이다. 이 천갱의 본래 이름은 '선감(漩淦: 소용돌이 웅덩이)'으로 웅덩이가 형성됐을 때 물살 속으로 빨려 들어가는 모습을 생생하게 표현한 이름이다. 천구천갱은 사방이 절벽으로 둘러싸여 있는 모습이 매우 완벽하며, 절벽이 가파르고 그 높이가 하늘을 헤아릴 수 없을 만큼 깊다. 벽면에는 폭포의 침식 흔적이 여러 군데 있으며, 바닥 부분에는 지표수 운반과 주변 절벽 붕괴에 의한 덩어리와 점토 혼합 퇴적물이 쌓여 있으며, 퇴적물 가운데에 골이 형성되어 장마철에 고인 물이 남쪽 이왕동(二王洞)으로

흘러 들어간다.

　우비동천갱(牛鼻洞天坑)은 긴 가지 모양으로 윗부분은 급경사가 심하고 중·하부는 기암절벽을 이루고 있으며, 바닥 부분과 그 주변은 숲으로 우거져 있다. 남동쪽 절벽 중앙부에 2개의 석회동굴이 뚫려 있는데, 그 모양이 소의 콧구멍처럼 붙어 있어서 지역 주민들이 이 동굴을 '우비동'이라 부르면서 우비동천갱이라 불리기 시작했다.

석왕동천갱(石王洞天坑)의 지표수(4개의 개천: 창량쯔(長梁子), 위자완(于家湾), 평자완(彭家湾), 인샨비엔(阴山編))는 천갱 북서쪽에서 석왕동으로 합류해 폭포수처럼 떨어져 우기에 장관을 이룬다. 천갱의 동쪽과 북동쪽 벽면에는 수층(數層)의 석회동굴을 볼 수 있으며, 바닥 부분에도 석회가 발달되어 있다. 천갱 안으로 유입되는 지표수는 주로 천갱 밑바닥을 지나 이왕동(二王洞)으로 합류하여 마만동(麻湾洞)으로 흐른

다. 석왕동은 사방이 매끈하고 동쪽 벽면에는 이끼가 가득하다.

타라감천갱(打鑼凼天坑)은 우비동천갱의 서쪽에서 약 3km 정도 떨어져 있으며 입구 부분은 약간 둥글고, 관목이 우거져 있다. 천갱의 북동쪽에는 카르스트 돌기둥인 용석주(龍石柱)가 가장자리에 우뚝 솟아 있는데 마치 천갱의 수호신과 같다.

천평묘천갱(天平廟天坑)은 타라감천갱과 불과 50m 거리에 있다. 두 천갱이 매우 인접해 있어서 주변 마을 사람들은 타라감천갱을 '큰 타라감천갱', 천평묘천갱을 '작은 타라감천갱'이라 부른다. 입구는 삼각형 모양으로 구덩이의 둘레 벽이 매우 가파르고, 구덩이가 미세하게 기울어져 있다. 물에 의해 침식되어 비교적 매끄럽게 보이고, 이끼가 많이 끼어 있다.

(2) 후평천갱과 관련된 전설

후평천갱의 마만동(麻湾洞)과 관련된 전설이 있다. 이곳은 아주 옛날부터 용왕 셋째 아들의 첫째 딸이 생활하던 곳으로 전해져 오고 있다. 수천 년 전 마만동의 물은 암반 구멍에서 나왔는데, 마만동의 주인인 첫째 딸의 얼굴이 곰보여서 아침마다 동굴 입구에서 세수했는데, 아침에 지나가는 사람들이 자주 이를 볼 수 있었다.

첫째 딸은 친절하여 마을 사람들과 친하게 지냈고, 마을 사람들은 그녀를 마만동에 살아서 '마언니(麻大姐)'라고 불렀다. 마언니는 가난한 사람들을 잘 보살폈는데, 흉년이 들면 마을 사람들은 마언니를 찾아 쌀을 빌려 이듬해 풍년이 들면 갚았다. 쌀을 빌리려면 동굴 입구에 가서 향을 피우고, 쌀의 양과 반환 시기를 이야기하면 마언니는 필요한 수만큼 마을 사람들에게 쌀을 나눠주었다. 오랫동안 신용을 지키지 않는 마을 사람들도 있고, 쌀을 빌리고 나서 쌀겨를 돌려준 사람도 있었다. 마을 사람들이 쌀을 잘 갚지 않자 마언니는 마을 사람들에게 식량을 빌려주지 않고, 동굴의 입구를 바꾸어 마을 사람들이 다시는 마언니를 찾을 수 없게 됐다.

그리고 마만동은 목종하(木棕河) 표류의 발원지로 이와 관련된 전설도 있다. 오래전 조권댐(灶圈壩: 현 팽수현(彭水縣)의 마을) 마을 사람들이 '마언니' 동생에게 나쁜 짓을 하여, 동생이 매우 화가 나 조권댐을 침수시켜 마을 사람들에게 보복하고자 했다.

하지만 자신이 가지고 있는 물의 양이 부족해서 큰 언니에게 도움을 청했고, 마언니는 자매의 정을 위해 그녀의 물을 2시간 동안 둘째에게 빌려줘서 조권댐이 물바다로 잠겨 마을 사람들의 피해가 막심했다.

현재 목종하는 매년 두 시간씩 물이 마르는데, 물이 마르면 강의 수면이 동시에 낮아져 물이 흐르지 않을 때가 있고, 강물이 들어오면 강이 범람하여 물살이 세차게 불어 기이한 경관을 이룬다고 한다.

(3) 후평천갱의 날씨예측

옛날에 이 천갱에서 이상한 현상이 발견되었는데, 후평향(后坪鄕) 부근 사람들이 관찰한 바에 의하면, 천갱에 안개가 피어오르기만 하면 비가 내렸다고 한다. 사람들은 이를 매우 놀라워했고, 주변 마을 사람들은 천갱을 '신갱(神能)'이라 불렀다. 날씨를 예측할 수 있는 신물로 삼을 만큼 정확한 날씨는 예상할 수 없지만, 비가 올지 안 올지는 확실히 맞혔다고 한다. 현지인들은 이곳에 안개가 끼면 곧 비가 내릴 것으로 생각했다.

이 기이한 광경이 왜 발생하는지 알아보기 위해 전문가들은 현장을 답사하였다. 전문가들은 비가 내리려할 때마다 천갱바닥 3,000m 아래에서 상승기류가 발생하며, 저기압 상태가 되면서 기온 하강으로 동굴입구에 안개가 형성된다고 여겼다.

4) 선녀산(仙女山)

(1) 선녀산의 다양한 모습

선녀산은 UNESCO 세계유산은 아니지만 부용동, 천생삼교와 함께 우룽 카르스트 관광지(武隆喀斯特旅游區)에 속하여 많은 관광객이 방문하는 곳이다. 선녀산 국가 산림공원(仙女山國家森林公園)은 전체 면적 8,910ha, 평균 해발 1,900m, 최고봉 2,033m, 약 33만 평의 산림과 10만 평의 초원을 가지고 있다.

중국 강남 지역의 매력적인 고산초원으로 남쪽 지방에서는 보기 드문 설경을 볼 수 있는 곳이며, 무성한 수림의 경관이 뛰어나 '동방의 스위스'라고 불릴 만큼 아름다운 곳으로 소문난 곳이다.

선녀산의 여름은 짙은 녹색으로 우거진 수림과 함께 청량한 바람이

선녀산의 초원과 캠핑 모습

선녀산의 겨울과 썰매장 모습

불어서 주변 기온보다 약 15도 정도 낮아 "산성의 여름 궁전"으로 불리고, 충청 사람들의 여름 피서지로 알려져 있으며, 끝없는 산림과 초원에서 캠핑을 즐기는 관광객들도 늘고 있다.

선녀산의 겨울은 일 평균기온이 0도 이하로 끝없이 펼쳐진 초원이 모두 눈으로 뒤덮여 은빛으로 물든 설원의 숲과 소나무를 볼 수 있으며, 얼음폭포와 겨울 스포츠를 즐기기에 안성맞춤인 관광명소이다. 드넓은 초원과 같은 이곳에서 여름에는 초원 썰매를 타고, 겨울에는 눈썰매를 탈 수 있으며 인공스키장에서 스키도 탈 수 있다. 드넓은 선녀산을 구경하기 위해서는 꼬마 기차를 타면 대초원을 한 바퀴 돌면서 주변 경관을 감상할 수 있다.

(2) 선녀산과 관련된 전설

『용안해선사비(龍安海禪師碑)』에 따르면 선녀산의 본래 명칭은 용안산(龍安山)이었다. 『용안해선사비』는 당나라 유종원(柳宗元)이 지은 산문으로 『유종원집』 제1권 160쪽에 기록되어 있다.

당나라 산시의 고승 해선사(海禪師)가 이곳에 와서 살게 되자, 불교 신도들이 스님을 위해 절을 짓고, '용안사(龍安寺)'라는 이름을 지으면서 '용안산'이라 불리게 되었다. 이후, 송나라 때부터 다음 전설에 따라 이 산을 '선녀산'이라 부르게 되었다.

『유종원집』

송나라 시대 때 산 밑에 고부 한 쌍이 살았는데, 며느리가 부지런하고 검소하며 약초를 캐어 밥벌이했다. 어느 날 갑자기 시어머니가 눈이 멀어 며느리는 시어머니의 눈을 고치려고 매일 약을 캐러 산에 갔다. 한번은 며느리가 너무 피곤해서 큰 나무 밑에 앉아서 잠시 쉬면서 잠이 들었는데, 젊은 아가씨가 손에 커다란 복숭아 하나를 들고 웃으면서 "이 복숭아를 가져가서 시어머니께 드려라, 눈이 좋아질 거다."라고 해서 놀라서 눈을 떴는데 아가씨는 없고 복숭아만 있었다.

며느리가 빨리 복숭아를 챙겨서 시어머니께 드렸는데, 복숭아를 먹자마자 시어머니의 온몸에 열이 오르더니 눈이 번쩍이면서 앞이 보이기 시작했다. 모두 시어머니가 마음이 좋고 며느리의 효성이 지극하여 선녀가 감동했다고 했다. 사람들은 이 선녀에게 감사함을 표현하기 위해 선녀가 나타난 이 산을 '선녀산'이라고 개칭하여 부르기 시작했다.

5. 충칭 문화유산의 역사·문화적 의의

중국 충칭시에 소재한 대족석각과 우룽 카르스트는 UNESCO 문화유산으로 등재되어 충칭시의 가장 중요한 문화유산으로 인정받게 되었다. 이 2곳의 문화유산은 중국의 문화유산일 뿐만 아니라 세계적으로도 희귀하고 보존 가치가 높은 문화재이다.

대족석각은 규모가 크고 조각기술이 아름다우며, 불(佛)·도(道)·유(儒) 삼교합일의 소재가 풍부하고 깊이 있는 문화 내용은 당시의 민족화와 생활화 등을 엿볼 수 있어서 중국 석굴 예술의 꽃이라 할 수 있다. 석굴의 역사는 본래 외래문화로부터 중국에 전해져 온 이후 꾸준히 중국화되고 있는데, 대족석각은 중국 말기 석굴의 대표작으로서 중국의 지리적 환경과 잘 어울리며, 다양한 내용으로 중국적인 석굴 체계를 완성했다. 또한, 보존이 완전하여 중국 석굴예술사 말기 석굴 중 장대한 작품으로 손꼽히고 있다. 그리고 중국 석굴의 예술적 양식과 민간에 남아 있는 종교적 신념의 변화를 잘 보여주고 있다.

중국은 세계에서 카르스트가 가장 많이 분포하고 있는 나라로 열대 기후부터 한대 기후까지 카르스트의 지형 유형이 매우 다양하다. 우룽 카르스트는 부용동, 천생삼교, 후평천갱으로 구분된다. 지하세계의 궁전이라 불리는 부용동은 다양한 화학적 퇴적 형태가 동굴 곳곳에 널리 분포되어 있고, 석회 재질이 깨끗하며 보존 형태가 완벽하다. 특히 송곳니 모양, 곱슬머리 모양 등 매우 희귀한 형태가 발견되고 있으며 앞으로도 과학적 연구 가치가 매우 높은 곳이다.

천생삼교는 세계에서 가장 규모가 큰 돌다리군으로 천룡교, 청룡교, 흑룡교로 나뉘며, 중국에서 보기 드문 기이한 지질 형태의 생태관광지로 전형적인 카르스트지형을 보여주며 그 경관이 매우 화려하다. 후평천갱은 전 세계 유일무이한 지표수 침식형 카르스트지형으로 천구천갱, 우비동천갱, 석왕동천갱, 타라감천갱, 천평묘천갱 5개 천갱으로 이루어져 있다. 이곳에는 다양한 규모의 카르스트 함몰 지형이 풍부하여 천갱, 협곡, 석주, 석림 등의 지질유적들이 밀집하여 분포되어 있다. 또한, 지질 경관의 보존이 매우 우수하며 지질 형태가 제대로 갖춰져 있어서 그 가치를 인정받고 있다.

UNESCO 세계문화유산으로 등재되어 인류 보편적 가치를 인정받은 유산들이 전 세계적으로 무수히 많고, 이를 보기 위해 전 세계에서 사람들이 모인다. 눈으로 보는 문화재인 만큼 이를 위한 겉모습 보존도 중요하지만, 앞으로는 문화재의 표면에 머물지 않고 이를 넘어 문화재의 이론연구 발전이 이루어져야 할 것이다.

문화재에 대한 이론적 토대로 제대로 된 가치 인식이 이루어지지 않는다면, 문화재에 대한 보호가 제대로 이루어지지 않을 수 있기 때문이다. 마지막으로 문화유산의 등재와 관계없이 현존하는 모든 문화재에 대한 가치 인식에 관심을 기울여 선조들에게 물려받은 정신과 전통을 후손들에게 남겨줄 수 있도록 노력해야 할 것이다.

참고문헌

검은신화오공 홈페이지 https://heishenhua.com

검은신화오공 홍보영상 https://lrl.kr/bBic

대족석각연구소 www.dzshike.com

마이펑(馬蜂窩) www.mafengwo.cn

바이두(百度) https://www.baidu.com

북탑 전설 동화 https://lrl.kr/Lgp

세계문화유산(UNESCO) https://whc.unesco.org

소홍서(小紅書) http://www.xiaohongshu.com

소후왕(搜狐網) https://www.sohu.com

여행 신문 https://www.traveltimes.co.kr

吳蓉章, 毛建華(1986), 『大足石刻之鄕的傳說』, 重慶出版社

우링산국가삼림공원(武陵山國家森林公園) http://www.wlsgjslgy.com

우룽여행왕(武隆旅游網) 전설 https://www.wlkst.com

중국 문화관광부(文化和旅游部) https://www.mct.gov.cn

중국 우룽 http://www.cqwulong.cn

팔월왕(八月網) http://www.bcadia.com

중국 충칭우룽관광왕(中國重慶武隆旅游網) https://www.wlkst.com

호법신 VR 사진 https://lrl.kr/b14W

공봉진: 부경대학교 중국학과, 부산외국어대학교 G2 융합학과 강사로 재직하고 있으며, 국제지역학(중국지역학)을 전공하였다. 중국 민족, 정치, 사회, 문화 등에 관심이 많고, 중국 민족정체성에 주된 관심을 갖고 있다. 주요 저서로는『중국 대중문화와 문화산업』(공저),『한 권으로 읽는 중국문화』(공저),『중국 발전과 변화, 건국 70년을 읽다』(공저),『키워드로 여는 현대 중국』(공저),『G2시대, 중국과 미국을 이끈 지도자들』(공저),『중국 문화콘텐츠에서 문사철을 읽다』(공저),『중국공산당이 세운 신중국! 중화민족에 빠지다』(공저) 등이 있다. 논문으로는「중국의 문화굴기와 소수민족문화의 세계화전략」,「중국 '문화굴기(文化崛起)'에 관한 연구: 화하(역사)문명전승혁신구를 중심으로」,「중국 지방학과 구역문화에 관한 연구」,「고대 중국의 '화하족'과 '동이족' 기억 만들기」등이 있다.

이강인: 현재 부산외국어대학교 글로벌비즈니스대학 소속 교수로서 중국 복단대학교에서 중국 현당대문학의 화극과 영화를 전공하였다. 부산대학교와 부경대학교에서 연구원으로 중국문학과 영화를 연구하였다. 그리고 한국시민윤리학회의 이사와 국제지역통상연구원으로 중국지역 연구에 연구영역을 넓혔으며, 현재 중국영화와 중국

정치에 관한 논문에 집중하고 있다. 주요 저서로는『중국 대중문화와 문화산업』(공저),『중국지역문화의 이해』(공저),『시진핑 시대의 중국몽: 부강중국과 G1』(공저),『중국 현대문학작가 열전』(2014),『21세기 중국! 소통과 뉴 트렌드』(공저),『중국문화의 이해』(공저),『중국 문학의 감상』(공저) 외 다수가 있다. 그리고 논문으로는「학교장치에서 보이는 영화 〈로빙화〉의 교육-권력과 〈책상서랍 속의 동화〉의 규율: 권력의 의미적 탐색」,「중국문학과 노벨문학상의 의미적 해석: 가오싱젠과 모옌을 중심으로」,「TV드라마에서 보여 지는 중국 도시화에 따른 문제들에 대한 小考」외 다수가 있다.

안수현: 부산가톨릭대학교 인문학연구소 연구위원으로 재직 중이다. 부산대학교에서 문학박사 학위를 취득하였고 부산대학교 일본연구소 전임연구원, 부경대학교 국제지역연구소 책임연구원, 부산대학교 한국민족문화연구소, 부산대학교 점필재연구소 전임연구원, 한국하이쿠연구원 연구교수를 역임하였다. Tourism College 조교수로서 관광미학 연구와 강의 이후 지평을 확대하여 일본중세가론과 하이쿠 및 한일비교 미학연구를 계속하고 있다.『시조21』을 통하여 문학평론가로 등단하였고,『한국동서문학』시조부문 신인상을 수여했다. 주요 문학평론은「화투에 나타난 일본의 문화코드」,「성담론과 혼인제도로 살펴본 일본」등이 있고, 역서는『동짓달 기나긴 밤을: 古時調 100選』,『탄생 100주년 기념 박목월 시 100선』,『개화(이호우 시조 일본어 번역집)』등 다수이다. 논문으로는「후지와라 데이카(藤原定家)의 美意識 '요염(妖艶)'에 관한 고찰」,「통신사행 동래부 왜학역관과 일본시가문학」등이 있다.

이정욱: 부산외국어대학교 유럽지역통상학과 초빙교수로 재직 중이다. 프랑스 부르고뉴대학교에서 프랑스 현대시를 전공하여 석사와 D.E.A를 하였다. 부경대학교에서 「프랑스 무슬림이민자 사회통합과 갈등」으로 국제지역학 박사학위를 취득하였다. 현재 유럽, 특히 프랑스 사회 및 유럽 이민자와 난민의 사회통합 갈등 연구에 주된 관심을 가지고 연구하고 있다. 한국프랑스문화학회 이사, 국제통상지역연구원 유럽분과 연구위원으로 활동하고 있다. 주요 저서로는『글로벌 에티켓 & 글로벌 매너』(공저),『부르고뉴 와인』(공역),『세계 이슬람을 읽다』(공저) 등이 있고, 논문으로는 「프랑스 히잡/부르카 금지법과 무슬림이민자 사회통합연구」, 「프랑스 분리주의 방지법 제정에 관한 연구」 등이 있다.

김혜진: 부산외국어대학교 G2융합학과 강의초빙교수로 재직하고 있으며 미국 소수 인종 소설을 주제로 박사학위를 취득하였다. 새한영어영문학회 부총무이사를 맡고 있고, 묵아중국연구소 연구위원을 담당하고 있다. 미국 문화를 전공하여 미국의 문화, 사회, 역사에 관심이 많다. 미국 내 소수 인종 여성, 영어 글쓰기, 영어 낭독 관련 논문과 미국 문화, 문화유산 관련 저서를 집필하고 있다. 저서로는『G2시대, 중국과 미국을 이끈 지도자들』(공저)이 있다. 논문으로는 「『빌러비드』, 재기억을 통한 정체성 회복」, 「'침묵 깨트리기'를 통한 트라우마의 회복: 소설『종군위안부』와 영화〈아이 캔 스피크〉를 중심으로」, 「대학 교양수업에서의 초급과정 영어 글쓰기 교육의 실제: 패턴과 피드백을 중심으로」 외 다수가 있다.

한선경: 부산외국어대학교 한국어문화학부, 화신사이버대학교 한국어교육

학과 강사로 재직, 아세안연구원에서 선임연구원을 겸하고 있다. 태국 국립씨나카린위롯대학교에서 석사학위를 취득, 부산외국어대학교에서 외국어로서의 한국어교육학과 교육학 박사학위를 취득하였다. 태국 연구와 태국인을 대상으로 한 교육 연구, 태국의 한국어교육 활성화 사업에 참여하고 있다. 주된 관심 분야는 문화 현상과 대조 언어, 태국인 학습자를 중심으로 한 교수법 관련 영역이다. 주요 저서는 『세계 이슬람을 읽다』(공저), 『한국어 교수법』(공저), 『표준태국어 A2』(공저), 『표준태국어B1』(공저) 등이 있다.

강민효: 현재 부산외국어대학교 아시아대학(인도지역통상) 강사로서 학생들을 가르치고 있으며, 국립부산대학교에서 경영학석사(국제경영, 국제통상)와 국제학박사(국제통상)를 받았으며 국립부경대학교에서 경영학사를 받았다. 주요 연구분야로 아시아(대만, 인도, ASEAN 국가 등) 경제 및 문화를 연구하였다. 약 20년간 다국적 기업에서 글로벌시장(인도, 파키스탄 등)에 해외영업 및 무역을 담당하였다. 또한 미래경영경제연구원에서 글로벌 경제 및 경영에 관한 연구영역을 넓히고 있다. 주요 저서는 『스마트 국제무역실무』(2021), 『국제 마케팅』(2021) 등이 있다.

해외 SSCI 게재 논문은 "Supply chain resilience and operational performance amid COVID-19 supply chain interruptions"(2022년), "The effects of dynamism, relational capital, and ambidextrous innovation on the supply chain resilience of U.S. firms amid COVID-19"(2022년), "Building Supply Chain Resilience and Market Performance through Organizational Culture: An Empirical Study Utilizing the Stimulus-Organism-Response Model"(2022년) 등이 있으며, 국내 게재 논문

(KCI)은 「A Study of the Effect of Taiwanese Manufacturing Companies' Organizational Characteristics as Antecedent on Activity and Performance of Supply Chain Management」(2018년), 「A Study of the Effects of Relational Characteristics as an Antecedent to SCM Activity and Performance」(2017년), 「공급사슬관리의 목표공유와 상호이익 공유가 SCM활동과 경영성과에 미치는 영향」(2017년) 등이 있다.

최선진: 전 부산외국어대학교 외국어교육센터 소속 전임연구원으로서 부산외국어대학교에서 중국어 교육을 전공하였다. 중국어 교육과 교재 개발과 관련된 연구에 집중하고 있다. 저서로는 『중국문화와 커뮤니케이션』(공저)이 있고, 논문으로는 「중국 파견학생 문화역량 향상을 위한 교육방안 제시」, 「국내 중국 관련 학과 교육과정 분석: 전공 교과과정 편성 실태 및 개선방안」(공동) 등이 있다.

[지은이]

공봉진(부산외국어대학교 G2융합학과, 부경대학교 중국학과 강사)

이강인(부산외국어대학교 글로벌비즈니스대학 소속 교수)

안수현(부산가톨릭대학교 인문학연구소 연구위원)

이정욱(부산외국어대학교 유럽지역통상학과 강의초빙교수)

김혜진(부산외국어대학교 G2융합학과 강의초빙교수)

한선경(부산외국어대학교 한국어문화학부 강사)

강민효(부산외국어대학교 아시아대학 인도지역통상 강사)

최선진(전 부산외국어대학교 외국어교육센터 소속 전임연구원)

역사와 문화를 생생하게 보여주는 세계 문화유산

ⓒ 공봉진·이강인·안수현·이정욱·김혜진·한선경·강민효·최선진, 2022

1판 1쇄 인쇄__2022년 06월 20일
1판 1쇄 발행__2022년 06월 30일

지은이__공봉진·이강인·안수현·이정욱·김혜진·한선경·강민효·최선진
펴낸이__양정섭

펴낸곳__경진출판
　　　　등록__제2010-000004호
　　　　이메일__mykyungjin@daum.net
　　　　사업장주소__서울특별시 금천구 시흥대로 57길(시흥동) 영광빌딩 203호
　　　　전화__070-7550-7776　팩스__02-806-7282

값 20,000원
ISBN 978-89-5996-995-1 93900

※ 이 책은 본사와 저자의 허락 없이는 내용의 일부 또는 전체의 무단 전재나 복제, 광전자 매체 수록 등을 금합니다.
※ 잘못된 책은 구입처에서 바꾸어 드립니다.